Horst Petri

Geschwister – Liebe und Rivalität

Horst Petri

Geschwister – Liebe und Rivalität

Die längste Beziehung unseres Lebens

KREUZ

Für meine Schwestern

MIX
Papier aus verantwortungsvollen Quellen
FSC® C106847

© KREUZ VERLAG
in der Verlag Herder GmbH, Freiburg im Breisgau 2012,
zuerst erschienen 1994 im Kreuz Verlag,
vollständig überarbeitete und erweiterte Neuausgabe

Alle Rechte vorbehalten

Umschlaggestaltung: Verlag Herder
Umschlagmotiv: © F1 online
Autorenfoto: © Peter Compart

Satz: de·te·pe, Aalen
Herstellung: fgb · freiburger graphische betriebe
www.fgb.de

Printed in Germany

ISBN 978-3-451-61155-1

Inhalt

Einleitung 7

Teil A: Die Geschwisterliebe

1. Vorläufer der Geschwisterliebe während der
   Schwangerschaft und im Säuglingsalter 14
2. Die Geschwisterliebe wird gefestigt 26
3. Krippe, Kita und Schule – der Weg ins Leben 36
4. Geschwisterliebe – ein Rätsel, ein Wunder,
   eine Realität 48
5. Über die Dankbarkeit 54
6. Pubertät und Adoleszenz als Krise und Chance
   der Geschwisterliebe 63
7. Geschwisterliebe in der Bewährung.
   Frühes Erwachsenenalter (20. bis 30. Lebensjahr) 78
8. Geschwisterliebe im mittleren Erwachsenenalter
   (30. bis 50. Lebensjahr) 92
9. Lebensvielfalt und neuer Aufbruch im höheren Alter 105
10. Wiederannäherung im hohen Alter 114

Teil B: Die Geschwisterrivalität

11. Über den Ursprung destruktiver Gefühle
    in der Kindheit 128
12. Geschwisterkonflikte in Jugend, Adoleszenz und
    frühem Erwachsenenalter 144

13. Geschwisterkonflikte im mittleren und späten Lebensalter	166
14. Das Leben mit Stief- und Halbgeschwistern	179
15. Der Streit um das Erbe	188
16. Wege der Versöhnung	200
Ausblick: Geschwisterliebe in einer lieblosen Zeit	219
Anmerkungen	229
Literatur	232
Verzeichnis zitierter Geschwister	235
Sachregister	236
Quellennachweis	239

Einleitung

Friedlich schaukelten die bunten Fischerboote am Quai. In der Taverne von Jorgos saßen einige Griechen. Das Lammfleisch auf meinem Teller schwamm in Öl, und ich schenkte mir gerade ein Glas Wein ein, als die beiden hereinkamen. Der junge Mann, blond, schlaksig und mit randloser Brille, fingerte tänzelnd ein paar Pommes frites von der Platte, die der Wirt eben einem Gast servierte, grüßte freundlich in die Runde und setzte sich zu der jungen Frau. Sie, kleiner als er und von robuster Statur, strahlte ihn unentwegt an, während sie genüsslich ihre Beute verzehrten.

Die Szene war von jener schwebenden Heiterkeit, wie man sie manchmal in Träumen und nur selten in der Realität erlebt. Dennoch hätte ich sie bald wieder vergessen, wenn die beiden ein übliches Liebespaar gewesen wären. Ich lernte Anja und »Steppke«, wie sie ihren jüngeren Bruder nannte, am nächsten Morgen in der Backstube der Dorfbäckerei kennen. Nach einem kurzen Gespräch luden sie mich für den Abend in »unser Haus« ein. Es lag außerhalb des Ortes, in verwilderter Landschaft, nur zu Fuß über einen Ziegenpfad erreichbar, eine verfallene Hütte mehr, die sie mithilfe ihrer Eltern notdürftig hergerichtet hatten. Seit einem Jahr lebten sie bereits hier. Sie teilten ihr Geld, das sie bei Gelegenheitsarbeiten verdienten, führten einen gleichberechtigten Haushalt, jeder von ihnen hatte seine Lieben und Liebschaften, und sie verbrachten viel Zeit gemeinsam und mit Freunden.

Die Idee zu diesem Buch kam mir erst viel später. Aber ich glaube, die beiden haben eine wichtige Spur dahin gelegt. Sie schienen wie aus einem Märchenbuch entsprungen zu sein, so spielerisch wirkte ihr Dasein, so unbekümmert ihre Freude, ihr Lachen und ihre Herzlichkeit. Sie waren, wie die Gespräche zeigten, einer Welt entflohen, die sie als böse, aggressiv und fremd erlebten, einer, wie Steppke sagte, »destruktiven Zivilisation«, die ihnen das »eigentliche Leben« zu rauben drohte.

Das Bild dieser beiden Geschwister schob sich in der folgenden Zeit immer wieder zwischen meine Arbeit. Geschwisterliebe. Gibt es das überhaupt? Liest und hört man nicht immer nur über Geschwisterhass, Geschwisterneid und Geschwisterkonkurrenz? Ich wurde neugierig. Hatte schon jemand untersucht, was das ist, Geschwisterliebe? Geschwisterinzest, ja. Das Thema zieht genug Voyeure an, von der Wissenschaft bis zur Gazette. Aber eine Liebe zwischen Geschwistern, die frei ist von sexuellem Begehren? Ich habe Anja und Steppke danach gefragt, einige Zeit später, als wir uns schon besser kannten. Beide lachten. Irgendwie schien ihnen das Lachen angeboren zu sein. »Ich finde meine Schwester süß«, sagte Steppke, »manchmal ist sie ein Besen, man kann sie nur lieb haben, aber«, und damit wandte er sich Anja zu, »mit dir schlafen, dazu bist du mir viel zu dick.« Anja war über seine Neckerei gar nicht beleidigt. »Genau«, sagte sie, »er ist mir viel zu dürr, ich habe noch nie daran gedacht, obwohl«, neckte sie zurück, »du ein guter Liebhaber sein sollst.«

Viel später fing ich an, die Literatur zu sichten. Was war dran an meiner Idee von der Geschwisterliebe? Sollte sie mir als heile Insel dienen, als irrationaler Rettungsanker gegen eine »destruktive Zivilisation«? Natürlich war mir auch in diesem Suchstadium klar, dass menschliche Beziehungen ambivalent sind, dass also auch Geschwisterbeziehungen keinen Schutz vor negativen Gefühlen bieten. Diese Tatsache setzte sich schließlich im Titel des Buches durch. Aber es kam mir auf die Gewichtung an. Ist der Begriff der Geschwisterliebe deshalb so ungewöhnlich, weil die einseitige Akzentuierung des Geschwisterhasses den Blick für sie verstellt hat?

Die vorhandene Literatur über Geschwister lässt sich in vier Bereiche gliedern. Der erste umfasst die von den Anfängen der Geschwisterforschung bis in die Gegenwart reichende Literatur über Geschwisterkonstellationen, das heißt über die Frage, welchen Einfluss die Stellung in der Geschwisterreihe auf den Charakter, die Lebensentwicklung, die Partnerwahl und vieles andere jedes Geschwisters hat.[1] Die moderne Forschung ist sich darüber einig, dass es zweifellos Konstellationseffekte gibt, deren Aussagewert aber durch eine mechanistische Sichtweise stark eingeschränkt wird, da sie das komplexe Geflecht und die Dynamik familiärer Beziehungen zu wenig berücksichtigt.

Den zweiten Bereich stellt die umfangreiche sozialwissenschaftliche und klinisch-psychologische Forschung dar, die Geschwister durch Direktbeobachtungen, Interviews und Fragebogenerhebungen, meist auf der Basis lerntheoretischer Konzepte, untersucht.[2] Diese Forschungsrichtung hat zahlreiche neue Einsichten über die Entwicklung der Geschwisterbeziehung in den verschiedenen Lebensabschnitten, über ihre Geschlechtsabhängigkeit, über die verschiedenen Modalitäten der Beziehung wie emotionaler Kontakt, wechselseitige Versorgung, Rivalität und Inzest und schließlich über das Sozialverhalten, die Intelligenzentwicklung und andere Persönlichkeitseigenschaften in Abhängigkeit vom familiären Umfeld geliefert. Dabei räumen Sachkenner allerdings ein, dass die Fülle der empirisch-statistischen Daten oft sehr widersprüchliche Ergebnisse zeigt und die Verschiedenartigkeit und Lebendigkeit jeder einzelnen Geschwisterbeziehung letztlich nicht erfassen kann.

Diesem Ziel kommt der dritte Bereich wohl an nächsten, der durch psychoanalytische und familientheoretische Konzepte repräsentiert ist.³ Die Untersuchung von Geschwisterbeziehungen basiert hier meist auf psychotherapeutischen Einzelbehandlungen oder Paar- und Familientherapien, in die Geschwister einbezogen werden. Dieser Ansatz berücksichtigt nicht nur die bewusste Dimension der Geschwistererfahrung, sondern vor allem die während der Behandlung aufgedeckte unbewusste Dynamik sowohl des einzelnen Geschwisters wie der komplexen familiären Beziehungsstruktur. Der tiefenpsychologische Zugang zum Verständnis von Geschwisterbeziehungen wird durch einen systemischen Ansatz erweitert, der jedes Familienmitglied als Teil eines Gesamtsystems begreift. Die Ergänzung von psychoanalytischen und familientheoretischen Konzepten und ihre praktisch-therapeutische Anwendung ist ganzheitlich orientiert und ermöglicht somit die größtmögliche »Aufklärung« geschwisterlicher Beziehungen.

Im vierten Bereich lassen sich, etwas willkürlich, alle Arbeiten zusammenfassen, die das Geschwisterthema unter einem speziellen Blickwinkel behandeln. Hierzu zählen Exkurse in die Mythologie, Märchenwelt und Literatur, Biografien berühmter Geschwisterpaare, anthropologische, biologische und gesellschaftliche, die Familie übergreifende Aspekte der Geschwisterlichkeit, der erzieherische Umgang mit Geschwisterkonflikten sowie spezielle Geschwisterkonstellationen und -ereignisse wie *nur* Schwestern, *nur* Brüder, Zwillinge, Adoptiv-, Pflege-, Halb- und Stiefgeschwister, das Leben mit einem schwer kranken Geschwister oder einem Elternteil und schließlich der Tod eines Geschwisters.⁴

Der Überblick zeigt eine breite Palette von Forschungsansätzen zum Thema Geschwisterbeziehung, ohne deren Kenntnis das vorliegende Buch nicht entstanden wäre. Unentbehrlich war mir dabei aber auch meine lange Berufserfahrung als Kinderpsychiater und Psychoanalytiker. Auch wenn ich im Text nur vereinzelt auf konkrete Beispiele aus meiner Praxis zurückgreife, weil mich hier ausschließlich der allgemeine und nicht der klinische Aspekt beschäftigt, liefert dieser Hintergrund einen prägenden Bestandteil meiner Auffassung der Geschwisterbeziehung. Alles theoretische Wissen und die beruflichen Kenntnisse scheinen mir jedoch begrenzt, wenn man nicht über die lebensgeschichtliche Erfahrung verfügt, selbst ein Geschwister zu sein, und wenn man nicht die Entwicklung einer Geschwisterbeziehung aus großer Nähe und von Beginn an bei den eigenen Kindern verfolgen konnte.

Das Buch beansprucht nicht, ein auch nur annähernd vollständiger Abriss über die Geschwisterbindung zu sein. Viele Aspekte wurden bewusst ausgeklammert. Geleitet von der Ausgangsfrage: »Geschwisterliebe, was ist das überhaupt?«, gilt sein zentrales Anliegen der »Entdeckung« ebendieser Liebe. Davon handelt der erste Teil des Buches.

Der zweite Teil untersucht die Ursachen für die Entwicklung negativer Gefühle, die sich der Geschwisterliebe in den Weg stellen und ihre Stabilität bedrohen. Die Kenntnis dieser Widerstände ist notwendig, um die positiven Beziehungsanteile wiederzuentdecken und lebendig leben zu können. Deswegen schließt dieser Teil mit einem Kapitel über die gemeinsamen Möglichkeiten der Versöhnung. Der »Ausblick« skizziert die Bedeutung der Geschwisterliebe in ihrer historischen und gesellschaftlichen Dimension. In einer Zeit, in der die Entfremdung zwischen den Menschen wächst und in der der Einzelne sich selbst fremd wird, kann die Geschwisterliebe als früh verinnerlichte Erfahrung der Nähe und Zusammengehörigkeit eine Gegenwelt gegen eine »lieblose Zeit« errichten.

Ich möchte an dieser Stelle besonders meinen beiden Schwestern, meinen Kindern und all meinen kleinen und großen Patienten danken, durch die ich die positiven Anteile der Geschwisterdynamik, aber auch ihre Schattenseiten miterleben und tiefer verstehen konnte.

Danken möchte ich natürlich auch Anja und Steppke für die Gespräche am Kaminfeuer und in der Sonne unter den Olivenbäumen am Rande des Piliongebirges und für das leitmotivische Bild, das ihre Geschwisterliebe in mir hinterlassen hat.

Nicht zuletzt danke ich dem Verlag und meiner Lektorin Frau Imke Rötger für die völlig überarbeitete und erweiterte Neuauflage des Buches und die konstruktive Zusammenarbeit.

Teil A:
Die Geschwisterliebe

1. Vorläufer der Geschwisterliebe während der Schwangerschaft und im Säuglingsalter

Ein chinesisches Sprichwort sagt: »Wende dein Gesicht immer der Sonne zu, dann fällt der Schatten hinter dich.« Über Geschwisterbeziehungen nachzudenken ist eine Frage der Perspektive. Auch wenn das Sprichwort trügt, wende ich mich zunächst der Sonne zu, dorthin, wo die reichhaltigen Facetten der Geschwisterliebe aufleuchten.

Ich betrachte die Sonne, wie sie langsam aufgeht. Der Morgen ist das Zeichen für den Beginn von Leben. Man wird die Geschwisterliebe nicht verstehen, wenn man nicht bis zu ihrem Ursprung zurückgeht. Nur so lässt sie sich auch wiederfinden.

Der Beginn von Leben. Der Beginn der Geschwisterliebe. Er liegt weit vor der Geburt des Geschwisters. Am Anfang war vielleicht der Wunsch, einen Bruder oder eine Schwester zu bekommen; dann beginnt die Geschwisterliebe mit diesem Wunsch. Oder die Mutter hat ihrem Erstling mitgeteilt, dass er oder sie bald einen Spielgefährten bekommt. Oder spätestens ab dem sechsten Monat krabbelt das Kind auf dem dicken Bauch der Mutter herum. Es sieht sie lächeln, es hört sie singen und mit dem unsichtbaren Wesen sprechen. Die Mutter hält den Kopf des Kindes an ihren Bauch – »Hörst du sein Herz schlagen?«, sie legt seine Hand an die Stelle, wo sich der Fötus gerade streckt – »Das ist sein Füßchen«. Und der Bauch wird von Tag zu Tag dicker, die Geräusche werden lauter, die Bewegungen stürmischer. Die Mutter freut sich. Ein Naturereignis geschieht – und das Kind nimmt daran teil. Diese vorgeburtliche Beziehung ist der Vorläufer der Geschwisterliebe. Sie beruht zum einen auf der Identifizierung mit der Liebe der Mutter zu ihrem ungeborenen Kind, zum anderen aber auch auf einer selbstständigen Objektbindung an das hörbare und tastbare Wesen in ihrem Bauch. Wie lässt sich diese Behauptung belegen? Durch Untersuchungen der pränatalen Psychologie ist seit längerem bekannt, dass die Mutter-Kind-Beziehung nicht erst mit der Geburt beginnt, sondern in die früheste Zeit der Schwangerschaft zurückreicht. Ab der Befruchtung bilden der Embryo und die Mutter eine psycho-biologische Einheit. Diese Erkenntnis lässt sich erweitern, wenn man die Familie als ein System betrachtet, in dem die Gefühlsbindungen durch die Anzahl seiner Teilnehmer bestimmt werden. Jede Schwangerschaft bedeutet eine Erweiterung des Systems, die eine Neudefinition seiner Regeln zur Folge hat. Es ist daher nicht erstaunlich, dass auch Väter durch die Schwangerschaft oft tief greifende Gefühlsveränderungen durchmachen, in die das erwartete Kind eingebunden wird. Warum sollten bereits vorhandene Kinder von diesem Prozess ausgenommen sein? Sie spüren nicht nur, dass sich mit der Schwangerschaft die Gefühlsstrukturen in der Familie verändern, sondern reagieren als Teil des Systems ebenfalls mit einer emotionalen Neuorientierung. Auch wenn die Beziehung zwischen Kindern und ihren noch ungeborenen Geschwistern bisher unerforscht ist, dürfte bei der Neuorientierung eine positive Gefühlseinstellung vorherrschen, weil einschneidende Benachteiligungen durch die Eltern oder Konflikte mit dem Geschwister erst nach dessen Geburt zu erwarten sind. Eine konfliktfreie, unambivalente Haltung ist besonders unter der Bedingung eines gut funktionierenden Systems, das heißt bei einer überwiegend liebevollen Familienatmosphäre anzunehmen. Wenn das Kind sich selbst geliebt fühlt, verfügt es über genügend libidinöse Energien, die es auf den Neuankömmling übertragen kann.

So vorbereitet, ist die Geburt, wie oft angenommen wird, keine Katastrophe, sondern ein mit Spannung erwartetes und lang ersehntes Ereignis. Das Baby ist nicht nur ein Geschenk für Mutter und Vater, sondern auch für das größere Kind. Die vorgeburtlichen Bindungen nehmen jetzt Konturen an. Das Baby ist wilde Natur. Es schreit ungehemmt, wenn es Hunger hat, saugt gierig an der Brust der Mutter, schläft danach selig ein, pinkelt und kackt zu jeder Tages- und Nachtzeit, strampelt wie wild mit Armen und Beinen, besonders wenn es nackt ist, später jauchzt es laut vor Freude, wenn es Mutter, Vater und Geschwister sieht. Ganz unzivilisiert das Ganze, ganz unerzogen. Herrlich! Es ist merkwürdig, dass diese Nähe, Verbundenheit und innere Verwandtschaft des Kindes zu solcher Form ursprünglicher Natur, wie sie ihm von seinem jüngsten Geschwister vorgelebt wird, bisher nicht gesehen wurde. Freud hat eine einleuchtende Erklärung für die Liebe von Kindern zu Tieren gefunden: »Das Verhältnis des Kindes zum Tiere hat viel Ähnlichkeit mit dem des Primitiven zum Tiere. Das Kind zeigt noch keine Spur von jenem Hochmut, welcher dann den erwachsenen Kulturmenschen bewegt, seine eigene Natur durch eine scharfe Grenzlinie von allem anderen Animalischen abzusetzen. Es gesteht dem Tiere ohne Bedenken die volle Ebenbürtigkeit zu; im ungehemmten Bekennen zu seinen Bedürfnissen fühlt es sich wohl dem Tiere verwandter als dem ihm wahrscheinlich rätselhaften Erwachsenen.«[5]

Und das jüngste Geschwister, das Baby? Es zeigt die gleiche animalische Freiheit und ungehemmte Durchsetzung seiner Bedürfnisse wie die Tiere. Für ein Kind, das die ersten Sporen der Kultur aufgedrückt bekommen hat, wird das Baby zum Spiegel seiner zum Teil bereits aufgegebenen primären Natur. Indem es sich mit dem Baby identifiziert, befriedigt es regressiv eigene Triebwünsche und narzisstische Bedürfnisse. Die geläufige Beobachtung, dass ältere Kinder nach der Geburt eines Geschwisters erneut säuglingshaftes Verhalten annehmen (Nuckelflasche, ins Bett machen usw.), wird häufig als pathologischer Rückfall auf eine frühere Entwicklungsstufe gedeutet. Wie aber, wenn beide nur eine primäre Naturverbundenheit eint? Während Freud die Naturnähe des Kindes zu Tieren betont, beschreibt Hermann Grimm in seiner Einleitung zu den Märchen der Brüder Grimm sehr anschaulich die Beziehung von Kindern zur weiteren Natur: »Es liegt in den Kindern aller Zeiten und aller Völker ein gemeinsames Verhalten der Natur gegenüber: sie sehen alles als gleichmäßig belebt an. Wälder und Berge, Feuer und Sterne, Flüsse und Quellen, Regen und Wind reden und hegen guten und bösen Willen und mischen sich in die menschlichen Schicksale ein.«[6]

Auch ein Baby ist für ein Kind noch Teil einer so verstandenen, ganzheitlich erfassten Natur. Es redet nicht, es läuft nicht, man kann eigentlich nichts mit ihm anfangen, noch entbehrt es jeglicher Zivilisation. Aber es ist »belebt«. Wenn man Kleinkinder im Kontakt mit Säuglingen beobachtet, finden sich viele Ähnlichkeiten zu ihrem Umgang mit Tieren und anderer Natur. Mit verklärtem Blick streicheln sie das Baby, singen ihm leise ein Lied vor, um es nicht zu erschrecken; sie sprechen besonders sanft mit ihm, als wenn Babys, Tieren und Pflanzen die Sprache der Sanftheit gemeinsam wäre, sie bieten ihnen Blümchen an – Geschenke der Liebe in einem eigenen kleinen Kosmos. Keiner darf sie dabei stören.

Wenn Erwachsene unbemerkt solche Szenen beobachten, finden sie sie »rührend«. Sie werden von der Versunkenheit angerührt, mit der sich Kinder ihrer Liebe hingeben. Die verbreitete Lehrmeinung ist, dass solche Liebe auf Identifikation mit der Mutter oder auf Nachahmung beruht, was letztlich dazu diene, die destruktiven Impulse gegen das Geschwister abzuwehren und sich durch das erwünschte Verhalten die Liebe der Eltern zu sichern. Ich halte es für wahrscheinlicher, dass diese Mechanismen erst zu einem späteren Zeitpunkt zum Tragen kommen, dann nämlich, wenn eine reale oder nur eingebildete Benachteiligung durch die Eltern wegen der wachsenden Ansprüche des Säuglings befürchtet wird oder die expansive Entwicklung des Geschwisters zu unvermeidbaren Konflikten führt. Im frühen Stadium nach der Geburt dürfte dagegen die Beziehung überwiegend auf einem autonomen Vorgang der Objektbindung basieren, bei dem es zu einer einzigartigen Wiederbegegnung des Kindes mit seiner primären Natur kommt. Nachdem sich in der Vorgeburtsphase die erste Bindung als Vorläufer der Geschwisterliebe entwickelt hatte, erzeugt der Säugling bei seinem älteren Geschwister eine Liebe im Sinne narzisstischer Verschmelzungswünsche. Aus diesen beiden Kernen, dem Vorläufer der Objektliebe und der narzisstischen Besetzung des Objektes im frühesten Stadium der Geschwisterbeziehung, entwickelt sich unter günstigen Bedingungen die spätere und reife Geschwisterliebe.

Der dargestellte Zusammenhang lässt sich durch Ergebnisse einer Studie des Max-Planck-Instituts für Bildungsforschung, Berlin, belegen.[7] In einer Langzeituntersuchung über einen Zeitraum von zwei Jahren wurden 16 Familien beobachtet, die zu Beginn der Studie ihr zweites Kind bekamen. Die Entwicklung der Geschwisterbeziehung wurde in drei Phasen eingeteilt: 1.–9. Monat, 9.–18. Monat und 18.–24. Monat. Für alle drei Phasen wurde durch Direktbeobachtungen untersucht, wie sich das Verhältnis von positivem und negativem Verhalten des älteren Kindes gegenüber dem zweiten im Laufe der zwei Jahre verändert. Dabei ergaben sich folgende Durchschnittswerte:

Positives Verhalten:
1. Phase 30,5; 2. Phase 16,7; 3. Phase 13,7
Negatives Verhalten:
1. Phase 1,4; 2. Phase 10,9; 3. Phase 12,1

Die eindrucksvollen Ergebnisse zeigen, wie ausgeprägt besonders in den ersten neun Monaten das positive Verhalten des älteren Geschwisters gegenüber dem Säugling ist. Demgegenüber widerlegt der Minimalwert des negativen Verhaltens in diesem Zeitraum die geläufige Meinung über die Vorherrschaft destruktiver Gefühle ab der Geburt. Nach meiner Deutung der Befunde lässt sich der krasse Unterschied zwischen positivem und negativem Verhalten nicht allein auf die Wirksamkeit von Identifikationsprozessen und Nachahmung zurückführen. Vielmehr scheint darin der autonome Anteil der Objektbeziehung zum Ausdruck zu kommen, der sich durch eine primäre Liebe ausdrückt. Bemerkenswert ist an den Ergebnissen weiterhin, dass die positiven Verhaltensweisen im Laufe der ersten zwei Jahre zwar abnehmen und die negativen ansteigen, dass Erstere aber über alle kritischen Phasen dieser Zeit hinweg die Oberhand behalten.

Ich halte die Annahme von einer frühen Geschwisterliebe als einem selbstständigen Prozess der Objektfindung für außerordentlich bedeutsam, weil dadurch die Verbindung der Geschwister auch als vom mütterlichen Einfluss unabhängig gedacht werden kann. Eine Liebe, die nur auf Identifizierung oder Nachahmung beruht, ist durch ihre Fremdbestimmung flüchtiger und anfälliger für Irritationen jeder Art. Dagegen bildet eine selbstbestimmte Liebe ein stabileres Fundament, um spätere Belastungen besser zu ertragen. Wie wichtig die theoretische Ableitung für die Praxis ist, dürfte sich besonders in Grenzsituationen erweisen, in denen Identifikation und Nachahmung erschwert oder verunmöglicht werden, zum Beispiel bei Müttern, die ihre Kinder nicht lieben können oder sogar offen ablehnen oder die durch Tod, schwere Krankheit und andere Formen der Trennung die Kinder in der Frühphase ihrer Geschwisterbindung allein lassen. In diesen Fällen müsste man, dem gängigen theoretischen Konzept zufolge, davon ausgehen, dass es zu einer frühen und tief greifenden Entfremdung zwischen den Geschwistern kommt. Dies scheint jedoch in der Praxis nicht zwangsläufig der Fall zu sein. Da die Geschwisterliebe aber bisher ein weitgehend unerforschtes Gebiet ist und diesbezüglich kaum beweisbares Material vorliegt, bietet sich eine andere Quelle an, um das Schicksal von Geschwisterbeziehungen nach dem Verlust der Mutterliebe zu verfolgen.

Bekanntlich spielen Märchen in dem hermeneutischen Deutungsverfahren der Psychoanalyse eine besondere Rolle, um über das in ihnen gespeicherte kollektive Wissen zu neuen Erkenntnissen zu gelangen. Für unseren Kulturkreis wurde die zu Beginn des 19. Jahrhunderts herausgegebene Märchensammlung der Brüder Grimm zu einer Fundgrube tiefenpsychologischer Einsichten. In diesen Märchen spielt das Schicksal von Geschwisterpaaren eine herausragende Rolle. Historisch stammen sie aus einer Zeit, in der Müttersterblichkeit, früher Kindstod und Hunger in den verarmten Bevölkerungsschichten an der Tagesordnung waren. Insofern sind die Märchen auch Spiegel konkreter gesellschaftlicher Verhältnisse. Durch diesen Realitätsbezug gewinnt aber auch ihre psychologische Dimension einen tieferen Wahrheitsgehalt.

An zwei Beispielen, »Brüderchen und Schwesterchen« und »Hansel und Gretel«[8], lässt sich die Annahme einer frühen und von positiven Außeneinflüssen unabhängigen Geschwisterliebe veranschaulichen. Auch wenn die geschilderten Geschwister über das Säuglings- und Kleinkindstadium hinausgewachsen sind, so verweist ihre Liebe doch auf eine frühe Wurzel, die in der primären Objektliebe der Kinder ihren Anfang genommen haben dürfte.

Brüderchen und Schwesterchen fliehen von zu Hause, weil sie von der Stiefmutter alle Tage geschlagen und mit Füßen getreten werden und nichts als harte Brotkrusten zu essen bekommen. Wegen der hohen Müttersterblichkeit ersetzten zwar bis in das Zeitalter der modernen Medizin Stiefmütter sehr häufig die leiblichen Mütter; das in Märchen verwandte Stereotyp der »bösen Stiefmutter« weist jedoch darauf hin, dass hiermit ein mütterlicher Aspekt benannt werden sollte, den man ungern den leiblichen Müttern nachsagte. So hat sich in der psychologischen Deutung durchgesetzt, Stiefmütter als symbolische Verkörperung der bösen mütterlichen Anteile zu betrachten. Die Bosheit der Mutter von Brüderchen und Schwesterchen wird folgerichtig noch einmal durch ihr Attribut als Hexe unterstrichen. »Die böse Stiefmutter aber war eine Hexe und hatte wohl gesehen, wie die beiden Kinder fortgegangen waren, war ihnen nachgeschlichen, heimlich, wie die Hexen schleichen, und hatte alle Brunnen im Walde verwünscht.« Diese Brunnenvergiftung verweist am eindrücklichsten auf eine frühe Mutter-Kind-Störung, weil sie symbolisch für eine, wie die Kinderanalytikerin Melanie Klein beschrieben hat, »böse Brust« steht, die nur eine »vergiftete Nahrung« spendet. Das Märchen beschreibt also eine Mutter, die ihren beiden Kindern die Nahrung vorenthält oder gar vergiftet und die sie schließlich mit Gewalt aus dem Hause treibt. Beiden Kindern, so ungeliebt sie sind, ist somit die Identifikation und Nachahmung einer als liebevoll erlebten Mutter verwehrt. Woher sollte ihre gegenseitige Liebe stammen, wenn nicht aus einer primären Bezogenheit? Wie stark ihre Liebe trotz der lieblosen Erfahrungen ist, wird in dem Märchen in »rührender« Weise geschildert. Nachdem der Bruder seine Schwester vor dem Einfluss der zerstörerischen Mutter gerettet hat, machen die beiden einen turbulenten Entwicklungsprozess durch. Auf ihrer langen Wanderung wird der Bruder durstig und möchte aus dem ersten Brunnen trinken. Aber die Schwester hört die Warnung: »Wer aus mir trinkt, wird ein Tiger.« Und sie bittet ihren Bruder: »Brüderchen, trink nicht, sonst wirst du ein wildes Tier und zerreißt mich.« Der Bruder verzichtet ihr zuliebe und wandert zum nächsten Brunnen. Hier vernimmt die Schwester die Warnung: »Wer aus mir trinkt, wird ein Wolf.« Wieder verzichtet der Bruder, bis er vom Wasser des dritten Brunnens in ein Reh verwandelt wird. Nach tiefenpsychologischer Deutung handelt es sich bei diesen Bildern um die symbolische Verdichtung von Entwicklungsstufen. Der Tiger ist hier unverkennbar Ausdruck unkontrollierter aggressiver Triebkräfte, während der Wolf im Kontext des Märchens und entsprechend der Reifungsstufen der Triebentwicklung mehr die Macht ungesteuerter sexueller Bedürfnisse repräsentiert. In der Verkörperung des Rehs werden die wilden Triebanteile des Jungen befriedet. Die Liebe der Schwester, das dürfte der Sinn des Märchens sein, besitzt die Kraft, die Triebkräfte des Bruders zu beruhigen, zu besänftigen und ihm bei der Integration dieser Kräfte in eine erwachsene Ich-Struktur zu helfen. Aber dieser Prozess gelingt nur deshalb, weil der Bruder seinerseits durch seine Schwesternliebe zum Triebaufschub, zum Triebverzicht und schließlich zur Triebverarbeitung bereit und fähig ist: »Das Brüderchen trank nicht, ob es gleich so großen Durst hatte, und sprach ›Ich will warten bis zur nächsten Quellen‹.« Bruder und Schwester überwinden allen Streit, allen Hass und schließlich die gefährliche Inzestversuchung durch die Kraft ihrer frühen Liebe. Auf der dritten Entwicklungsstufe sind die wilden Wünsche gebannt und durch eine zärtliche Fürsorge ersetzt worden: »Da suchte es dem Rehchen Laub und Moos zu einem weichen Lager, und jeden Morgen ging es aus, und für das Rehchen brachte es zartes Gras mit. Abends legte es seinen Kopf auf den Rücken des Rehkälbchens, das war sein Kissen, darauf es sanft einschlief.« Der Bruder wird zu einem guten Begleiter, der seine Schwester so lange vor den drohenden Gefahren der Welt beschützt, bis er sie in die Hände eines Prinzen entlassen kann. Die Hochzeit dieser beiden endet mit der vollständigen Vernichtung des Bösen (die Stiefmutter wird verbrannt) und der Befreiung des Bruders zur eigenen Männlichkeit.

Im Märchen »Hansel und Gretel« ist es die leibliche Mutter, die ihre Kinder im dunklen Wald aussetzt, wohl kalkulierend, dass sie darin umkommen werden. Sie gehört zum Typ der ausstoßenden Mutter, wie sie aus der Familienforschung bekannt ist. Hintergrund für solche Ausstoßungstendenzen sind bewusste oder auch unbewusste, bis zu Todeswünschen reichende Hassgefühle. Aber im Märchen trägt sie noch einen anderen Charakterzug. Als Hexe im Knusperhäuschen lockt sie die Kinder mit Süßigkeiten. Diese orale Verwöhnung dient jedoch dem alleinigen Zweck, die Kinder auch oral verschlingen zu können. Psychologisch handelt es sich dabei um ein klassisches Beispiel eines »double-bind«, einer Doppelbindung, bei der gegensätzliche Impulse (Verwöhnung, Vereinnahmung) die Orientierung und das Vertrauen des Kindes erschüttern und die Entwicklung einer Objektkonstanz verhindern. Diese Charaktermerkmale verweisen, ähnlich wie bei der Stiefmutter von »Brüderchen und Schwesterchen«, auf eine frühe Beziehungsstörung zwischen der Mutter und ihren Kindern. Die Geschwisterliebe von Hansel und Gretel kann also auch hier nur aus einer autonomen Quelle stammen. Aus ihr haben sie die Kraft geschöpft, der mütterlichen Vereinnahmung, der Ausstoßung, dem Verlassenwerden und den damit drohenden Lebensgefahren zu entrinnen. Ihre sorgende und sich wechselseitig rettende Liebe überwindet das Böse (auch die Knusperhexe wird im Backofen verbrannt) und beschert sie reich mit Glück.

In beiden Märchen wird nicht angegeben, wer das ältere oder jüngere der Geschwister ist. Alle Kinder sind in vergleichbarer Weise lebenstüchtig, und ihre Geschwisterliebe ist gleich stark ausgeprägt. So können sie wechselseitig die Rollen einnehmen, die sie zur Rettung des anderen aus einer Gefahrensituation benötigen. Dieser Hinweis ist wichtig, weil bisher offen blieb, wie denn der von seinem Geschwister geliebte Säugling seinerseits eine Objektliebe entwickelt. Durch zahlreiche Anlässe kann das Baby schon im frühen Stadium seiner Objektdifferenzierung das Geschwister als eigenständiges und liebevolles Objekt wahrnehmen. Je nach Alter gibt das ältere Kind dem jüngeren die Flasche, wiegt es in seinen Armen, trägt es herum, schaukelt es und versucht durch allerlei Späße, das Baby zum Lachen zu bringen. Es verbringt gewöhnlich mehr Zeit in seiner Nähe als die Eltern, beide schlafen meistens in einem gemeinsamen Zimmer. Für das Baby bekommt auf diese Weise das Geschwister eine Allgegenwart und spezifische Merkmale, die spätestens ab dem dritten Monat eine Unterscheidung zwischen Mutter, Vater und Geschwister möglich machen. In der psychologischen Literatur spielte bisher die Mutter die zentrale Figur als erstes und nahezu ausschließliches Liebesobjekt im frühen Säuglingsalter. Erst die neuere Geschwisterforschung zeigt, dass hier eine Ergänzung notwendig ist, um den Ursprung der Geschwisterliebe besser zu verstehen.

Das Kleinkind besitzt für den Säugling eine enorme Kompetenz bezüglich aller seiner bereits entwickelten Fertigkeiten. Außerdem unterscheidet es sich durch eine Fülle von Merkmalen, Tätigkeiten und Beziehungsformen von den Eltern. Aufgrund der komplexen Wahrnehmungs- und Differenzierungsfähigkeit junger Säuglinge, wie sie erst die neuere Säuglingsforschung entdeckt hat, ist bisher die Annahme naheliegend, dass es auch vonseiten des Säuglings bereits in den ersten Monaten zu einer spezifisch geprägten Objektliebe zu dem älteren Geschwister kommt. Der Säugling spiegelt sich nicht nur »im Glanz des Auges der Mutter«, sondern auch im Lächeln des Geschwisters, in seiner Umarmung, in seiner Zärtlichkeit und Fürsorge. Diese narzisstische Widerspiegelung ist die notwendige Voraussetzung, um das Geschwister als Liebesobjekt in sich aufnehmen zu können. Wie die Mutter, so wird auch das Geschwister nicht nur zu einem guten äußeren, sondern auch zu einem guten inneren Objekt, das zum Aufbau und zur Stabilität eines eigenen Selbst für den heranwachsenden Säugling von zentraler Bedeutung ist.

Der bekannte Psychoanalytiker Otto Kernberg hat verschiedentlich auf die wichtige Funktion guter innerer Objektrepräsentanzen für die Bewältigung innerer und äußerer Konflikte hingewiesen. Mir scheint, dass neben der Vater- und Mutterrepräsentanz die Geschwisterrepräsentanz im Kontext lebensgeschichtlicher Konfliktbewältigungen bisher viel zu wenig als innerer Stabilisator gesehen wurde.[9]

Die bereits zitierte Geschwisterstudie des Max-Planck-Instituts liefert diesbezüglich einige wichtige Hinweise. In der Untersuchung wurden nicht nur die positiven und negativen Verhaltensweisen des älteren zu dem jüngeren Geschwister untersucht, sondern auch umgekehrt. Allerdings erlaubte die Methode bei den jüngeren Geschwistern nur die Auswertung in der 2. und 3. Phase (9.–18. Monat und 18.–24. Monat). Dabei ergaben sich folgende Durchschnittswerte:

Positives Verhalten gegenüber älterem Geschwister:
2. Phase 9,2; 3. Phase 6,6
Negatives Verhalten gegenüber älterem Geschwister:
2. Phase 2,8; 3. Phase 4,8

Die positiven Verhaltensweisen überwiegen also auch bei den jüngeren Geschwistern. Dies betrifft vor allem die Zeit um das erste Lebensjahr. Mit zunehmender Selbstständigkeit und daraus resultierenden Konflikten nehmen die positiven Reaktionen ab, übertreffen aber auch im zweiten Lebensjahr noch deutlich die negativen.

Wenn man das positive Verhalten als Ausdruck der Geschwisterliebe auffasst, zeigt sich insgesamt eine enge Wechselseitigkeit zwischen den Geschwistern, die in die früheste Zeit ihrer Beziehung zurückreicht.

Die moderne Bindungsforschung ergänzt das Verständnis für die Entwicklung der Geschwisterliebe durch einen anderen Ansatz, indem sie nach den angeborenen Motiven für ein positives

Bindungsverhalten fragt. Umfangreiche Untersuchungen konnten bestätigen, dass die Elementarbedürfnisse des Säuglings nach Schutz und Sicherheit bei ihm genetisch vorprogrammierte Verhaltensmechanismen auslösen, die in der Umgebung ein ebenfalls konstitutionell vorgegebenes Bindungsrepertoire aktivieren. So reagieren nicht nur die Eltern auf das Anklammern, Nachlaufen, Schreien oder Lächeln des heranwachsenden Babys mit einem Verhalten, das alle Facetten elterlicher Liebe umfasst und Sicherheit vermittelt. Auch bei älteren Geschwistern funktioniert dieser Reiz-Reaktionsmechanismus in erstaunlich ausgereifter Form. Wer Geschwister in gemeinsamen Aktionen beobachtet, kann darüber lange Geschichten erzählen.

Das große Verdienst der Bindungsforschung liegt darin, solche Zusammenhänge nicht nur empirisch nachgewiesen, sondern auch theoretisch begründet zu haben. Die aufregendste Schlussfolgerung, die sich daraus ergibt, lautet: Nicht nur sind Eltern und Kinder durch ein differenziertes und wechselseitig wirksames Bindungsprogramm der Liebe verbunden, sondern auch Geschwister.[10]

2. Die Geschwisterliebe wird gefestigt

Nachdem sich in der Vorgeburtsphase und in den ersten Monaten nach der Geburt die beiden ersten Kerne der Geschwisterliebe gebildet haben – der Vorläufer der Objektliebe und die narzisstische Besetzung des Objekts –, findet in der folgenden Zeit eine Ausdifferenzierung statt, bei der die Geschwisterliebe immer reifere Formen annimmt.

Mehr als alle Theorie kann uns die konkrete Anschauung die subtilen Vorgänge verdeutlichen, die diesen Reifungsprozess gestalten. Dazu wähle ich ein fiktives Geschwisterpaar, dessen Entwicklung wir eine Zeit lang begleiten wollen. Es soll uns die Identifikation und die Rückerinnerung erleichtern, mit der wir uns unserer eigenen Geschichte noch einmal vergewissern können.

Das ältere Kind nennen wir Klaus, das jüngere Lisa. Die Wahl eines Bruder-Schwester-Paares erleichtert die Beschreibung geschlechtstypischer Entwicklungsmerkmale. Außerdem scheint diese Paarkonstellation im Allgemeinen weniger konfliktanfällig zu sein als Bruder-Bruder- und Schwester-Schwester-Paare. Das bedeutet nicht, dass bei diesen beiden Konstellationen die Geschwisterliebe geringer ausgeprägt sein muss; sie wird häufig nur auf eine größere Probe gestellt. Unser fiktives Paar könnte auch aus einer älteren Schwester und einem jüngeren Bruder bestehen. Nach allen Erfahrungen gleichen sich jedoch die Vor- und Nachteile der einen oder der anderen Konstellation im Laufe der Geschwisterbeziehung aus.

Lisa hat inzwischen sitzen und stehen gelernt und macht die ersten unbeholfenen Gehversuche. Immer wieder fällt sie hin. Klaus, er ist jetzt drei Jahre alt, hebt sie auf, stützt sie, wenn sie schwankt, nimmt ihre Hand und geht mit ihr bis zum nächsten Stuhl. Dort kann sie sich ausruhen. Sie lässt sich hinplumpsen, hat noch zu wenig Kraft. Aber spielen, das will sie. Sie jauchzt, wenn Klaus ihr einen Ball zwischen die Beine rollt, sie nimmt den Teddybär in die Arme, den er ihr hinhält, schaut Klaus zu, wie er bunte Bauklötze aufeinander türmt, um sie dann wieder mit Gejohle umzustürzen. Dann springt er auf das Sofa, holt einen Apfel vom Tisch, Lisa greift und versucht angestrengt, daran herumzulutschen. Klaus beißt ein kleines Stück ab und schiebt es Lisa in den Mund. Sie haben viel Zeit zusammen.

Die Mutter ist sehr beschäftigt, und der Vater kommt meistens erst, wenn beide Kinder bereits im Bett liegen.

Zwei Kinder bei der schrittweisen Eroberung der Welt. Klaus lässt Lisa nur wenig allein. Wenn die Mutter sie füttert, steht er dabei, schaut zu, manchmal darf er Lisa auch selbst füttern. Mittags, wenn Lisa schläft, geht er leise ins Zimmer, um zu sehen, ob sie schon wach ist; er will mit ihr spielen. Inzwischen hat er auch gelernt, wie man Lisa wickelt; es klappt noch nicht so ganz, aber helfen darf er. Nachts liegen sie in ihren Betten, ganz nah beieinander; Lisa brabbelt vor sich hin, und Klaus versucht ihr zu erklären, warum ein Hase so lange Ohren hat. Er ist der Erste, der hört, wenn Lisa nachts weint. Er rennt zu den Eltern: »Lisa weint!«

Man könnte lange Seiten füllen, wenn man all die schillernden Facetten ausmalen wollte, die diese Zeit der Geschwisterbeziehung gestalten. Für Kinder dieses Alters eine unendlich gedehnte Zeit der Gemeinsamkeit. Dabei spielt die ständige Wiederholung aller Tätigkeiten eine wichtige Rolle, sie festigt die Engramme liebevoller Zweisamkeit. Schrittweise beginnt jedes der Kinder, sich aus der ursprünglichen Verschmelzung zu lösen, sein eigenes Ich weiter zu differenzieren und durch Abgrenzung das Ich des anderen stärker wahrzunehmen. Klaus nennt seine Schwester jetzt nicht mehr »Baby«, sondern »Lisa«, und Lisa würde »Klaus« sagen, wenn das nicht zu schwer für sie wäre; so sagt sie »Au« – und »Mama« vielleicht nur deswegen etwas eher, weil die Mutter ihr ständig im Ohr liegt: »Sag Mama.«

Die Kommunikation zwischen den Geschwistern ist nicht nur zeitlich ungleich ausgedehnter als mit der Mutter, sondern auch lebendiger, fröhlicher und wegen des Wegfalls erwachsener Autorität auch weniger angstbesetzt. Die präverbale und averbale Verständigung der Geschwister geht fließend in eine gemeinsame Sprachfindung über, die den Erwachsenen unzugänglich ist. Sie lachen über jeden Unsinn, vieles wird ihnen zum Witz. Der Reichtum kindgemäßer Erfahrungen, der Austausch eines breiten Spektrums an Emotionen, Körperkontakt, visueller und akustischer Wahrnehmung und die faszinierende Beobachtung aller Körpervorgänge, von der Nahrungsaufnahme bis zur Exkretion von Urin und Kot, bilden eine komplexe Struktur wechselseitiger Bezogenheit, die sich grundlegend von der Mutter-Kind-Beziehung unterscheidet. Die Kinder schaffen sich eine eigene Welt aus Realität und Fantasie, in der nur sie zu Hause sind. Für die Erfüllung bestimmter Bedürfnisse sind die Mutter und der Vater unentbehrlich, aber ihre ständige Präsenz würde nur stören. Dagegen stellen ihre teilnehmende und begleitende Freude und ihre ungezwungene Förderung des Kontaktes zwischen den Kindern einen unschätzbaren Beitrag zu deren ungestörtem Wachstum dar.

Es ist die Zeit, in der Eltern ihre Kinder am häufigsten fotografieren: Lisa und Klaus liegen eng umschlungen in Lisas kleinem Bett; sie plantschen in der Badewanne; beide streicheln einen Hund; sie hocken zusammen auf einer Wiese und pflücken Gänseblümchen; sie liegen auf dem Fußboden und betrachten den bunten Schmetterling im Bilderbuch; Klaus umarmt seine Schwester und küsst sie. Schnappschüsse einer sich festigenden Geschwisterliebe. In den vielen Fotografien halten die Eltern auch ihr eigenes verlorenes Paradies noch ein letztes Mal fest. Denn an diese frühe Zeit können wir uns nur noch dunkel und lückenhaft erinnern. Und doch legt sie den Grundstein für eine lebenslange Beziehung, für eine Geschwisterliebe, die noch durch manche Stürme gehen wird, deren Fundament uns aber mehr trägt, als uns oftmals bewusst ist. So ersetzen die Bilder nicht nur die Erinnerung im Spiegel der eigenen Kinder, sondern drücken auch die unbewusste Sehnsucht nach einem Zustand aus, den wir durch verschiedene Abwehrmechanismen von unserem Bewusstsein fernhalten.

Der Hinweis auf diesen Widerspruch zwischen der Sehnsucht nach Geschwisterliebe und ihrer Abwehr macht einen Exkurs notwendig, um die weiteren Entwicklungsstufen dieser Liebe vorurteilsfreier verfolgen zu können. Der Widerspruch ist so auffallend, dass wir uns fragen müssen, woher er rührt. Dazu möchte ich zunächst an einigen Beispielen die verschiedenen Möglichkeiten der Abwehr illustrieren.

Unvergesslich ist mir eine Patientin, die im Vorgespräch bei der Erhebung ihrer Familiengeschichte sagte: »Meinen Bruder können Sie weglassen.« Auf meine Frage, wie sie das meine, sagte sie: »Na ja, er hat in der Familie keine Rolle gespielt.« Wie die Analyse dann erwartungsgemäß zeigte, diente die scheinbar perfekte Gleichgültigkeit der Abwehr verletzender Erfahrungen, die bis ins frühe Erwachsenenalter gereicht hatten und nur durch einen völligen Kontaktabbruch beendet werden konnten. Tatsächlich schien die Patientin nichts mehr für ihren Bruder zu empfinden und hatte auch konkrete Erinnerungen aus der gemeinsamen Kindheit nahezu vollständig aus ihrem Gedächtnis gelöscht. Hinter der Gleichgültigkeit verbargen sich also zwei weitere Abwehrmechanismen, die Verdrängung und die Verleugnung.

Zur Begriffsklärung: Als Verdrängung bezeichnet man einen Vorgang, bei dem sowohl konkrete Ereignisse wie die dazugehörigen Gefühlstönungen aus der Erinnerung gelöscht werden. Bei der Verleugnung bleibt dagegen das Ereignis im Bewusstsein bestehen, während die begleitenden Gefühle nicht mehr erlebt werden können.

Erst in dem Maße, wie sich bei der Patientin diese Abwehr durch eine intensive Traumtätigkeit löste, konnte sie ihre gleichgültige Fassade aufgeben und sich an die für sie traumatischen Erfahrungen erinnern. So hatte der Bruder sie häufig verprügelt, sie vor anderen Kindern gehänselt und lächerlich gemacht, ihre liebste Puppe zerstört und sie nach Strich und

Faden ausgenutzt. In diesem Stadium verleugnete sie noch alle positiven Gefühle, obwohl bei der schmerzlichen Durcharbeitung ihrer Erinnerungen mit der Zeit immer mehr auch liebevolle Kindheits- und Jugendszenen auftauchten. Erst die Aufhebung auch dieser Verleugnung ließ ihre tiefe Sehnsucht erkennen und machte die Patientin für eine neue Begegnung mit dem Bruder frei, bei der beide an ihre verschüttete Geschwisterliebe anknüpfen konnten.

Aber es gibt noch einen anderen verbreiteten Abwehrmechanismus, mit dem die Sehnsucht nach Geschwisterlichkeit, nach Anerkennung und Zuwendung verborgen wird, die Umkehrung. Als ein typisches und weit verbreitetes Muster der Interpretation von Geschwisterbeziehungen schreibt Margarete Berger unter Berufung auf zahlreiche Literatur: »Es besteht weitgehend Einigkeit in der Auffassung, dass die ersten Gefühle eines Kleinkindes zum neuen Geschwister negativ sind und eine primäre Feindseligkeit abgewehrt werden muss.«[11]

Die »primäre Feindseligkeit« ist der zentrale Fokus im Dienste der Verleugnung der »primären Liebe«. Es ist unbestritten, dass Neid, Rivalität und andere destruktive Gefühle zwischen Geschwistern eine bedeutende Rolle spielen können; davon soll im zweiten Teil des Buches die Rede sein. Die Verleugnung und Verdrängung der Geschwisterliebe und ihre zusätzliche Umkehrung zu einer »primären Feindseligkeit« ist aber nicht nur innerhalb der Wissenschaft geläufig, wobei insbesondere die Psychoanalyse ein ungutes Erbe hinterlassen hat. Auch in der Öffentlichkeit und im allgemeinen Kontakt zwischen Menschen hat die Geschwisterliebe kaum einen Raum. Es entspricht allgemeinen Erfahrungen, dass im Gespräch über Geschwister, sofern überhaupt über sie gesprochen wird, häufig zunächst die Schattenseiten der Beziehung in den Vordergrund rücken. So bin ich seit Jahren der Beschäftigung mit dem Thema nicht mehr sonderlich über die Ratlosigkeit vieler Bekannter überrascht, wenn ich von »Geschwisterliebe« spreche. »Mir fällt zuerst nur Geschwisterneid und -hass ein«, ist eine häufige Reaktion.

In ausgeprägter Form tritt das Phänomen in psychotherapeutischen Behandlungen zutage. Anders als die bereits genannte Patientin, die ihren Bruder »weglassen« wollte, berichten die meisten zuerst über die negativen Seiten der Beziehung, wobei sie sich während der Durcharbeitung dieser Thematik in ihre destruktiven Affekte regelrecht hineinsteigern können. Wenn dann der tief verborgene Wunsch nach Nähe zugelassen werden kann, wirkt der Patient wie befreit.

Damit können wir zu der Ausgangsfrage zurückkehren, woher der Widerspruch zwischen der Sehnsucht nach Geschwisterliebe und ihrer oft so hartnäckigen Abwehr stammt. Eine erste Antwort deutet sich hier an, die im weiteren Verlauf des Buches vertieft werden soll: Individuelle Entwicklungsverläufe und familiendynamische sowie gesellschaftliche Einflüsse führen zu einer vielschichtigen Transformation der primären Geschwisterliebe. Es handelt sich dabei um einen normalen Prozess der Individuation. Wo er ausbleibt, entstehen lebenslange pathologische Fixierungen, wie man sie besonders auf dem Hintergrund von Inzestbeziehungen oder gelegentlich bei Zwillingspaaren beobachtet. Häufig wird aber die Entwicklung der Geschwisterliebe nicht nur durch normale biografische Unterschiede, sondern durch negative Fremdeinwirkungen, in der Regel durch die Eltern, so stark beeinflusst, dass außer den krankhaften Fixierungen auch Entfremdungen eintreten, durch die die Geschwisterliebe vollständig verloren gehen kann. Die damit verbundenen schmerzhaften Erfahrungen erklären, warum das Geschwisterthema so häufig zum Tabu wird. Das Tabu heißt: »Du darfst dich nicht nach Geschwisterliebe sehnen, erstens, weil damit wieder die gleichen Enttäuschungen verbunden sein könnten wie damals, und zweitens, weil du dich damit klein, hilflos und abhängig machst und dich, wie früher als Säugling und Kleinkind, an jemanden auslieferst, von dem du dich längst gelöst haben müsstest.«

Dass Menschen zu Opfern solcher Tabus werden und ihre Sehnsucht nach Geschwisterliebe abwehren müssen, ist verständlich auf dem Hintergrund einer Kultur, die die Familie als lebenslangen Hort zur Erfüllung von Liebes- und Geborgenheitswünschen stark entwertet hat. Solche Wünsche sind stattdessen durch Wertnormen ersetzt worden, die einen möglichst hohen Grad an Individualität, Autonomie und Mobilität fordern. Unausgesprochen schließen sie die Überwindung familiärer, insbesondere geschwisterlicher Bindungen ein.

Jenseits solcher gesellschaftlichen Ideologien in den westlichen Industriegesellschaften finden wir das genannte Tabu auch in der Wissenschaft wieder. Die Psychoanalyse kann als Rechtfertigung für sich ins Feld führen, dass sie ihre ersten Einsichten der Behandlung von Kindern und Erwachsenen verdankt und dabei zunächst auf die Pathologie von Geschwisterbeziehungen gestoßen ist. Das Argument erweist sich aber nur als halbe Wahrheit. Denn weder die Psychoanalyse noch die ihr verwandten Therapieformen und Wissenschaften haben in der Folgezeit die fundamentale Bedeutung der Geschwisterliebe gründlicher untersucht, auch wenn ihre positiven Aspekte heute stärker ins Blickfeld geraten. Bis vor nicht allzu langer Zeit blieb jedoch der pathologische Geschwisterkonflikt der zentrale Fokus der Wissenschaft. Nun behauptet jede Wissenschaft von sich, »objektiv« zu sein. Besonders in den psychologischen und philosophischen Wissenschaften hat sich aber seit Langem herausgestellt, wie stark Untersuchungsinhalte und -ergebnisse von der subjektiven Betrachtung des Untersuchers beeinflusst werden. Bezogen auf das Tabu der Geschwisterliebe lässt sich der subjektive Faktor besonders eindrucksvoll am Begründer der Psychoanalyse selbst erhellen. Von

Freud stammen die ersten tiefenpsychologischen Theorien über die Geschwisterbeziehung, die noch bis heute den wissenschaftlichen Diskurs bestimmen. Bank und Kahn haben dagegen ein breites Material gesichtet, das die von starker Dominanz, Unterdrückung und Feindseligkeit geprägte Beziehung des ältesten Bruders Sigmund zu seinen sechs jüngeren Geschwistern belegt. Nach Meinung der Autoren haben diese bis in die früheste Kindheit zurückreichenden Erfahrungen Freuds Theorie über Geschwisterkonflikte maßgeblich beeinflusst.[12]

Die dagegen hier von mir behauptete Existenz einer primären Geschwisterliebe lässt sich auch unter dem Aspekt des Vertrauens betrachten. Bisher wurde immer nur das »Urvertrauen« zwischen Mutter und Kind als Voraussetzung einer stabilen Persönlichkeitsentwicklung beschrieben.[13] Die zitierten Märchen »Hansel und Gretel« und »Brüderchen und Schwesterchen« gaben uns jedoch Hinweise darauf, dass die Ambivalenz in der Mutter-Kind-Beziehung in der Regel stärker ausgeprägt und mit ihren negativen Anteilen bedrohlicher ist als die Ambivalenz zwischen den Geschwistern in der frühen Phase ihrer Beziehung. Im Extremfall – wie in den Märchen beschrieben – ist das Vertrauen der Geschwister der einzige Garant ihrer Sicherheit. Das Vertrauen ist umso lebensnotwendiger, als es das »Urmisstrauen« in der Mutter-Kind-Beziehung kompensieren hilft. Nicht nur im Märchen werden Geschwister durch ihr Vertrauen zusammengeschweißt, wenn das Misstrauen gegen die Umwelt wächst. Viele Beispiele im Alltag und vor allem in der psychotherapeutischen Erfahrung belegen diesen Zusammenhang. Geschwister verhalten sich dann so wie eine kleine soziale Gemeinschaft, die, wie die Sozialpsychologie lehrt, umso näher zusammenrückt, je mehr sie durch Außenbedrohungen gefährdet wird, oder in der der innere Stabilisator, etwa die Mutter, entfällt.

Unabhängig von der Frage, ob die Beziehung zur Mutter durch Urvertrauen oder Urmisstrauen geprägt ist, lässt sich aus den bisherigen Überlegungen die Annahme rechtfertigen, dass die primäre Geschwisterliebe eine autonome Form des »Urvertrauens« einschließt, die zu einem tragenden Bestandteil der weiteren Entwicklung wird. Dagegen erscheint die Annahme eines »Urmisstrauens« zwischen Geschwistern, die definitionsgemäß in die früheste Phase ihrer Beziehung datieren würde, wenig haltbar, weil in diesem Stadium der Entwicklung die wechselseitigen Bedrohungen kein traumatisches Ausmaß annehmen.

Mit dieser Annahme wird die verbreitete Theorie über die Geschwisterbeziehung auf den Kopf gestellt. Wenn diese nämlich von einer »primären Feindseligkeit« zwischen Geschwistern ausgeht, wäre es logisch, auch ein »Urmisstrauen« als grundlegend zu unterstellen. Dieses würde sogar, anders als in der Mutter-Kind-Beziehung, auch die Möglichkeit eines »Urvertrauens« zwischen Geschwistern ausschließen.

Schon die äußere Beobachtung des Kontaktverhaltens des fiktiven Geschwisterpaares Klaus und Lisa führt aber diese Theorie ad absurdum. Wenn man allein auf der Zeitebene abmessen wollte, wie lange die Kinder jeden Tag freundlich und liebevoll miteinander umgehen, wie lange sie zusammen spielen, wie viel friedliche Zeit ihre vielfältigen anderen Tätigkeiten einnehmen und wie lange Ruhephasen dazwischen liegen, käme man beim Vergleich mit den Zeiten von Unfrieden, Streit und Ärger zu signifikanten Ergebnissen. Bei keinem Freundes-, Liebes- oder Ehepaar käme man auf die Idee, ihre Beziehung als »feindselig« zu charakterisieren, wenn lange Phasen der Harmonie und Liebe gelegentlich von einem Streit unterbrochen werden. Es ist meist unsere eigene Unfähigkeit, mit Konflikten und Aggression angemessen umzugehen, die uns so überempfindlich auf ganz natürliche Streitsituationen zwischen

Geschwistern reagieren lässt. Wenn aber auch die Theorie diese Erwachsenenperspektive zur Grundlage ihres Konzeptes von Geschwisterbeziehungen gemacht hat, wird es Zeit, die Geschwisterliebe endlich auf die Füße zu stellen.

3. Krippe, Kita und Schule – der Weg ins Leben

Seit im Jahr 2008 die Bundesregierung in Deutschland beschlossen hat, ab 2013 für jedes Kind ab dem ersten Lebensjahr einen Krippenplatz zur Verfügung zu stellen, ist, abgesehen von der Machbarkeit, eine heftige Debatte über das Für und Wider dieser frühen außerfamiliären Erziehung entbrannt. Bei der Entscheidung standen Fragen der Vereinbarkeit von Beruf und Familie, speziell für Frauen, und die Verbesserung der Bildungschancen besonders für die unterprivilegierten Schichten der Bevölkerung und die Migrationsfamilien im Vordergrund.

Hier sollen nur einige Überlegungen interessieren, welche Auswirkungen die immer früher einsetzende Sekundärsozialisation in Krippen und Kindergärten auf die Geschwisterbeziehungen haben. Vorab sei erwähnt, dass es, wie der Mentor der Geschwisterforschung in Deutschland Hartmut Kasten feststellt, bisher keine systematischen Befunde zu dieser Frage gibt. So können wir uns wieder nur an grundlegenden psychologischen Erkenntnissen und praktischen Beobachtungen orientieren.

Am Anfang steht für die Geschwister die Erfahrung, dass das ältere Kind in die Kita kommt, während das jüngere gleichzeitig die Krippe besucht. Dies dürfte nach der Neuregelung für die Zukunft die häufigste Variante der außerfamiliären Erziehung in der Frühkindlichkeit sein. Sehr viel problematischer und deswegen zu befürchten wäre die zweite Variante, nach der das erstgeborene Kind bereits mit einem Jahr in die Krippe gegeben wird, während das nachfolgende mindestens für ein Jahr die ungeteilte Geborgenheit in der Familie genießen kann. In diesem Fall könnte die Geburt des Geschwisters tatsächlich zum Trauma werden, weil sich das ältere dann nicht nur emotional vernachlässigt, sondern auch real ausgestoßen fühlt. Außerdem müssten beide Geschwister, deren Zweisamkeit jeden Tag für einen längeren Zeitraum auseinandergerissen wird, auf die fundamentalen, weil Bindung stiftenden Erfahrungen in der ersten Lebensphase verzichten. Dass unter diesen Bedingungen die basale Entwicklung ihrer Geschwisterliebe dauerhaften Schaden erleiden kann, ist nicht auszuschließen.

Die erste Variante vorausgesetzt, ist mit dieser Erfahrung für beide Geschwister ein erster schmerzhafter Einschnitt in die Ausschließlichkeit ihrer Welt verbunden. Die primäre Harmonie ihres Kinderparadieses zerbricht, und sie machen eine Grunderfahrung, die in vielen Facetten ihr weiteres Leben begleiten wird – die Trennungserfahrung. Wie wir heute wissen, sind solche Erfahrungen besonders in der Frühkindheit sehr schmerzhaft, aber unvermeidbar. Und sie sind wichtig, weil sie Kindern helfen, eine ausreichende Trennungstoleranz zu entwickeln, die sie auf spätere Trennungserfahrungen vorbereitet. Wie wir wissen, reichen diese bis zur Geburt zurück, bis zur Urtrennung von Mutter und Kind nach der Schwangerschaft. Die folgende Phase der Mutter-Kind-Beziehung ist durch einen subtilen Wechsel von Trennung und Wiederannäherung gekennzeichnet, der die Ablösung des Kindes von der Mutter schrittweise vorbereiten hilft. Diese Separation ist der notwendige Weg zur Individuation und Autonomie. Geschwister unterstützen sich bei dem wichtigen Ablösungsprozess von der Mutter, indem sie spätestens vom Kindergartenalter an die Separationsschritte bei sich selbst einüben. Indem sie sich täglich aufs Neue trennen müssen und sich anschließend wiedersehen, ritualisieren sie die dialektischen Vorgänge von Separation, Wiederannäherung und Individuation als identitätsstiftende Erfahrung.

Diese Reifungsschritte in der menschlichen Entwicklung sind von der Forschergruppe um die Psychoanalytikerin Margaret S. Mahler in Direktbeobachtungen von Müttern, Kindern und ihren Geschwistern sehr gründlich untersucht worden. Das besondere Verdienst dieser Grundlagenforschung liegt darin, dass sie nicht nur die Dynamik der Mutter-Kind-Beziehung berücksichtigt, sondern auch die Frage einbezieht, wie Geschwister in die komplexen Prozesse von Separation und Individuation eingreifen. So verdanken wir der Forschergruppe die anschaulichsten Beschreibungen über die schmerzlichen Erfahrungen, die die Geburt eines Geschwisters für das anwesende Kind bedeuten kann, aber vor allem auch über den wechselseitig fördernden und beschleunigenden Einfluss der Geschwister bei der Überwindung der Mutter-Kind-Symbiose. Die Trennungserfahrungen, die die Geschwister dann später untereinander machen, bedeuten nochmals einen wichtigen Entwicklungsschub in Richtung der eigenen Identitätsfindung.

Aber zunächst müssen sie beim Eintritt in die Krippe und die Kita, wie Einzelkinder auch, die Trennungsangst und den Trennungsschmerz ertragen, die durch den zeitweiligen Verlust des familiären und geschwisterlichen Schutzes auftreten. Wie Einzelkinder auch müssen sich Geschwister in der neuen Umgebung orientieren, sich an neue Erwachsene gewöhnen, sich in die fremde Kindergruppe einleben und lernen, sich als Person zu behaupten. Aber im Unterschied zu den Einzelkindern haben sie den großen Vorteil, täglich nicht nur in die häusliche Geborgenheit, sondern in das geschwisterliche Zusammensein zurückkehren zu können.

Aufgabe der öffentlichen Erziehung ist neben der Weitergabe von Wissen und Fertigkeiten verschiedener Art die Vermittlung von sozial verbindlichen Werten wie Rücksichtnahme, Zusammenspiel, abgeben und teilen, Besitz verteidigen und respektieren, zuhören und sich mitteilen, Kontaktangebote machen und annehmen, eintreten für Schwächere und viele andere Verhaltensweisen, die die Anpassung an eine größere soziale Gemeinschaft und die Freiheit und Aufgehobenheit in ihr garantieren.

Diese Werte bewähren sich im konkreten Umgang mit anderen Kindern, insbesondere im Aufbau von Freundschaften. Da empirische Befunde fehlen, muss es eine Vermutung bleiben, dass es Geschwister im Erlernen dieser Wertmuster leichter haben als Einzelkinder. Schließlich resultieren sie aus den ungezählten Lernschritten ihrer frühen Kindheit. Wie sahen diese konkret aus? Die Antwort lässt sich durch einige Alltagserfahrungen veranschaulichen. Sie verdeutlichen die subtilen Voraussetzungen, die Geschwister in die außerfamiliäre Sozialisation einbringen. Ich möchte diesen Punkt hier ausdrücklich betonen, weil viele Eltern und Erzieher erfahrungsgemäß zu der Ansicht neigen, dass erst die Institutionen von Krippe, Kita und Schule den Kindern das notwendige Rüstzeug zum Leben vermitteln, eine Einstellung, die tendenziell auch von administrativen Entscheidungsträgern geteilt wird. Besonders Geschwister widersprechen durch den Reichtum ihrer gemeinsam gemachten Erfahrungen eindeutig solcher Auffassung. Im Gegenteil dürften sie ihrerseits durch ihren speziellen Erfahrungsvorsprung die Gemeinschaft der Gleichaltrigen außerordentlich befruchten.

Um diese Erfahrungen zu illustrieren, zitiere ich hier noch einmal das fiktive Geschwisterpaar Lisa und Klaus. Lisa besucht seit einiger Zeit die Krippe; Klaus ist zur gleichen Zeit in den Kindergarten gekommen. Nachmittags sehen sie sich wieder und verbringen die meiste der verbleibenden Zeit gemeinsam, weil sich die Mutter nach der Halbtagstätigkeit um viele Dinge im Haushalt kümmern muss, und der Vater, wie schon immer, erst spät nach Hause kommt. Ab jetzt erfolgen die Lernschritte in großer Geschwindigkeit. Lisa spricht bald die ersten Worte und läuft inzwischen geschickt durch die ganze Wohnung. Die Sprache und Motorik ihres Bruders haben sie angespornt. Aber natürlich ist da auch die Krippe, in der andere Kinder Lisas Lernbegierde stimulieren. Beide Quellen fließen jetzt ununterscheidbar zusammen und verstärken sich gegenseitig. Auch Klaus lernt in der Kita durch die »individuelle Förderung« durch fachlich qualifizierte Erzieher und durch die Gemeinschaft der anderen Kinder täglich Neues dazu, was er zu Hause üben und weiterentwickeln kann. Davon wiederum profitiert seine Schwester erheblich. So werden mit der Zeit ihre gemeinsamen Spiele immer fantasievoller. Versteckenspielen, Wettrennen, die Tapeten mit Fingerfarben vollschmieren, Faxen machen. Noch übertrifft Klaus seine Schwester in der Erfindung immer neuer Zirkusnummern. Bei beiden wächst mit der Bewunderung und Bestätigung durch den anderen der Stolz auf ihre Fähigkeiten.

Noch brauchen sie diese wechselseitige narzisstische Spiegelung und können sie sich unbekümmert zeigen. Trotz der bereits erfolgten Differenzierung in zwei selbstständige Ich-Strukturen bildet der Narzissmus noch einen wichtigen Bestandteil ihrer Liebe. Leider wird dieser »gesunde« Narzissmus unter dem Diktat moralischer Verbote alsbald verdrängt – sehr zum Schaden der späteren Geschwisterbeziehung.

Eines Tages wird Klaus eingeschult; Lisa besucht schon seit einem Jahr die Kita. Inzwischen ist aus ihr ein »richtiges Mädchen« und aus Klaus ein »richtiger Junge« geworden. Die Sprachwendung bezeichnet wohl am ehesten die jetzt definitive Geschlechtszugehörigkeit der Kinder. Ihr eigenes Gefühl für ihre unterschiedliche Identität ist sowohl das Ergebnis einer veränderten Körperwahrnehmung wie auch der entsprechenden Rollenzuschreibung und Rollenerwartung durch die Eltern und Erzieher.

Die beiden Geschwister sind durch die Erfahrungen in der Krippe und in der Kita selbstständiger und mutiger geworden. Sie dürfen jetzt nachmittags zusammen auf den nahe gelegenen Spielplatz gehen. Damit wird die Außenwelt enorm erweitert und muss neu erobert werden. Straßen, Plätze, Menschenmassen, der Lärm der Stadt – das bunte Kaleidoskop der Welt beginnt sich um sie zu drehen. Atemlos schauen sie zu, halten sich an den Händen – der Halt am anderen –, schützen sich vor Gefahren, vor vorbeifahrenden Autos, rasenden Radfahrern, vor keifenden Erwachsenen. Und die beiden lachen, lachen, lachen: über die nackte Schaufensterpuppe in einem Kaufhaus, über den Mann, der leere Flaschen in eine Plastiktüte sammelt, den komischen Hut einer Frau, den witzigen Hund, der an eine Laterne pinkelt. Das wirkliche Abenteuer des Lebens hat begonnen, und die beiden stehen mittendrin. Viel Angst haben sie nicht dabei, sie sind ja zu zweit. »Hansel und Gretel«, »Brüderchen und Schwesterchen« – zur Not könnten sie das Leben und seine Gefahren auch ohne Eltern meistern – gemeinsam sind sie stark. Aber natürlich ist es schöner, wenn ihnen die Eltern dabei helfen, wenn ihre Liebe sie zusätzlich trägt und wenn sie sich in der Gruppe akzeptiert und unterstützt fühlen. Dadurch bekommen sie ein Selbstvertrauen, mit dem sie auch dem anderen in Notsituationen beistehen können.

Auf dem Spielplatz lernen sie fremde Kinder kennen. Mit manchen kann man gut spielen, mit anderen gibt es Streit. In einer Sandkiste verteidigt Klaus Lisas Spielzeug, schreit einen Jungen an, der sie schubsen will. Toll das Gefühl, einen großen Bruder zu haben! Aber auch Lisa ist nicht auf den Mund gefallen; wenn jemand sich mit Klaus anlegt, kann sie schimpfen wie ein Rohrspatz. Diese Fähigkeiten zur Auseinandersetzung und zur Durchsetzung verdanken sie nicht nur sich selbst, sondern auch ihren Kindergruppen, in denen das Austragen von Konflikten regelrecht geübt wurde. Damit sollten gleichzeitig die Grundzüge einer sozialen Verantwortung gelegt werden. Diese wurden von Lisa und Klaus nach den Erfahrungen in der Familie mit den Jahren immer stärker verinnerlicht.

Wie erlernt man dieses Gefühl der Verantwortung für andere konkret?

Gemeinsam füttern und versorgen die beiden ihr Meerschweinchen und ihren Goldhamster, sie versuchen, einen Vogel gesund zu pflegen, der nicht mehr fliegen kann. Als er stirbt, sind beide sehr traurig; sie begraben ihn an einer Stelle, die sonst niemand kennt. An den folgenden Tagen gehen sie zu seinem Grab und unterhalten sich darüber, wie es ist, wenn man stirbt. Klaus meint, der Vogel wird ein Adler, Lisa besteht darauf, dass er in einen Engel verwandelt wird. Sie denkt an ihre kranke Oma. »Wird Omi auch ein Engel?« »Nein«, sagt Klaus, »die verschwindet einfach nur, und keiner weiß, wo sie ist.« »Arme Omi!« Lisa sammelt ein paar bunte Steinchen, die will sie morgen der Oma ins Krankenhaus mitnehmen.

Was Krankheit ist, wissen die beiden schon. Klaus hatte Masern, Lisa Keuchhusten, sie waren sehr krank. Von der Mutter haben sie gelernt, wie man einen Kranken pflegt – mit Tee, Zwieback, Honig in Milch, Umschlägen und – mit Liebe. Immer wieder sind sie ans Bett des kranken Geschwisters gegangen, haben geschaut, ob das Fieber schon weg ist, haben ihm Spielsachen gebracht, Süßigkeiten, haben am Bett gesessen, sich Geschichten erzählt und versucht, den Kranken durch Clownerien zum Lachen zu bringen. Die Fähigkeit, besorgt zu sein. Ohne Klaus, ohne Lisa hätten die Krankheiten länger gedauert, und es wäre recht einsam gewesen. Diese Erfahrung werden sie im Lauf ihres Kinderlebens noch häufiger machen. Und viel, viel später, im Alter, wird sie sich wiederholen – wenn die Liebe gehalten hat.

Zu einem Akt der Fürsorge und der Einübung von sozialer Verantwortung und Kompetenz sind auch die vielen Rollenspiele geworden, die die beiden immer mehr begeistern, Doktorspiele, Vater-Mutter, Mutter-Kind, Vater-Kind, immer mit wechselnder Besetzung.

Bei den Doktorspielen hält Klaus sein Ohr an Lisas Herz und hört, ob es richtig schlägt; Lisa muss Klaus einen Verband anlegen, weil er sich verletzt hat, dann messen sie gegenseitig Fieber, Klaus gibt seiner Schwester ein paar Schokolinsen als Tabletten gegen Erkältung, Lisa verschreibt Klaus Bettruhe. Manchmal kommt es auch vor, dass sie gegenseitig ihren Po untersuchen, dass sie sich beim Urinieren zusehen oder dass Lisa den Penis von Klaus berührt und Klaus Lisas Scheide. Im Alter zwischen drei und fünf Jahren erwacht bekanntlich mit der Ausdifferenzierung der eigenen Geschlechtsidentität ein intensives Interesse an allem, was mit Schwangerschaft, Geburt und Sexualität zu tun hat. So werden die Doktorspiele zum geeigneten Experimentierfeld zur Überprüfung der abenteuerlichen kindlichen Theorien über die Frage, woher die Kinder kommen. Die damit verbundene Neugier am anderen Geschlecht leitet zu lustvollen sexuellen Spielen über. Wer Doktorspiele deswegen allein auf sexuelle kindliche Wünsche zurückführen will, übersieht das weitere Erfahrungsspektrum und insbesondere die soziale Funktion der Spiele. Die Schulung der eigenen Körperwahrnehmung und die Erforschung des Körpers des anderen stehen am Anfang (wie klopft ein Herz, wie rumpelt ein Bauch, wie hört sich der Atem im Brustkorb an?). Ebenso wichtig ist die Erfahrung, Fürsorge geben und empfangen zu können. Doktorspiele dienen der symbolischen Einübung der Fähigkeit zum Mitleid. Dazu gehören die bereits erwähnten Lernschritte, wie man dem anderen bei Krankheiten, Unfällen oder Verletzungen helfen kann. Mit der häufigen Wiederholung des Spiels werden die ersten Bausteine für das spätere Gefühl sozialer Verantwortung zusammengetragen. Der »Onkel Doktor«, der den Kindern mit seinen Aufgaben nicht mehr fremd ist, wird zu einem wichtigen Identifikationsobjekt bezüglich seiner medizinischen und fürsorgerischen Funktionen, die im Spiel nachgeahmt werden.

Dass Doktorspiele noch heute in der Regel einseitig sexuell gedeutet werden, verdanken wir der Psychoanalyse, die mit der Entdeckung der kindlichen Sexualität vor 100 Jahren einen öffentlichen Schock auslöste. Allerdings müssen wir Freud gegen die Gläubigkeit in Schutz nehmen, mit der noch heute seine damals revolutionären Erkenntnisse verbreitet werden. In dem Spielfilm »Lovesick – Der liebeskranke Psychiater«[14] amüsiert sich Alec Guinness als Sigmund Freud des Jahres 1983 über die konservative Haltung, mit der heutige Psychotherapeuten seine damaligen Einsichten zu Dogmen erklärt haben und ohne zeitgemäße Erweiterungen an ihnen festhalten. Wahrscheinlich wäre Freud, wenn er Lisa und Klaus heute bei ihren Spielen beobachten würde, erheitert über seine damalige Theorie von Lisas Penisneid und von Klaus' Kastrationsangst und würde der feministischen Kritik zustimmen. Sicher würde er die Tatsache akzeptieren, dass Lisa mit Interesse, Neugier, auch mit Freude den Penis von Klaus anschaut, ihn anfasst und damit spielt – schließlich erzeugt das auch bei ihr angenehme kitzlige Gefühle; außerdem bewundert sie Klaus ein bisschen, weil er mit seinem Glied in einem so weiten Bogen pinkeln kann und sich dabei nicht hinhocken muss. Bei Klaus, auch das würde Freud heute nicht entgehen, dominiert ebenfalls ein deutliches Lustgefühl, wenn er Lisas Scheide betrachtet und untersucht; er ist fasziniert von der Klitoris, dem dunklen Loch und dem gewaltigen Urinstrom, wenn sie sich breitbeinig zum

Pinkeln auf eine Wiese setzt. Warum sollte er erschrecken, dass sie keinen Penis hat? Erste Erektionen lassen ihn doch ahnen, dass er seinen Penis in ihr Loch hineinstecken kann. Eine ideale Ergänzung. So, wie es die Eltern zu machen scheinen.

Vielleicht würde Freud heute auch über die Prüderie seiner Zeit lachen, die ihn dazu verführt hat, in der »Urszene« ein kindliches Trauma zu erblicken. Die erste Beobachtung des Geschlechtsaktes der Eltern, so seine damalige Version, ängstige das Kind, weil es darin die Zufügung nackter Gewalt erlebe. Die lustvolle körperliche Verschmelzung der Eltern, der sanfte, zeitweilig schnelle Rhythmus ihrer Bewegung, der kurze erlöste Schrei, das Stöhnen oder auch das Lachen und die zärtliche Umarmung danach – eine erregende Erfahrung für Kinder, ja, aber ein Trauma? Freud schüttelt den Kopf. Was kann es für Kinder Schöneres geben, als sich die Eltern lieben zu sehen, ihre Ausgeglichenheit, ihr Lächeln, ihr Glück danach? Klaus und Lisa machen es nach, wenn sie »Vater-Mutter« spielen. Lisa muss sich hinlegen, und Klaus rutscht etwas hilflos auf ihr herum, Lisa lacht, das ist zu komisch.

Lieber spielen sie »Mutter-Kind« oder »Vater-Kind«. Das ist abwechslungsreicher. In den verschiedenen Rollen können sie symbolisch die Bedürfnisse, Gefühle, auch die Konflikte zum Ausdruck bringen, die zwischen den Eltern und ihnen bestehen. Auf diese Weise begreifen sie nicht nur ihre eigenen Reaktionen besser, sondern auch die der Eltern im Spiegel des Kindes, das gerade eine Elternrolle einnimmt. Rollenspiele gehören zum unverzichtbaren Bestandteil jeder Kindertherapie. Durch solche Rollenspiele werden erfahrungsgemäß neue Verhaltensmuster und ein angemessener Umgang mit Konflikten eingeübt. Nicht zuletzt erleichtern solche Spiele den schwierigen Prozess der Ablösung von den Eltern.

So beschleunigt die Geschwisterliebe nicht nur die Ablösung, sondern ist umgekehrt auch ein mächtiges Bollwerk gegen elterliche Vereinnahmung. Unter den wenigen Sätzen in der psychoanalytischen Literatur, die positive Aspekte der Geschwisterbeziehung erwähnen, findet sich folgender bei Erich Fromm, der die Geburt eines Geschwisters mit der Ablösungsthematik in Verbindung bringt: »Tatsächlich hat ein solches Ereignis oft einen gesunden und durchaus keinen traumatischen Einfluss, da es die Gründe für die Abhängigkeit von der Mutter und die sich daraus ergebende Passivität reduziert.«[15]

Unausgesprochen bestätigt auch dieser Satz die bereits zitierte Lehrmeinung vom Trauma der Geburt eines Geschwisters. Fromm hat seinen davon abweichenden Gedanken nicht weiter ausgebaut, wie überhaupt die Geschwisterbeziehung, geschweige denn die Geschwisterliebe in seinem umfangreichen Werk kaum auftaucht. Dies ist umso erstaunlicher, als Fromm als namhafter Vertreter der psychoanalytischen Sozialpsychologie gilt, der zeit seines Lebens um die Versöhnung der destruktiven Kräfte im Individuum, in der Familie und in der Gesellschaft gekämpft hat. In diesem Zusammenhang die Bedeutung der Geschwisterliebe so kategorisch zu übersehen ist kennzeichnend für das Tabu, von dem oben die Rede war; aber auch für den subjektiven Faktor, der Wissenschaft beeinflusst: Fromm war Einzelkind. Dieser biografische Hintergrund reizt zu der spekulativen Frage, wie wohl die Konzeption der Geschwisterbeziehung und ihr Einfluss auf die Wissenschaft bei Fromm unter der Bedingung von sechs jüngeren Geschwistern – wie bei Freud – ausgefallen wäre.

Dazu lässt sich ergänzend feststellen, dass in der gesamten psychoanalytischen Literatur bis heute Geschwisterbeziehungen nahezu ausschließlich unter familiären Entwicklungsbedingungen diskutiert werden. Deswegen hier noch einmal die Ausgangsfrage: Welche Auswirkungen zeitigt die außerfamiliäre Sozialisation wahrscheinlich auf die Geschwisterbindung? Mit Sicherheit kann man davon ausgehen, dass Krippen,

Kitas und Schulen die Ablösung vom Elternhaus beschleunigen. Plausibel wäre in diesem Zusammenhang die Annahme, dass die fortschreitende Abnabelung vom Elternhaus nicht nur mit einer zeitlichen, sondern auch emotionalen Verdünnung des Kontaktes zwischen den Geschwistern verbunden ist. Schließlich haben sie in ihren neuen Lebensräumen genügend Alternativen bei der Suche nach Spielgefährten. Zu ihnen entstehen mit zunehmendem Alter immer dichtere Bindungen, aus denen mehr oder weniger beständige Freundschaften werden. Die vielseitigen Identifikationsmöglichkeiten in der Gruppe könnten die Geschwisterbindung weiter auflockern und die Geschwisterliebe in den Hintergrund treten lassen. Solche Entwicklungen wären besonders für Krippenkinder zu befürchten, deren Bindungen zu den Eltern und Geschwistern mit einem Jahr noch nicht so tief verwurzelt sind, als dass sie den Stürmen der affektiven Überstimulierung durch erzwungene Fremdkontakte gewachsen wären.

Von sozialistischen Erziehungsexperimenten, wie sie zum Beispiel von der Kibbuzerziehung praktiziert wurden, oder seit der Hospitalismusforschung mit Beginn der dreißiger Jahre des vorigen Jahrhunderts, die verbunden ist mit den Namen von Réne Spitz, John Bowlby, Anna Freud und D. W. Winnicott, wissen wir zumindest Folgendes: Kleinkinder, die zu früh und zu lange von der Mutter getrennt werden, erleiden bleibende psychische Defizite besonders in Bezug auf das Kontaktverhalten und die Bindungsfähigkeit. Neuere Befunde legen solche Folgen auch beim frühen Verlust des Vaters nahe. Für Geschwister stehen entsprechende Forschungen aus; aber nach allen bisherigen Überlegungen dürfte die langfristige oder dauerhafte Trennung von einem Geschwister ebenso zu Störungen des Bindungsverhaltens führen.

Aber um solche dramatischen Verläufe geht es bei der Krippenerziehung zum Glück nicht. Dennoch lässt sich beim heutigen Kenntnisstand der Verdacht nicht gänzlich ausschließen, dass speziell die Krippenerziehung einen Bruch in der Entwicklung der Geschwisterbindung und Geschwisterliebe verursachen könnte. Aus optimistischer Perspektive wird dieser Bruch durch all das kompensiert, was Geschwister an kognitiven, emotionalen und sozialen Kompetenzen durch die Gruppe erworben haben und als befruchtend in ihre Beziehung einbringen.

Daraus ergibt sich das faszinierende Wechselspiel der Entwicklung fördernden Einflüsse zwischen der Geschwistergruppe mit ihrem geschilderten Erfahrungsreichtum und der Peergroup.

4. Geschwisterliebe – ein Rätsel, ein Wunder, eine Realität

Nach Jahrzehnten der Beschäftigung mit dem Lebensschicksal von Menschen aller Altersgruppen bleiben es für mich die größten Geheimnisse, Rätsel und Wunder, wie tief verwurzelt jeder Einzelne für sein ganzes Leben mit seiner Herkunftsfamilie verbunden bleibt, mit den leiblichen Eltern ebenso wie mit den Geschwistern.

Wenn wir die Vielzahl der Einflüsse bedenken, die von außerhalb der Familie unseren Lebensweg mitbestimmen und lenkt, angefangen von der Krippe über die vielen Stationen unseres schulischen und beruflichen Werdegangs und der unzähligen Menschen, die uns auf diesem Weg Halt und Orientierung gaben als Lehrer, als Kollegen, als Vorgesetzte, als Freunde, als Partner, dann bleibt trotz alledem folgende Tatsache bestehen: Die Fäden, die uns mit unseren Familienangehörigen verbinden, mögen sie innerlich noch so brüchig oder äußerlich zerrissen erscheinen, sind in unsere Charakterstruktur, unser Lebensgefühl, unser Gedächtnis und unsere Erinnerungen eingewoben wie die Farben in dem Federkleid eines Vogels; und sie beherrschen unser Denken und Empfinden, unser Verhalten und unser Handeln mehr als alle Außenerfahrungen und stärker, als uns je bewusst wird.

So unentbehrlich die äußere Welt für unsere Persönlichkeitsentwicklung ist, so einzigartig und prägend bleibt die Binnenstruktur der Familie für unser Gefühl von Identität. Der Psychoanalytiker Hans Sohni unterscheidet dabei zwischen einer vertikalen Achse, auf der die Beziehung der Eltern zu den Kindern angelegt ist, und einer horizontalen Achse, die die Geschwisterbeziehung bestimmt. Letztere sei deswegen konfliktfreier und enger, weil sie weitgehend unbelastet vom Macht-Ohnmacht-Gefälle und von dem Abhängigkeits-Freiheits-Paradigma in der Eltern-Kind-Bindung existiere. Deswegen erlaube sie auch mehr körperliche und affektive Nähe, und durch die ausgedehnte Zeit der Zweisamkeit und den angstfreien, unambivalenten Umgang einen breiteren kognitiven und sozialen Austausch.

Sohnis Unterscheidung ergänzt die bisher herangezogenen theoretischen Begriffe um einen wichtigen Aspekt zum besseren Verständnis des geschwisterlichen Beziehungsreichtums, Begriffe wie Nachahmung, den Bindungsvorgang, die narzisstische Spiegelung, die Identifizierung und die Introjektion des Geschwisters mit dem inneren Umbau zu einer Geschwisterrepräsentanz. Aber letztlich bleiben alle diese Begriffe im Hinblick auf die Geschwisterliebe unspezifisch, wenn man bedenkt, dass sie psychische Vorgänge beschreiben, mit denen der Mensch grundsätzlich sein Ich, sein Selbst und seine Kommunikation mit anderen generiert. Das betrifft besonders den

Begriff der Liebe, um dessen Definition jede Theorie einen weiten Bogen macht. Deswegen habe ich mich bisher auch bemüht, ihn durch den Gebrauch allgemeiner Verhaltensmuster und prosozialer Werte zu umschreiben. Wenn man sie noch einmal zusammenfasst, kommt man zu folgender Reihe: das Gefühl wechselseitiger Anwesenheit, Zärtlichkeit, Bestätigung und Bewunderung; die im Lachen aufgehobene gemeinsame Fröhlichkeit und Freude; die Erfahrung von Hilfe, Schutz, Sorge, Orientierung, Mutmachen und Vorbildsein; das gemeinsame Erlernen von Sprache, sozialer Verantwortung, Teilung von Besitz; das Abenteuer der ersten Welteroberung; die Bewältigung von Schwierigkeiten durch Gedanken- und Gefühlsaustausch und gemeinsames Handeln; die Grunderfahrung sexueller Lust und sexueller Identität, und die leichtere Ablösung vom Elternhaus.

Dieses Spektrum an menschlicher Erfahrung macht jenseits aller theoretischen Begrifflichkeit deutlich, dass Geschwisterliebe durch keine andere Liebe ersetzbar ist, dass sie eine unverwechselbare Form der Beziehung zwischen zwei oder mehreren Geschwistern darstellt, die von Lebensbeginn an und für das ganze Leben miteinander verbunden sind. Ob für Bruder und Schwester, ob für zwei Schwestern, zwei Brüder oder eine größere Geschwistergruppe – die Grundlagen der Geschwisterliebe, die Nähe und die enge Verwandtschaft in ihrer ererbten und mehr noch in ihrer lebensgeschichtlich erfahrenen Bedeutung sind die gleichen. Einzelne Facetten variieren mit der Art der Gruppe, Vorzüge und Nachteile gleichen sich aus. In der frühen Kindheit wird das wichtigste Fundament gelegt. Vielleicht liegt hier auch eine der möglichen Antworten auf das Geheimnis, das Rätsel und das Wunder der Geschwisterliebe: Es ist die Einheit biologischer, seelischer und sozialer Zusammengehörigkeit, die sich von jeder anderen Beziehung unterscheidet.

Aber ein Begriff bedarf hier noch einer Erläuterung, weil ihm für die Geschwisterbeziehung eine besondere Bedeutung zukommt – die De-Identifikation. Bei der Identifikation macht der Einzelne in der Fantasie bekanntlich Eigenschaften und Fähigkeiten des anderen zu den eigenen nach dem Motto »Ich bin wie du« oder »Ich will so sein wie du«. Dadurch erweitert er die Möglichkeiten seines Selbsterlebens und Handelns, wodurch das Ich schrittweise seine Kraft und Kompetenz vergrößert und damit seine Identitätsbildung vorantreibt.

Der reifere Schritt zur Identität erfolgt mit dem Gegenstück zur Identifikation – mit der Separation. Mit ihr erfolgt in der Regel auch die De-Identifikation, bei der die Identifikation zurückgenommen und aufgelöst wird. Die De-Identifikation gehört zu den entscheidenden und notwendigen Mechanismen, mit denen das Ich seine Autonomie gegenüber anderen behaupten lernt. Gerade in der engen Verbundenheit zwischen Geschwistern kann daher ihre Bedeutung gar nicht hoch genug eingeschätzt werden. Aber darin sind sich Geschwister selbst meistens eine entscheidende Hilfe, da sie durch den dauerhaften Kontakt in den ersten Lebensjahren gleichzeitig mit der Andersartigkeit des Geschwisters konfrontiert werden, mit seinem anderen Aussehen, seiner eigenen Sprache und Fantasie, seinen anderen Interessen, seinem eigenen Charakter, seinem anderen Geschlecht. Je betonter der andere seine spezifischen Konturen gewinnt, umso genauer nehme ich meine eigenen wahr. Die Gestaltpsychologie spricht in diesem Zusammenhang von »Gestalt« und meint damit die Summe aller Einzelmerkmale einer Person, ihre Ganzheit, die sich in ihrer Einmaligkeit von der »Gestalt« eines anderen unterscheidet. In dem Maße, wie Geschwister füreinander »Gestalt annehmen«, grenzen sie sich auch voneinander ab und bilden ihre eigene Identität aus. Eine reife Objektliebe kann zwischen ihnen nur entstehen, wenn sie das Stadium der narzisstischen Spiegelung und der Identifikation in der anfänglichen Intensität aufgeben und im Bruder oder in der Schwester nicht mehr das Gleiche, sondern das Andere annehmen können. In diesem Fall wird der Unterschied nicht zum Trennenden, sondern zur idealen Ergänzung. Dabei bleiben allerdings durch die frühen Identifikationen und durch die Introjektion (Verinnerlichung) von Teilaspekten des anderen immer auch Anteile von ihm im eigenen Inneren erhalten, so, wie man selbst im anderen verkörpert wird. Man spricht hierbei von »inneren Bildern« oder »Objektrepräsentanzen«, die neben den »Selbstrepräsentanzen« in entscheidender Weise das eigene Selbst zu stabilisieren vermögen.

Geschwister bilden also nicht nur eine Einheit, wie wir früher gesehen haben; sie bilden auch Gegensätze, die sich in der Geschwisterliebe ergänzen. Dabei tragen sie jedoch auch weiterhin Teile des anderen mit sich, der Junge zum Beispiel die weiblichen Anteile seiner Schwester und das Mädchen die männlichen ihres Bruders. Ihre positive Bindung hat nur dann Bestand, wenn es beiden gelungen ist, den andern als gutes inneres Objekt in sich aufzunehmen, zu verinnerlichen oder, weniger fachlich ausgedrückt, in sich zu beherbergen.

In den theoretischen Rahmen gehört noch die Frage, wie sich Unterschiede beziehungsweise Ähnlichkeiten in der Konstitution auf die Geschwisterbeziehung auswirken. Es ist heute unstritten, dass angeborene Faktoren das Temperament und die Vitalität eines Kindes wesentlich mitbestimmen. Das bezieht sich besonders auf die motorische Aktivität und auf die allgemeine Sensibilität, mit der das Kind auf Außenreize reagiert und diese verarbeitet. Es gibt von Geburt an motorisch sehr wilde Kinder und sehr ruhige Kinder, es gibt besonders reizempfindliche und reizunempfindliche Kinder. Entsprechend verschieden sind ihr Verhalten und ihre Kommunikation. Die Ähnlichkeit im Temperament zwischen Mutter und Kind zum Beispiel gilt als günstige Bedingung für eine konfliktfreie Beziehung. Bei Geschwistern scheint mir die Frage schwerer zu beantworten, weil viel mehr andere Faktoren in die Geschwisterbindung einfließen als in eine Mutter-Kind-Beziehung. Eine hohe Übereinstimmung im Temperament der Geschwister hat sicher weniger Konflikte, aber auch eine geringere gegenseitige Anregung zur Folge. Gegensätze wirken hier wohl eher anziehend, weil sie eine stärkere Herausforderung und Ergänzung von Verschiedenem bedeuten.

In der Regel dürfte der Ausgleich vorherrschen, der die sinnvolle Ergänzung von Unterschiedlichkeit und verschiedener Identität mit den vielen Gemeinsamkeiten herstellt, wodurch die Geschwisterliebe zu einem Ganzen wird. Sich dieser Ganzheit bewusst zu sein und sie als Bereicherung zu erleben setzt jedoch die Bereitschaft zur Toleranz und Verständigung voraus. Denn wenn man Geschwisterschicksale in Märchen, Mythen und in der belletristischen Literatur verfolgt, herrscht dort sehr häufig eine Spaltung vor, die die Guten und die Bösen klar voneinander scheidet. Solche Spaltungsvorgänge gehören in das Arsenal der Abwehrmechanismen, mit denen sich die Auseinandersetzung mit Konflikten leichter umgehen lässt. Einen solchen Mangel an Konfliktfähigkeit und Differenzierung findet man häufig in großen Geschwisterreihen, in denen es dann folgerichtig zu Parteibildungen kommt. Dabei findet in jeder der Gruppierungen eine enge Kohäsion ihrer Mitglieder und eine hermetische Ausgrenzung der jeweils anderen Gruppe statt. Wenn es erst einmal zu einer solchen Spaltung gekommen ist, braucht man auf heftige Streitigkeiten bis zu dramatischen Kämpfen nicht lange zu warten, weil im Konfliktfall jede Gruppe das Recht auf ihrer Seite weiß. Vielleicht haben es hierin zwei Geschwister, also die am meisten verbreitete Form der heutigen Geschwisterkonstellation, einfacher, weil sie viel stärker aufeinander angewiesen sind und eine Spaltung beide in die Vereinzelung führen würde.

5. Über die Dankbarkeit

Wenn wir von einer Geschwisterbeziehung ohne Spaltung ausgehen und das Rätsel der Geschwisterliebe in dem einzigartigen Zusammenfluss biologischer, körperlicher, geistiger, seelischer und sozialer Verbindungen vermuten, dann ist man über ein alles übergreifendes und charakteristisches Element der Beziehung nicht mehr erstaunt – die Dankbarkeit.

Das Gefühl der Dankbarkeit füreinander beginnt mit den reiferen Organisationsstufen des Ich und der differenzierten Wahrnehmung von Objektbeziehungen in der späten Kindheit, also ab dem Schuleintritt. Ab jetzt stellen sich für Geschwister meist unbewusst die Fragen: Wie hätten sie ohne den anderen das alles erlernen sollen? Wie wäre es gewesen, wenn sie alleine bei den Eltern oder nur bei der Mutter gelebt hätten? Ihrem gemeinsamen Leben verdanken sie einen wesentlichen Teil der Kraft zu einer größeren Unabhängigkeit. Dankbarkeit erreicht erst im Alter ihre reifste Form. Ihre Anfänge gehen bis zu dem Zeitpunkt zurück, an dem das Kind seinen Egoismus Stück für Stück aufgeben kann und die Interessen anderer akzeptieren lernt. Das Verlassen der familiären Hülle, das Alleinsein-Können in fremder Umwelt, ist die erste Bewährungsprobe für die soziale Reife und erworbene Autonomie, bei der der Schock des Erwachens rückerinnernd das Gefühl der Dankbarkeit bewusst macht.

Dankbarkeit für das geschenkte, beschützte und geförderte Leben. Das Gefühl gehört zu den tief verinnerlichten und elementaren Prinzipien jeder sozialen Gemeinschaft, ob zwischen Eltern und Kindern, zwischen Geschwistern, Freunden, Paaren oder zwischen Mitgliedern einer größeren sozialen Gruppe. Dankbarkeit ist ein unentbehrliches Ferment jeder produktiven sozialen Bindung und ein konstituierendes Element der Liebe.

Ohne den Begriff hier in seiner ethischen Bedeutung weiter vertiefen zu wollen, muss er im Zusammenhang der Geschwisterliebe erwähnt werden, weil diese dadurch um eine bisher nicht gesehene Dimension erweitert wird. Es scheint nicht wenige Menschen zu geben, die das Gefühl der Dankbarkeit in sich kaum entwickelt haben, nicht entwickeln konnten, oder die es sogar für sich ablehnen. Besonders in letzterem Fall wird das Gefühl als Ausdruck von Abhängigkeit, Unfreiheit, Gehorsam und Unterwerfung interpretiert – unter die Eltern, eine Autorität, einen Führer oder einen Gott – und deswegen abgelehnt. Es handelt sich bei dieser Argumentation nach meiner Einschätzung nicht um ein philosophisches Problem oder um die psychologische Frage, unter welchen Bedingungen eine übermäßige Dankbarkeit tatsächlich aus einer masochistischen Selbstabwertung erwachsen kann. Es geht vielmehr um die Frage, inwieweit frühkindliche Impulse von Neid, Gier, Wut, Hass, Protest und Widerstand gegen ambivalent besetzte Objekte (Mutter, Vater, Geschwister) überwunden werden konnten oder ob diese destruktiven Gefühle überdauern und damit die Entwicklung von Dankbarkeitsgefühlen verhindern.

In Geschwisterbeziehungen, in denen kein wechselseitiges Gefühl der Dankbarkeit besteht, dürfte auch die Geschwisterliebe kaum jemals einen größeren Platz eingenommen haben. Die Unfähigkeit, Dankbarkeit zu erleben, beruht im Wesentlichen auf einer Fortdauer destruktiver Gefühle und stellt sich damit sozialer Integration und Bindung entgegen. Insofern kann das Vorhandensein von Dankbarkeit beziehungsweise von Undankbarkeit als ein wichtiges Kriterium für eine bestehende Geschwisterliebe beziehungsweise für einen Geschwisterhass betrachtet werden.

In der Geschwisterliebe von Kindern drückt sich deren Dankbarkeit darin aus, dass sie sich jetzt öfter kleine Geschenke machen, sich häufiger gegenseitig helfen, und vor allem in der Freude, wenn sie sich nach längerer Trennung wiedersehen. Manchmal wird diese Freude noch durch eine betonte Gleichgültigkeit oder sogar durch streitsüchtiges Verhalten abgewehrt, was zu unguten Missverständnissen zwischen den Geschwistern und bei den Eltern Anlass geben kann. Die Abwehr erklärt sich aus dem Konflikt zwischen den eigenen Ansprüchen und den gewachsenen Forderungen nach mehr Selbstständigkeit auf der einen und den dadurch reaktiv verstärkten Bedürfnissen nach elterlicher und geschwisterlicher Zuwendung auf der anderen Seite. Noch ist man nicht so ganz sicher, wie selbstständig man wirklich schon sein will oder inwieweit man die Geborgenheit doch noch braucht. Die Abwehr der eigenen Anhänglichkeit schützt vor diesem Dilemma.

Die Dankbarkeit kann sich aber auch allein in der Art ausdrücken, wie Geschwister vor Dritten übereinander sprechen. Als Beispiel möchte ich etwas ausführlicher aus einem Gespräch mit der zehnjährigen Andrea zitieren, weil neben der deutlichen, wenn auch unausgesprochenen Dankbarkeit für ihre achtjährige Schwester Gabi die Inhalte des Gesprächs viele Facetten der Geschwisterliebe in diesem Altersabschnitt auf sehr lebendige Weise widerspiegeln. Das Gespräch fand im Rahmen einer eigenen Kinderstudie über Familienprobleme statt.

Andrea ist ein gesundes und sprachbegabtes Kind aus einer intakten Mittelschichtfamilie. Zunächst erzählt sie über ihre Eltern, kommt dann aber schnell auf ihre Schwester zu sprechen. Sie meint, Eltern sollten sich nicht in Kinderstreit einmischen, das verschlimmere nur die Situation für alle. An dieser Stelle frage ich sie: »Wie findest du das eigentlich, eine Schwester zu haben?«

ANDREA: »Also, es gibt Vor- und Nachteile. Die Vorteile sind natürlich, dass man mit ihr spielen kann, und Gabi kann sehr gut Märchen erzählen. Sie erzählt mir dann oft auch

Märchen, wenn ich Alpträume habe und dann aufwache und sie wecke. Dann wacht sie automatisch auch auf. Und manchmal schlafe ich dann von den Märchen ein. Aber der Nachteil ist oft, dass man viel mit ihr teilen muss. Das Kinderzimmer ist nicht sehr groß, und sie verlangt viel von einem. Wenn ich mit einer Freundin spiele, will sie sofort mitspielen, und öfters gibt's auch Streit. Aber der Vorteil ist auch, dass man nicht immer so alleine ist, dass man weiß, dass man einen hat, der einem im Notfall immer helfen kann, und man nicht immer auf eine Freundin angewiesen ist, sondern dass die Schwester dann gleich hilft im Notfall.«

ICH: »Ihr helft euch nur im Notfall?«

ANDREA: »Nein, wir helfen uns auch sonst manchmal. Ich helfe ihr bei den Schularbeiten, wenn sie Riesenprobleme hat, und sie hilft mir manchmal, sagen wir mal, sie macht mir Vorschläge, was ich spielen soll. Oder sie hilft mir bestimmte Sachen zu holen, schwere Sachen. Und da hilft sie mir auch ganz viel.«

An späterer Stelle erzählt Andrea lebhaft, wie sie am Wochenende morgens gemeinsam »zu den Eltern ins Bett krabbeln« und zusammen »kuscheln«.

ICH: »Ihr kuschelt dann alle zusammen?«

ANDREA: »Ja. Gabi und ich machen das sowieso öfters. Manchmal, wenn wir noch nicht schlafen wollen, dann sagen wir immer: ›Ach, wir müssen noch knuddeln‹, und dann können wir das ganz lange hinziehen, damit wir noch nicht schlafen müssen. Und dann toben wir auch in den Nachthemden herum.«

ICH: »Knuddeln macht viel Spaß. Aber anscheinend kannst du mit Gabi auch schon über alles Mögliche sprechen, obwohl sie zwei Jahre jünger ist. Vorhin hast du gesagt, du würdest gerne mit deinen Eltern öfter über Probleme sprechen. Mit wem sprichst du darüber, wenn es mit den Eltern im Moment nicht geht?«

ANDREA: »Eigentlich dann mit meiner Schwester.«

ICH: »Mit deiner Schwester?«

ANDREA: »Ja, dann sag ich ihr auch, welche Probleme ich habe, und meistens hilft sie mir dann, überlegt dann auch abends, wenn sie schläft, für mich, was man da tun könnte.«

ICH: »Ist doch toll.«

ANDREA: »Ja, aber ich glaube, sie macht's auch, weil ich's auch für sie mache.«

ICH: »Ist doch klar, dafür sind Geschwister ja da, dass man sich gegenseitig hilft.«

ANDREA: »Man kann auch ganz viel sagen, was man sonst aufm Herzen hat, wenn man weiß, dass die Schwester nicht alles ausplauscht.«

ICH: »Man muss ja auch seine Geheimnisse manchmal für sich behalten können.«

ANDREA: »Ja, die schreibe ich dann meistens in mein Tagebuch, ganz strenge Geheimnisse. Aber die meisten verrate ich Gabi, weil sie verrät's dann wirklich nicht weiter und redet auch tagsüber nicht drüber, obwohl sie sich's merkt und mir auch antwortet. Selbst wenn sie was total komisch findet, dann lacht sie, aber sie verrät's nicht an Freundinnen.«

ICH: »Eigentlich kann man euch richtig beneiden. Es gibt zwar immer mal wieder Streit, und je älter ihr werdet, umso besser könnt ihr diesen Streit lösen, aber eigentlich ist das Gefühl, eine Schwester zu haben, die immer da ist und der man alles erzählen kann, doch ein ganz tolles Gefühl, oder?«

ANDREA: »Ja, manche beneiden uns auch, meine Freundin Carola zum Beispiel, die ist Einzelkind, hat ein Riesenzimmer, CD-Plattenspieler und einfach alles, aber sie fühlt sich alleine nicht wohl. Lieber ein kleines Zimmer und jemanden haben, mit dem man spielen kann, finde ich. Das ist dann besser, wertvoller so.«

Das Gespräch wendet sich dann wieder der allgemeinen Familiensituation zu. Nur an späterer Stelle ergänzt Andrea, dass die beiden Schwestern sich abends auch ihre Ängste erzählen. Es komme aber auch des Öfteren vor, dass sie sich gegenseitig Angst einjagen und erschrecken, »ein Spiel«, das sie offenbar gut beherrschen, da jede die Ängste der anderen recht genau kennt. Es handelt sich bei diesem, auch bei anderen Kindern beliebten Spiel nur vordergründig um aggressives Kontaktverhalten. Wichtiger dabei ist der konstruktive Beitrag zur Angstbewältigung. Indem sich die Schwestern gegenseitig »spielerisch« mit ängstigenden Situationen konfrontieren (ein böser Mann, eine Spinne, eine Schlange), beugen sie der Verdrängung der Angst vor und leiten, zunächst auf symbolischer Ebene, ihre schrittweise Verarbeitung ein. Die beiden inszenieren immer wieder ihren eigenen Gruselfilm, um das Fürchten zu verlernen.

Das Gespräch mit Andrea deutet zunächst nur die Fülle der Gemeinsamkeiten in der Gestaltung der äußeren Realität an. Aber die Schilderung der positiven Interaktionen lässt vor allem ihre Bedeutung für die innere Realität erkennen. Ihr gegenüber scheinen die Streitanlässe zu einem unvermeidbaren Beiwerk zu verblassen. Die Fülle der Beziehungsmuster enthält wesentliche Elemente der Geschwisterliebe in diesem Altersabschnitt: zusammen spielen; sich gegenseitig helfen; Märchen erzählen; im Notfall für den anderen da sein; nicht alleine sein; herumtoben; kuscheln; über Probleme reden, insbesondere über Ängste; alles sagen, was man auf dem Herzen hat; sich Geheimnisse mitteilen und gegenüber Dritten bewahren. Dabei drückt sich die Dankbarkeit durch die emotionale Tönung in der Schilderung aus. Der andere wird zum absoluten

Vertrauten, zum Geheimnisträger, zum Ort der Zuflucht, Rettung, Verlässlichkeit und Bewahrung geschwisterlicher Nähe. In all diesen Funktionen kommt es zur Auflösung von Gegensätzen in der Einheit der Liebe.

Im Vergleich zu den früheren Entwicklungsabschnitten erfährt die jetzige Kommunikation eine wesentliche Erweiterung. Die Sprache, das Denken, die Differenzierung der Gefühlswelt scheinen geradezu in ihren neuen Möglichkeiten zu explodieren. Damit wächst die Verständigung zu einem Zeitpunkt sprunghaft an, in dem die Konfrontation mit der Welt außerhalb des Schutzraumes der Familie bisher unbekannte Gefahrensituationen heraufbeschwört. Dieses Zusammentreffen ist nicht zufällig. Die Sprache als phylogenetische Neuerwerbung des Menschen ist unter anderem eine Funktion, die sich entwickelt hat, um Außenbedrohungen begegnen zu können. Indem die Sprache Menschen zusammenschließt, wird sie zu einem wesentlichen Faktor der Konfliktbewältigung und Gefahrenabwehr. In sozialen Gemeinschaften zusammenlebende Tiere verfügen diesbezüglich über differenzierte Instinktmuster, die sie zum kollektiven Flucht- oder Kampfverhalten befähigen.

Für Kinder bedeutet das Verlassen des Elternhauses – der Eintritt in den Kindergarten und in die Schule – neue, als bedrohlich und Angst auslösend erlebte Auseinandersetzungen: Konkurrenz und Rivalität mit anderen Kindern, Leistungsanforderungen durch fremde Autoritätspersonen, Strafaktionen bei Versagen und Scheitern, die Unberechenbarkeit im Verhalten von Erwachsenen, gesellschaftlich produzierte Bedrohungen wie Straßenverkehr, Umweltzerstörung, Arbeitslosigkeit der Eltern und die über den Bildschirm vermittelten Bilder von Kriegen, Flüchtlingsströmen, Hungersnöten und Kindersterben.

Wie das Gespräch mit Andrea schon in den wenigen ausgewählten Passagen zeigt, können sich Geschwister angesichts solcher Bedrohungen zu kleinen, verschworenen »Schutzgemeinschaften« zusammenschließen. In ihnen bekommen »Geheimnisse« eine wichtige Funktion. Der Begriff Geheimnis ist von dem Wort »Heim« abgeleitet, das »zum Haus gehörig, vertraut« bedeutet. Die ursprünglich familiäre Herkunft des Begriffs wird in den Geheimnissen der Geschwister besonders evident. Sie gehören zu den ersten wichtigen Geheimnisträgern und bleiben für viele Menschen auch zeitlebens die entscheidenden. Bestimmte Geheimnisse dringen nie über die Geschwisterebene hinaus. Ihre magische Dimension drückt sich in der »Geheimsprache«, den »Geheimcodes«, in der geheimen Fingersprache und in den vielen anderen Geheimgesten aus, die Geschwister gemeinsam entwickeln. Im Geheimnis ist die eigene Schwäche, Verletzlichkeit und Angst, das Versagen und die Schuld aufgehoben. Indem ein Geschwister dem anderen ein Geheimnis mitteilt, entsteht aus der Vereinzelung das Gemeinsame. Das gehütete Geheimnis wird Teil einer gemeinsamen Verantwortung. Das macht die Kraft geteilter Geheimnisse aus. Mit ihnen grenzen sich Geschwister in einem ausschließlichen Vertrauen von anderen ab, zuerst von den Eltern, später vom weiteren sozialen Umfeld, wodurch sie sich gegenseitig vor äußerer Gefahr schützen. Ohne Vertrauen kein Geheimnis. Beide sind für Kinder der unteilbare Beweis ihrer Geschwisterliebe. Vertrauen und Geheimnis werden in der späten Kindheit zu einem zentralen Bestandteil der Beziehung und prägen in ihrer Einheit eine eigene Kommunikationsstruktur aus, wie sie zwischen Eltern und Kindern gesunderweise nicht besteht. So dient sie nicht nur der Abgrenzung, sondern schließlich auch der Ablösung von den Eltern. Diese Tatsache erklärt die geläufige Beobachtung, dass die persönlichen Mitteilungen zwischen Eltern und Kindern in der späten Kindheit immer mehr an Häufigkeit und Bedeutung verlieren, wenn die Geschwister ihre eigene Schutzzone um sich aufbauen.

Diese Schutzzone hat noch einen anderen realen Hintergrund. Geschwister helfen sich nicht nur gegenseitig in Gefahrensituationen, sondern sie warnen sich auch davor. Diese Funktion ist für den sozialen Lernprozess deshalb so wichtig, weil Kinder die Warnungen des Geschwisters oft ernster nehmen, als wenn sie von den Eltern ausgesprochen werden. Hier haben sie oft den Stempel des Verbotes oder der willkürlichen Beeinflussung. Kinder verfügen darüber hinaus oft über eine genauere Einschätzung, welche Gefahren vermieden und welche gewagt werden müssen. Denn das gehört dazu. Nur aus der schrittweisen Überwindung von Gefahren und Ängsten erwachsen neue Fähigkeiten und das Zutrauen zu sich selbst. Aus dem gemeinsamen Überlegen, Besprechen, Beraten und Planen resultieren Strategien der Konflikt- und Gefahrenbewältigung. Die vorausplanende Fantasie entspricht einem Probehandeln, das die Lösung eines Problems auf der Realitätsebene erleichtert.

Ein beliebtes Übungsfeld, wo Probehandeln langsam in die Überwindung realer Schwierigkeiten überführt wird, ist das »Streiche spielen«. Geschwister probieren sie zunächst bei den Eltern aus, später außerhalb der Familie. Im »Streich« wird eine überschaubare Gefahr mutwillig heraufbeschworen, die von einem lustvollen Angstkitzel begleitet ist. Streiche haben die Funktion von Mutproben, bei denen der Umgang mit bedrohlichen Situationen spielerisch eingeübt wird. Wilhelm Busch hat das Spiel, allerdings in karikaturistischer Übertreibung, in seiner Geschichte der Brüder Max und Moritz zur allgemeinen Erheiterung seiner kleinen und großen Leser meisterhaft bebildert. Man lacht über die beiden bösen Buben, weil sie die lustvolle Seite des Spiels aus Kindertagen wieder ans Licht bringen. Dass die beiden auf so grausame Weise dabei umkommen müssen, drückt symbolisch die innere Bereitschaft aus, Gefahrensituationen bis an ihre Grenzen hin auszutesten und zu erproben, um sich in ihnen bewähren zu können.

Die Art der Bedrohungen wandelt sich im Laufe eines Lebens. Die späte Kindheit stellt jedoch die entscheidenden Weichen für das Spektrum an äußeren und inneren Möglichkeiten, auf sie zu reagieren. Die Geschwistererfahrungen in dieser Zeit scheinen mir dabei von besonderer Bedeutung. Nicht zufällig wird auch im späteren Leben so häufig auf die Unterstützung von Geschwistern zurückgegriffen, wenn es darum geht, besonders bedrohliche oder belastende Ereignisse zu bewältigen, die das innere oder äußere Gleichgewicht zu zerstören drohen. Die vielen Facetten der gemeinsamen Gefahrenabwehr und -bewältigung in der Kindheit erzeugen in den Geschwistern Gefühle wechselseitiger Hilfe, Gefühle von Schutz und Sicherheit und – Dankbarkeit.

6. Pubertät und Adoleszenz als Krise und Chance der Geschwisterliebe

In der Pubertät muss die Kindheit verabschiedet werden. Mit Erreichen der Geschlechtsreife ist der Weg ins Erwachsenenalter unausweichlich geworden. Der Ambivalenzkonflikt des »Ich will und ich will nicht erwachsen werden« begleitet bei vielen jungen Menschen die widerstreitenden Kräfte von Progression und Regression. Der Konflikt kann von solcher Heftigkeit sein, dass er zu Recht als »Pubertäts«- oder »Identitätskrise« bezeichnet wird. Die Herausforderungen des Erwachsenseins können das innere und äußere Gleichgewicht auf bedrohliche Weise verunsichern: Verantwortung für das eigene Handeln, Berufsfindung, Sexualität, Familiengründung und eigene Kinder stehen plötzlich als große Aufgaben vor dem Jugendlichen. Wie soll man sie bewältigen? Wer bin ich überhaupt? Wie soll ich mich in den tausend Möglichkeiten des Lebens zurechtfinden? Fragen über Fragen. In diesem Stadium der inneren Konfusion und äußeren Orientierungslosigkeit möchte man häufig wieder ganz klein sein. Aber dieser Weg ist durch einen Schamriegel versperrt: Alle Welt schaut prüfend zu, ob und wie man den Schritt in die Zukunft, ins Erwachsensein bewältigt.

Von den Strudeln dieser Entwicklungsphase wird auch die Geschwisterliebe erfasst. Bei dem verzweifelten Kampf um die eigene Identität drohen ihr zwei Gefahren, die Ausstoßung oder die Anklammerung. Oft kann die brüchige Identität in der Pubertät und Adoleszenz nur stabilisiert werden, indem alles abgestoßen und ausgestoßen wird, was eine autonome Selbstfindung zu behindern scheint. Die Werteordnung der Eltern und der Gesellschaft wird auf den Kopf gestellt und durch neue Identifikationsobjekte und durch eine eigene Vorstellungswelt ersetzt. Dabei kann es auch zu einer forcierten Abgrenzung von den Geschwistern kommen, die als Fessel an die alten Familienstrukturen erlebt werden. Das Gleiche, Ähnliche und Verwandte wird wie eine zu enge Haut abgestreift, um das Eigene, die Individualität und Eigenständigkeit freier entfalten zu können. Vielfach mündet dieser notwendige Abgrenzungs- und Ablösungsprozess in Enttäuschungen, Kränkungen und Missverständnissen zwischen den Geschwistern, wodurch eine ernsthafte Belastung ihrer früheren Liebe ausgelöst werden kann. Die Gefahr einer dauerhaften Ausstoßung besteht vor allem in Geschwisterbeziehungen, die zusätzlich durch andere phasentypische Konflikte belastet sind. Eine besondere Rolle spielen dabei Fragen nach der eigenen Intelligenz und Begabung, der schulischen und beruflichen Entwicklung, des Aussehens und der Attraktivität, des Ansehens und der Geltung bei anderen. Die Ausreifung dieser Eigenschaften ist mit Verunsicherungen und Ängsten verbunden und führt zu oft quälenden

Vergleichen unter Geschwistern. Besonders unter dem Einfluss elterlicher Erwartungen und Rollenzuschreibungen können, stärker als je zuvor, nahezu alle Persönlichkeitsmerkmale bei der vergleichenden Wertung zum Auslöser für Rivalität, Eifersucht und Neid werden. Die Verarbeitung dieser Gefühle und die Überwindung der phasentypischen Distanzierung nach Ablauf der pubertären und adoleszenten Reifungsschritte hängt im Wesentlichen von der Qualität der Geschwisterliebe während der gemeinsamen Kindheitsjahre ab.

Die zweite Gefahr, die Anklammerung, erscheint sowohl für die individuelle Entwicklung wie für die Geschwisterbeziehung prognostisch ungünstiger. Anders als bei der Ausstoßung, die letztlich auf progressiven Ablösungs- und Autonomiewünschen basiert, stehen bei der Anklammerung regressive Bedürfnisse nach Schutz und Geborgenheit im Vordergrund. Die Angst, die Hürden der Pubertät zu nehmen und sich dem erwachsenen Leben zu stellen, kann die regressiven Anklammerungstendenzen in einer Weise aktivieren, dass sie zu einer lebenslangen Fixierung an ein Geschwister führen. In extremen Fällen, wie sie als Vorlage für literarische und filmische Darstellungen dienen, entsteht daraus eine ein- oder wechselseitige Lebensuntüchtigkeit, die die Geschwister in pathologischer Liebe und reaktivem Hass zu einer potenziell mörderischen Lebensgemeinschaft zusammenschweißen kann.

Eine spezielle Form der Anklammerung und neurotischen Abhängigkeit zwischen Brüdern und Schwestern ist der Inzest. Thomas Mann hat das Thema in Anlehnung an Richard Wagners Oper »Walküre« in seiner luziden Erzählung »Wälsungenblut« psychologisch überzeugend gestaltet. Die 19-jährigen Zwillinge Siegmund und Sieglind haben ihre frühe narzisstische Geschwisterliebe unbeeindruckt von den Anforderungen des Erwachsenwerdens bis in die Adoleszenz verlängert: »Zuweilen fanden sich ihre Blicke, verschmolzen, schlossen ein

Einvernehmen, zu dem es von außen nicht Wege noch Zugang gab.«[16] Siegmund hat gerade sein Studium der Künste aufgegeben. »Statt dessen ging er mit Sieglind spazieren. Sie war an seiner Seite gewesen seit fernstem Anbeginn, sie hing ihm an, seit beide die ersten Laute gelallt, die ersten Schritte getan, und er hatte keinen Freund, nie einen gehabt, als sie, die mit ihm geboren, sein kostbar geschmücktes, dunkel liebliches Ebenbild, dessen schmale und feuchte Hand er hielt, während die reich behangenen Tage mit leeren Augen an ihnen vorüberglitten.«[17]

Das Glashaus, in dem sie beide von der Welt abgeschieden leben, zerbricht in dem Moment, als Sieglind den von ihr ungeliebten Herrn von Beckerath, einen 13 Jahre älteren Verwaltungsbeamten, heiraten soll. Der Einbruch der Realität, die Aufgabe, die Schwester in die Arme eines anderen Mannes zu entlassen, konfrontiert Siegmund mit seinem bisherigen Scheitern. Er gerät in eine tiefe Adoleszenzkrise: »Ein Werk! Wie tat man ein Werk? Ein Schmerz war in Siegmunds Brust, ein Brennen oder Zehren, irgend etwas wie eine süße Drangsal – wohin? wonach? Es war so dunkel, so schimpflich unklar. Er fühlte zwei Worte: Schöpfertum ... Leidenschaft.«[18]

Die Lösung der Krise läge zunächst darin, sich aus der regressiven Verklammerung mit Sieglind zu lösen, eine Trennung zu wagen, ohne die seine Individuation scheitern muss. Aber er ist in seine symbiotische Verliebtheit zu seiner Schwester so tragisch verstrickt, dass ihm nur ein Ausweg bleibt: In einem verzweifelten Anfall von Identitätsdiffusion, Eifersucht und Rache an seinem Nebenbuhler verführt er Sieglind zum Inzest.

Die kurze Skizze der Erzählung von Thomas Mann soll hier lediglich dem Hinweis dienen, dass der Geschwisterinzest eindeutig als Symptom einer individuellen, familiendynamisch verursachten Neurose aufzufassen ist und damit in den Bereich pathologischer Bindungen gehört. Es wurde bereits die auffällige Tatsache erwähnt, dass sich die Wissenschaft, fasziniert von dem Thema und seiner häufigen Darstellung in Mythos und Dichtung und angeregt durch klinische Einzelfälle, so ausgiebig mit dem Inzest und dem Inzesttabu beschäftigt hat, dass die Geschwisterliebe in ihrer normalen Form gar nicht zu existieren schien. Vielmehr wird sie bis heute noch häufig mit inzestuöser Liebe gleichgesetzt, wie das Wesen der Geschwisterbeziehung oftmals unter dem Aspekt des Inzestwunsches und seiner Abwehr gesehen wird.

Ich hoffe, dass die bisherige Darstellung diese teilweise grotesk anmutenden Verzerrungen im Geschwisterkonzept ins rechte Licht gerückt hat. Dabei bedeutet es jedoch keinen Widerspruch zu dem hier entwickelten Konzept der Geschwisterliebe, wenn man erotische, auch durchaus sexuell getönte Anziehungen zwischen Geschwistern besonders in der Pubertät und Adoleszenz als normalen Bestandteil der Gefühlsbindung unterstellt. Auch wenn diese keineswegs zwangsläufig sind, erklären sich die auftretenden erotischen Spannungen zum einen aus den Vorläufern »sexueller« Intimität in der Kindheit, die mit dem Triebschub der Pubertät reaktiviert werden können; zum anderen finden die sexuellen Triebwünsche in dieser Entwicklungsphase im eng vertrauten Geschwister ein gefahrloses und vorübergehendes Übergangsobjekt, das die anfänglich angstbesetzte reife Objektwahl erleichtert. In dieser Situation kann das Inzesttabu zu einer wirksamen Schranke werden, um die mögliche Gefahr sexueller Durchbrüche zu verhindern, vor der auch die normale Geschwisterliebe nicht automatisch gefeit ist. Zweifellos können sublimierte erotische Anziehungskräfte zwischen Geschwistern während und nach der Pubertät die Geschwisterliebe um viele Schattierungen bereichern. Dies betrifft übrigens keineswegs nur Bruder-Schwester-Paare, sondern ebenso Bruder-Bruder- und Schwester-

Schwester-Paare. Bei den beiden letzten Konstellationen gehört die homoerotische Komponente ebenso zum Prozess der eigenen sexuellen Identitätsfindung wie die heterosexuelle bei Bruder-Schwester-Paaren. Da jeder Mensch über beide Komponenten in sich verfügt, unterstützt jede Geschwisterliebe die Ausreifung der Geschlechtsidentität, indem die homoerotischen Anteile in der Regel der Verdrängung oder Sublimierung verfallen.

Die erotische Anziehung ist nur einer von vielen Faktoren, die die Geschwisterliebe in der Pubertät und Adoleszenz charakterisieren. Andere können ein wesentlich größeres Gewicht bekommen. An der Nahtstelle von Kindheit und Erwachsensein dienen sie der Transformation der kindlichen in eine erwachsene Geschwisterliebe. Diese Zusammenhänge lassen sich am folgenden Beispiel gut veranschaulichen:

In einer Balint-Gruppe für angehende Lehrer wurde in einer Sitzung über die unbewusste Berufsmotivation der Teilnehmer gesprochen.[19] In der darauf folgenden Stunde berichtet ein Student:

»Bisher habe ich mir nie Gedanken darüber gemacht, warum ich Lehrer werden will. Es interessiert mich einfach, Kindern etwas beizubringen. Nach der letzten Sitzung hatte ich folgenden Traum: Ich bin etwa 14 bis 15 Jahre alt. Ich steige auf mein Fahrrad und will losfahren, aber ich komme nicht von der Stelle, trete immer ins Leere. Ich finde den Fehler nicht. Da kommt mein älterer Bruder. Er legt einen Hebel um, den ich vorher gar nicht gesehen habe, und ich fahre stolz davon.«

Die Gruppenmitglieder lachen. Sie scheinen die Aussage des Traums verstanden zu haben und wollen zur Bestätigung von dem Studenten nur wissen, ob es tatsächlich so gewesen sei. »Ja«, sagt er, »genau so war es. Meine Pubertät war die Hölle. Ich gehörte immer zu den schlechtesten Schülern, und mein Vater reagierte mit kalter Ironie: ›Du kannst ja immer noch Straßenbahnschaffner werden.‹ Ich hatte auch keinerlei Begabung, keine Interessen, nichts. Wo andere eine Zukunft sahen, sah ich nur Abgrund. Ganz tief innen fühle ich, dass mein Bruder mich gerettet hat. Er war der Einzige, der an mich glaubte. Er brachte mir alles bei: wie man ein Fahrrad repariert oder eine elektrische Leitung, überhaupt alles Technische; mit ihm habe ich zum ersten Mal Schach gespielt; gelegentlich nahm er mich mit, zuerst in eine Disco, später zu Literaturlesungen oder ins Kino. Mit ihm konnte ich über alles reden, über Onanie zum Beispiel oder wie man es mit den Mädchen macht.«

Ich sage: »Sie wollen also Lehrer werden, um so zu sein wie der Bruder.«

»Da ist was dran«, sagt er und fügt lachend hinzu: »Aber dafür sind Sie ja da, um meine Motivation herauszufinden.«

»Gute Idee«, antworte ich, »aber dann müssen Sie nur noch klären, ob Ihr Verhältnis so einseitig war, wie Sie es schildern, oder ob Sie nicht auch Eigenes in die Beziehung eingebracht haben. Ich stelle mir vor, dass Ihr Bruder ohne diese Bedingung bald die Lust verloren hätte, Ihr Kindermädchen zu sein.«

Der Student denkt lange nach. Ihm fällt nichts Positives ein. Ich frage die Gruppe, was sie dazu denkt. Jedes Gruppenmitglied gibt ihm ein Feedback. Dabei wird deutlich, wie er von den anderen erlebt wird – als attraktiv, witzig, belesen, manchmal etwas stur und bockig; einige betonen seinen Charme und seine Warmherzigkeit. Der Student freut sich, ist etwas verlegen. »Und was soll das nun alles mit meinem Bruder zu tun haben?«, fragt er mich.

»Ich wäre stolz darauf, wenn ich so einen Bruder hätte, und wenn er dazu noch etwas dumm ist, umso besser, dann könnte ich das Gefühl haben, von mir alleine hängt es ab, ob etwas aus ihm wird. Vielleicht haben Sie Ihrem Bruder mit Ihrer angeblichen Dummheit einen großen Gefallen getan.«

Der Student ist perplex. Jetzt fällt ihm eine Reihe von Beispielen ein, unter anderem hätten Freundinnen des Bruders öfters gesagt: »Was hast du für einen süßen Bruder!« Der Bruder habe sich dann immer stolz in die Brust geworfen. Oder heute frage sein Bruder ihn bei allen möglichen Anlässen um Rat.

Das Beispiel verweist auf einen Sachverhalt, der für das Verständnis der Geschwisterliebe von außerordentlicher Bedeutung ist – auf die Dialektik der Beziehung. Sie betrifft zwar alle Altersstufen und Entwicklungsstadien, wird aber erst in der Pubertät und Adoleszenz existenziell. Dies hängt mit den radikalen seelischen und psychosozialen Umbrüchen in dieser Zeit zusammen, die das bisherige Identitätsgefüge erschüttern. Das rapide Körperwachstum, der Triebschub bis zur Geschlechtsreife, der exponentielle Anstieg des Wissens, der Denkfunktionen, der Realitätsprüfung und der sozialen Kompetenzen können nur schrittweise integriert werden. Dabei verbindet sich das erweiterte Bewusstsein von der eigenen Stellung in der Welt zum ersten Mal mit der Sinnfrage des Lebens. Alles zusammen erklärt die eingangs erwähnte Krise der Pubertät und Adoleszenz. Da diese zudem mit einer forcierten Ablösung von den Eltern verbunden ist, sind Geschwister, sofern die Gefahr der Ausstoßung vermieden wird, als stützende Objekte gegen Verunsicherung, Angst, Scham und Einsamkeit oft unentbehrlich.

Die Dialektik der Beziehung, ihre Wechselseitigkeit, wird in dieser Krisenzeit besonders aktualisiert, weil sie eine reale oder auch nur symbolisch verstandene lebensrettende Funktion erfüllen kann, wofür die Geschichte des Studenten ein anschauliches Beispiel liefert. Der Widerspruch, wie er für jede dialektische Situation kennzeichnend ist, besteht von der Oberfläche betrachtet zwischen einem jungen, unerfahrenen und orientierungslosen Bruder auf der einen und einem älteren, erfahrenen und strukturgebenden Bruder auf der anderen Seite.

Bei näherem Hinsehen erscheint dieser Gegensatz jedoch als Scheinwiderspruch, weil beide Brüder wechselseitig voneinander profitieren, der jüngere von der Stärke des älteren, der ältere von der Schwäche des jüngeren. In der Realität zeigt sich sogar, umgekehrt zum Anschein, häufig eine größere Abhängigkeit des scheinbar Stärkeren vom Schwächeren, weil Ersterer seine Stärke und Überlegenheit fast ausschließlich aus der Abhängigkeit des Hilflosen speist, während dessen heimliche Stärke darin besteht, für das Selbstvertrauen des anderen notwendig zu sein. Eine solche extreme Konstellation berührt bereits den Grenzbereich einer neurotischen Bindungsstruktur; sie soll an dieser Stelle nur das Funktionieren eines dialektischen Beziehungsgefüges verdeutlichen.

Durch die wechselseitige Unterstützung in einer gesunden Beziehung löst sich der scheinbare Widerspruch zwischen stark und schwach auf, wodurch der Konflikt auf eine höhere Ebene transformiert wird und dort gelöst werden kann. Tatsächlich zeigt die Brudererfahrung des Studenten, dass sich nach Überwindung des Pubertäts- und Adoleszenzstadiums und der zunächst bestehenden Ungleichheit eine gleichberechtigte und partnerschaftliche Bruderliebe durchgesetzt hat. Zumindest lassen weitere Bemerkungen des Studenten über seine jetzige Beziehung zu seinem Bruder diesen Schluss zu. Eine solche Entwicklung erscheint fast logisch, wenn man bedenkt, dass beide Brüder die Erfahrung verbindet, die erste existenzielle Krise für einen der beiden gemeinsam bewältigt zu haben. Dabei spielt für den Studenten die Identifikation mit dem älteren Bruder und dessen Reidentifikation mit dem jüngeren (»So schwach und orientierungslos wie er fühlte ich mich auch einmal«) eine wichtige Rolle. Besonders in der Pubertät bekommen Identifikationen noch einmal eine tragende Funktion. Das Vor-Bild bildet etwas vor, das ich in mir selbst nachbilden möchte. Aus der Summe identifikatorischer Angebote wird stufenweise die eigene Identität zusammengeschweißt. Durch ihre zunächst stützenden Funktionen bieten sich ältere Geschwister geradezu als Identifikationsobjekte an. Durch die bestehende Nähe, das Vertrauen und die Dankbarkeit kann auch das Andere, das Fremde an ihnen konfliktfreier angenommen und der eigenen Person anverwandelt werden. So wird die Pubertät auch zu einer wichtigen Weichenstellung, das Andere im Geschwister akzeptieren zu lernen – eine Sozialisationserfahrung, die spätere zwischenmenschliche Kontakte durch eine größere Toleranz prägen wird.

Zieht der Student, so bleibt zu fragen, seine unbewusste Motivation für den Lehrerberuf ausschließlich aus seiner Identifikation mit dem Bruder nach dem Motto: »Ich will Schülern etwas beibringen, wie mein Bruder mir etwas beigebracht hat«, oder geht sein Wunsch auf eine noch tiefere Schicht zurück: »Ich will Kinder retten, wie mein Bruder mich gerettet hat?« In diesem Falle würden wir von einer geliehenen Identität sprechen. Das Gesamtbild, das der Student bot, ließ diesen Verdacht nicht ernsthaft entstehen. Trotzdem war es für ihn wichtig, den unbewussten, auf Identifikation beruhenden Anteil seines Berufswunsches zu klären, um besser abgrenzen zu können, inwieweit er inzwischen eine eigene Identität im Sinne eines intakten Selbstbildes in sich aufgerichtet hatte.

An früherer Stelle hatten wir zwischen inneren Selbst- und Objektbildern, sogenannten Repräsentanzen, unterschieden. In den Selbstbildern sind alle eigenständig entwickelten Anteile der Person zusammengefasst, während in den Objektbildern bedeutsame und deswegen verinnerlichte Aspekte aller lebensgeschichtlich wesentlichen Beziehungspersonen ihren Niederschlag gefunden haben. Ein zentraler Konflikt in der Pubertät und Adoleszenz ist die Schwierigkeit, zwischen Selbst- und Objektbildern zu unterscheiden. Die Fragen »Wer bin ich selbst, und wer sind die anderen in mir?« oder »Was will ich selbst, und wie bestimmen die anderen in mir mein Handeln?« können in diesen Entwicklungsphasen zu einer quälenden Ungewissheit, lähmenden Entscheidungsunfähigkeit und in schweren Fällen zur völligen Identitätsdiffusion führen, bei der das Bewusstsein über die eigene Person seine Konturen verliert.

Die theoretischen Hinweise erscheinen mir wichtig, weil – anders als bei dem Studenten – in der Pubertät und Nachpubertät häufig eine ausgeprägte Bereitschaft zur Identifikation mit älteren Geschwistern besteht, eine sogenannte Überidentifikation, die die eigene Identitätsfindung außerordentlich erschweren kann. In diesen Fällen gewinnen die verinnerlichten Objektbilder die Oberhand und können innerlich das Gefühl dauerhafter Fremdbestimmtheit erzeugen. Dieser Mechanismus findet sich bevorzugt in Geschwisterbeziehungen vom Anklammerungstyp.

Verlassen wir hier die Gefahren der Geschwisterliebe in der Pubertätszeit und kehren zu ihren normalen Bedingungen zurück.

Pubertät ist nicht nur Krise, sondern auch ihr Gegenteil, sie ist Aufbruch und Ausbruch, Abenteuer, Reiz, Experiment, Versuch, Irrtum, Ekstase, Eroberung, Glück und Freiheit. Sie ist alles in einem, sie ist Mut, Hoffnung und Neugier auf das Leben, sie ist das große Lachen über die Leichtigkeit, in der man vorwärts treibt. Sie ist die Freude, lebendig zu sein. Es ist die Zeit der weiten Horizonte und der fernen Ufer. Nichts ist unerreichbar. Die körperliche Kraft, die sexuelle Spannung, das Wissen, die Erfahrung, Talent und Begabung schmelzen zusammen, formieren sich zu Interessen, Zielen und der ersten großen Idee vom eigenen Leben.

Geschwisterliebe in der Pubertät ist die faszinierte Teilnahme an diesem revolutionären Entwurf des anderen in die Zukunft hinein. Wechselseitige Partizipation statt Identifikation. In der fortgeschrittenen Pubertät und Adoleszenz gleicht sich das ursprüngliche Gefälle des Altersunterschieds und des Entwicklungsvorsprungs aus. Die Ungleichheit der Kräfte sucht nach Ausgleich, der das Stadium der Gleichberechtigung und Partizipation einleitet. Der Wechsel von der Identifikation zur Partizipation bezeichnet den Übergang von der kindlichen zur erwachsenen Geschwisterliebe.

Jedes der Geschwister hat inzwischen aus der ungeformten Masse seiner Triebe, Bedürfnisse und Gefühle und aus dem gemeinsamen Erfahrungsschatz der Kindheit eine in Umrissen deutlich erkennbare eigene Individualität herausgetrieben. Die entstandene Struktur verdankt sich nicht zuletzt der Dialektik der Geschwisterbeziehung – ihrer wechselseitigen Anregung, Ergänzung, Förderung und Hilfe. Die Partizipation am Entwicklungsschicksal des anderen wird ein Teil der eigenen Lebensgeschichte.

In der späten Pubertät und Adoleszenz drückt sich die Partizipation in einem hohen Grad an gemeinsamen Interessen, Aktivitäten und Lebensgewohnheiten aus. Sie sind Zeugnis eines »Wir-Gefühls«, das nicht mehr auf einer narzisstischen Verschmelzung wie in der frühen Kindheit oder auf vorherrschenden Identifikationswünschen der späten Kindheit und frühen Pubertät beruht; vielmehr drückt das »Wir-Gefühl« jetzt das beiderseitige Bewusstsein der eigenen unverwechselbaren Persönlichkeit aus, die mit dem Geschwister eine gleichberechtigte Verbindung auf einer neuen, erwachsenen Entwicklungsstufe eingeht.

Die konkreten Gemeinsamkeiten betreffen zum Beispiel die unbegrenzten Möglichkeiten der neuen Medien, besonders des Internet, über die man sich permanent austauschen und informieren kann. Man teilt die Begeisterung für die gleichen Pop-Stars, Jazz-Musiker, Maler, Schauspieler oder Schriftsteller; man besucht zusammen Konzerte, Ausstellungen, Theater,

Filme, liebt die gleichen Discos und Kneipen, treibt zusammen Sport, Fußball, Tischtennis, Tennis, Skifahren und Snowboarden, macht im Freundeskreis gemeinsam die ersten großen Reisen, feiert die ersten Feste. Alexander, Boris, Constantin und Daniel, vier Brüder zwischen zwölf und siebzehn Jahren, treten zum ersten Mal als Rock-Gruppe auf mit Gitarre, Klavier, Klarinette und Schlagzeug. Andere Geschwister verbindet ihr Engagement in einer kirchlichen Gemeinde oder in einer politischen Organisation. Stefan und Markus sind Computerfreaks, stellen Video-Spiele her und reparieren gemeinsam alle technischen Geräte, die ihnen unter die Finger kommen. Viele Geschwister teilen über viele Jahre die gleichen Freunde.

Aber die vielen Gemeinsamkeiten bilden nur die eine Seite der Medaille der Geschwisterbeziehung in dieser Zeit. Parallel dazu treten die Unterschiede jetzt deutlich zutage. Jeder entwickelt aus seinen individuellen Anlagen und Erfahrungen eigene Konturen und erschließt sich neue Interessenbereiche und Tätigkeitsfelder. Die Partizipation mischt sich hier häufig mit einem verwunderten Staunen über die unerwarteten Entwicklungsschritte des anderen, mit einer Faszination und Spannung, die nicht selten eine neidlose Bewunderung einschließen.

Eine spezielle Form der Partizipation in der Pubertät besteht zwischen Brüdern und Schwestern. Die Ausreifung der primären und sekundären Geschlechtsmerkmale, die Ausdifferenzierung spezifisch weiblicher und männlicher Fühlfunktionen und Interessenschwerpunkte bedeuten für jedes Geschwister die verwunderte Beobachtung an dem erregenden Vorgang, bei dem das kleine Mädchen, die Schwester, plötzlich zur Frau und der kleine Junge, der Bruder, zum Mann wird. Anders als in der sogenannten infantil-genitalen Phase zwischen dem dritten und fünften Lebensjahr, in der die Geschwister zum ersten Mal ihre unterschiedliche Geschlechtszugehörigkeit erkannt haben, wird in der Pubertät das andere Geschlecht in seiner realen Erfahrung von Sexualität, Orgasmus, Menstruation und Brustwachstum und in der Möglichkeit von Zeugung und Geburt fundamental neu erlebt. Zwar existieren entsprechende Vorbilder in der Mutter und im Vater, aber es sind wohl die Wandlungsvorgänge vom Kind zum Erwachsenen und die aus der Unschuld aufbrechende Geschlechtlichkeit, die Brüder und Schwestern an diesem beiderseitigen Reifungsprozess so staunend teilnehmen lassen. Es erscheint mir angemessen, die Beobachtung dieser besonderen Art der »Geburt« als eine mythische Erfahrung zu begreifen, bei der jeder sich selbst und den anderen als geteilte Geschlechter erkennt, die in der körperlichen Vereinigung zur Einheit zurückfinden könnten. In einer auf Partizipation und Gleichberechtigung basierenden Geschwisterliebe wird die regressive Erfüllung solcher Fantasien auf einen fremden Partner übertragen. Wo dieser Reifungsschritt ausbleibt, dient die sexuelle Vereinigung der Geschwister, der Inzest, der Verleugnung des Getrenntseins und der realen wie magischen Wiederherstellung der ursprünglichen Einheit.

Geschwisterliche Partizipation in der Pubertät und Adoleszenz bedeutet nicht nur Teilnahme und Ergänzung durch den harmonischen Wechsel von Gemeinsamkeit und Verschiedenartigkeit in der äußeren Lebensgestaltung; sie erschließt auch die innere Welt des anderen in einer bisher nicht erreichten Intimität. Damit ist der Geschwisterroman jetzt so weit entwickelt, dass er die Einführung neuer Personen zulässt. Mit diesem Schritt ist die letzte Hürde erreicht, die die Geschwisterliebe in diesem Lebensabschnitt bewältigen muss.

Eines Tages tritt aus dem Dschungel der Welt der Prinz auf die Bühne, der die Schwester entführen wird, oder die Prinzessin, die den Bruder aus den Armen der Familie reißt. Es ist die

Zeit der ersten Liebe zu einem Fremden. Damit endet unwiderruflich die verspielte und verträumte Kindheit der Geschwister und das Abenteuer des gemeinsamen Aufbruchs in ein neues Leben. Die Geschwisterliebe steht vor einer schicksalhaften Wende.

Die psychologische Herausforderung besteht in erster Linie in der Verarbeitung der Trennung. Obwohl sie in den seltensten Fällen real erfolgt, wird die Zuneigung des Geschwisters zu einem anderen Menschen häufig als Trennung und Verlassenwerden, sogar als Verrat an der gemeinsamen Geschichte erlebt. Wie dramatisch der Ablösungskampf sein kann, wie schmerzhaft die Aufgabe, das geliebte Geschwister nicht nur teilen, sondern an einen Fremden abgeben zu müssen, und bis zu welcher Heftigkeit der Ausbruch von Wut, Eifersucht und Neid dabei gesteigert werden kann, hat Thomas Mann, wenn auch ironisch verfremdet, in der bereits zitierten Erzählung »Wälsungenblut« psychologisch meisterhaft gestaltet.

Die beiden früher genannten Gefahren, die Anklammerung und die Ausstoßung, werden besonders durch den Einbruch des Fremden in die Einmaligkeit der Geschwisterliebe aktualisiert.

Zum Glück sind in den meisten Geschwisterbeziehungen solche Gefühlsturbulenzen vorübergehender Natur. Die Chancen der Geschwisterliebe in die weitere Zukunft hinein wachsen mit der Fähigkeit, das Fremde im Partner des Geschwisters zu akzeptieren und als Neues zu integrieren. Nur so kann die Partizipation und Intimität in der Geschwisterliebe zu ihrer erwachsenen Form erweitert und abgerundet werden.

7. Geschwisterliebe in der Bewährung. Frühes Erwachsenenalter (20. bis 30. Lebensjahr)

»Es war ein Mann, der hatte drei Söhne und weiter nichts im Vermögen als das Haus, worin er wohnte. Nun hätte jeder gerne nach seinem Tode das Haus gehabt, dem Vater war aber einer so lieb als der andere, da wusste er nicht, wie er's anfangen sollte, dass er keinem zu nahe trat ... Da fiel ihm endlich ein Rat ein, und er sprach zu seinen Söhnen: ›Geht in die Welt und versucht euch, und lerne jeder sein Handwerk, wenn ihr dann wiederkommt, wer das beste Meisterstück macht, der soll das Haus bekommen.‹«

So beginnt das Grimm'sche Märchen »Die drei Brüder«. Es hebt sich wohltuend von den unzähligen Geschichten über Bruderrivalität, Bruderhass und Brudermord ab, die uns das Bild einer primär unversöhnlichen Beziehung zeichnen wollen. »Da waren die Söhne zufrieden.« Die Aussicht, das Haus zu erben, spornt sie an, sie lernen ein Handwerk, und als sie zurückkehren, führen sie dem Vater wahre Wunderleistungen ihres Könnens vor. Dieser staunt nicht schlecht und gibt schließlich dem dritten Sohn das Haus. »Die beiden anderen Brüder waren damit zufrieden, wie sie vorher gelobt hatten, und weil sie sich einander so lieb hatten, blieben sie alle drei zusammen im Haus und trieben ihr Handwerk.«

Konkurrenz entstammt dem Lateinischen und bedeutet in erster Linie »zusammenlaufen« und »Wettstreit«. Das Englische benutzt dafür den Begriff »competition«, das ebenfalls lateinischen Ursprungs ist und dort »gemeinsam erstreben« und »Mitbewerber« meint. Competition ist in der Regel an das »fair play«, das »ehrliche Spiel«, gebunden. Im Gegensatz dazu hebt der ebenfalls vom Lateinischen abgeleitete Begriff »Rivalität«

mit seiner Übersetzung als »Nebenbuhlerschaft« eindeutiger das feindliche Element in der jeweiligen Beziehung hervor. Im allgemeinen Sprachgebrauch und in der Wissenschaft werden die Grenzen oftmals verwischt. Eine klare Unterscheidung erscheint mir jedoch gerade zum Verständnis von Geschwisterbeziehungen wichtig; ich werde daher im Folgenden die Begriffe Konkurrenz im Sinne von »konstruktiver Konkurrenz« und Rivalität im Sinne von »destruktiver Rivalität« benutzen.

In jeder Geschwisterliebe gehört die Konkurrenz von klein an zum Motor einer lustvoll erlebten Weiterentwicklung. Die spielerische Freude des gemeinsamen »Wettlaufs« und das friedliche Kräftemessen in seinen vielen Varianten steigern die eigenen Fähigkeiten in allen körperlichen und geistigen Bereichen.

Die Brüder Jakob und Wilhelm Grimm, die selbst durch ein lebenslanges Arbeitsbündnis und eine enge emotionale Beziehung miteinander verbunden waren, haben dem »konstruktiven Zusammenlaufen« noch in einem anderen Märchen ein heiteres Denkmal gesetzt. »Die vier kunstreichen Brüder« verlassen ihr Elternhaus, trennen sich, um ihr »Glück zu versuchen«, und verabreden ein Wiedersehen in vier Jahren. Jeder findet seinen Meister, und als sie zurückkehren, retten sie eine Königstochter aus den Fängen eines Drachen. Das Kunststück gelingt ihnen nur durch gemeinsames Handeln, indem sie ihre ausgefallenen Fähigkeiten als Sterngucker, Dieb, Schneider und Jäger zusammentun. Ganz uneigennützig sind sie dabei natürlich nicht. Jeder behauptet, nur durch seine Fähigkeiten sei ihnen der Streich gelungen, und deswegen könne er die Königstochter beanspruchen. Der Streit wird vom König salomonisch entschieden: »Jeder von euch hat ein gleiches Recht, und weil ein jeder die Jungfrau nicht haben kann, so soll sie keiner von euch haben, aber ich will jedem zur Belohnung ein halbes Königreich geben.« Den Brüdern gefiel diese Entscheidung, und sie sprachen: »Es ist besser so, als dass wir uneins werden.«

Keine Geschwisterliebe ist ohne Konflikt und gelegentlichen Streit zu haben. Aber wo die Bereitschaft zu einer friedlichen Lösung und das Gefühl für Gerechtigkeit vorhanden sind, können auch widerstreitende Interessen ausgeglichen werden. »Jeder hat ein gleiches Recht.«

Beide Märchen betonen Konkurrenz nicht nur als notwendigen Motor für die eigene Entwicklung; sie gehen darüber hinaus: Konkurrenz kann auch zu einem wichtigen Prinzip für Kooperation und Koexistenz werden. Viele Geschwister, ob Brüder, ob Schwestern, ob Brüder und Schwestern, ob berühmt oder nicht, zeigen immer wieder, wie dieses Prinzip einer gesunden Konkurrenz eine von destruktiver Rivalität freie Beziehung garantiert. Dabei ist nicht entscheidend, ob sie in gleichen oder verschiedenen Berufen arbeiten; wichtig ist die Erfahrung, über ein vergleichbares Potenzial an Entwicklungskräften zu verfügen. Die Weichen dafür werden schon in der Kindheit gelegt. Aber erst im frühen Erwachsenenalter zeichnen sich die Wege deutlicher ab, die die Geschwister ins weitere Leben gehen werden. Nachdem sie sich in der Pubertät und Adoleszenz bei aller noch bestehenden Gemeinsamkeit schrittweise voneinander lösen mussten, steht jetzt auch die äußere Trennung an. Damit erreicht die Geschwisterliebe ihre entscheidende Bewährungsphase. Jeder zieht »hinaus ins Leben«, trennt sich vom Elternhaus, verliert die Geschwister über längere Zeiträume aus den Augen, erlernt einen Beruf, gründet einen eigenen Hausstand, heiratet und bekommt Kinder. Dieser idealtypisch verlaufende Ablösungsprozess ist, gemessen an den langen Jahren der Zusammengehörigkeit, von einer Plötzlichkeit, Radikalität und Neuerung, dass die Geschwisterliebe auf eine harte Probe gestellt wird. Ob sie sie besteht, hängt entscheidend davon ab, wie in

Kindheit und Jugend die Chancen verteilt waren. Dies wird erst jetzt endgültig erkennbar. Die konstruktive Konkurrenz im Verlauf der bisherigen Lebensgeschichte dient letztlich einer gleichmäßigen und gleichberechtigten Weiterentwicklung der Geschwister, die bedarfsweise für Kooperation und Koexistenz offen bleibt. Die Konkurrenz umfasst alle wichtigen Lebensbereiche wie Beruf, Bildung, Geld, Erfolg, soziales Prestige, die Auswahl der Partner und die Kinder. Ein stärkeres Ungleichgewicht in der Bilanz, die sich jetzt immer deutlicher abzeichnet, führt auf Dauer zu zerstörerischer Ambivalenz, Rivalität und Neid. An ihnen kann die Geschwisterliebe zerbrechen. Von diesem Gesetz sind viele berühmte Bruder-Schwester-Beziehungen der Vergangenheit geprägt, die häufig in der Geschwisterliteratur zitiert werden: Goethe und Cornelia, Mozart und Nannerl, Nietzsche und Elisabeth, Kleist und Ulrike, Büchner und Luise, Conrad F. Meyer und Betsy.[20] Nach einer Zeit wechselseitiger, teilweise schwärmerischer Liebe in der Pubertät und Adoleszenz enden sie in der Regel im Laufe des frühen Erwachsenenalters tragisch durch Tod oder Selbstmord eines Geschwisters oder sind fortan von starken Ambivalenzen zwischen feindlicher Distanzierung, Überbehütung, Aufopferung und Abhängigkeit oder von kalter Gleichgültigkeit geprägt.

Wenn auch die Ursachen für solche Entwicklungen komplexer Natur sind, wird man den Biografen Recht geben müssen, die die genannten Paare als exemplarisch für die ungleichen Entwicklungschancen ansehen, wie sie jahrhundertelang zwischen Männern und Frauen, das heißt aber auch zwischen Brüdern und Schwestern, bestanden. Die daraus resultierenden Beziehungskonflikte müssen umso dramatischer ausfallen, je mehr die bildungsmäßige Benachteiligung der Frauen noch zusätzlich durch unterschiedliche intellektuelle oder künstlerische Begabungen verschärft wird. In diesem Fall stellte und stellt sich noch heute die Frage, inwieweit beide Benachteiligungsformen ineinander greifen, da keine Begabung ohne entsprechende Förderung ihre Möglichkeiten voll ausschöpfen kann. In jedem Fall schließt ein starkes Ungleichgewicht in den Entwicklungschancen eine konstruktive Konkurrenz aus.

Ein eindrucksvolles Gegenbeispiel zu dem Schicksal der zitierten Bruder-Schwester-Paare bildet das Leben und Schaffen der Brontë-Schwestern.[21] Zu Beginn des 19. Jahrhunderts wachsen sie mit ihrem Bruder Branwell in Haworth, einem kleinen Dorf in Cornwall, als Töchter eines strenggläubigen, aber liebevollen und sie fördernden Methodistenpfarrers in ärmlichen Verhältnissen auf. Die Mutter und zwei Schwestern sterben, als die älteren vier Geschwister noch sehr jung sind. Schon als Kinder retten sie sich aus der Prüderie und moralinsauren Strenge des viktorianischen Zeitalters in eine Traum- und Fantasiewelt, die das begabte Quartett gegen eine düster-traurige und gegen Kinder gewalttätige Realität abschirmt. In der konstruktiven Konkurrenz einer unverbrüchlichen Geschwisterliebe schreiben sie sich alle von Kindergeschichte zu Kindergeschichte ihre leidenschaftlichen Obsessionen von der Seele, die, nachdem der Bruder gescheitert ist, von den Schwestern zwischen ihrem 27. und 30. Lebensjahr zu Romanen verdichtet werden, die Weltruhm erlangen. Etwa zur gleichen Zeit, um 1847, erscheint von Charlotte »Jane Eyre«, von Emily »Sturmhöhe« und von Anne »Agnes Grey«. Die ähnlich begabten und in den Grenzen der damaligen Zeit in gleicher Weise geförderten Schwestern entwickeln bei aller Verschiedenartigkeit ihres Charakters aus dem Fundus ihrer Zusammengehörigkeit eine Form der Kooperation und Koexistenz, die ihre jeweiligen Fähigkeiten erst voll zur Entfaltung bringt. Unter solchen Bedingungen kann sich auch die Geschwisterliebe im frühen Erwachsenenalter optimal ausdifferenzieren. Dagegen scheitert der Bruder trotz seiner ursprünglichen Begabung an dem übermäßigen Anspruch, der besonders von seinem Vater an ihn als den einzigen Sohn gestellt wird, und womöglich auch an der Übermacht der Schwestern, deren geballter Kreativität er nicht gewachsen war. Aber seine Liebe zu ihnen lässt die Konkurrenz nicht in destruktive Rivalität umschlagen, sondern verwandelt sich in eine selbstzerstörerische Sucht. Er stirbt mit 31 Jahren an den Folgen seiner Alkohol- und Opiumabhängigkeit – sicher nicht zufällig kurz nach dem Erscheinen der großen Romane seiner Schwestern.

Ich möchte das Prinzip der konstruktiven Konkurrenz noch an zwei weiteren Beispielen illustrieren, nicht nur, weil das Prinzip wichtige Grundzüge der Geschwisterliebe im frühen Erwachsenenalter aufhellt, sondern weil sich solche Biografien ermutigend gegen die bevorzugte Darstellung destruktiver Geschwisterbeziehungen behaupten. Gemeint sind die bereits zitierten Brüder Grimm und, in die Gegenwart reichend, die Brüder Taviani.

In seiner »Rede auf Wilhelm Grimm« beschreibt der ein Jahr ältere Bruder Jacob die bis in die Kindheit zurückreichende, kooperative Basis ihrer Beziehung: »So nahm uns denn in den langsam schleichenden Schuljahren ein Bett auf und ein Stübchen, da saßen wir an einem und demselben Tisch arbeitend, hernach in der Studienzeit standen zwei Betten und zwei Tische in derselben Stube, endlich bis zuletzt in zwei Zimmern nebeneinander, immer unter einem Dach in gänzlicher unangefochten und ungestört beibehaltenen Gemeinschaft unserer Habe und Bücher.« (Jacob blieb unverheiratet und lebte mit der Familie seines Bruders in einem Haus. H. P.) »Auf der Universität hatten wir, einer wie der andere, dasselbe Studium ergriffen, das der Rechtswissenschaft … Keinem von uns beiden, die wir mit Ernst und Eifer studierten, hat die erworbene Rechtskenntnis hernach zu irgend einer Stellung im Lande verholfen … Wir hatten eine lange schon genährte Neigung ausbildend unser Ziel auf Erforschung der einheimischen Sprache und Dichtkunst gestellt ... Es war uns gelungen wieder zusammen an der nemlichen Bibliothek eine Stellung zu finden, die unsere Pläne und Vorsätze begünstigte. Nun galt es stille, ruhige Arbeit und Sammlung, die sich Jahre lang nur selbst genügen konnten. Es waren die glücklichsten Jahre unseres Lebens ... Nach diesen gemeinschaftlichen, mit aller Lust gepflogenen Arbeiten trat aber eine Wendung ein, die nun wieder getrennte und von einander abweichende Schritte forderte. Dass jeder seine Eigentümlichkeit wahren und walten lassen sollte, hatte sich immer von selbst verstanden, wir glaubten, solche Besonderheiten würden sich zusammenfügen und ein Ganzes bilden können.«[22]

Von dieser Haltung scheint auch die Kooperation der Filmbrüder Taviani bestimmt zu sein, die alle ihre Filme gemeinsam gedreht haben. Die Biografin Valeria Patané beschreibt sehr anschaulich die tägliche Zusammenarbeit des zwei Jahre älteren Vittorio und seines Bruders Paolo in Rom, ihre enge Verbundenheit während der Dreharbeiten ebenso wie bei der Gestaltung des Privatlebens. Nicht zufällig sind in vielen ihrer Filme Geschwister die Protagonisten, und zwar ganz im Sinn einer produktiven Konkurrenz im gemeinschaftlichen Handeln. So begleitet der Film »Good morning Babylon« (1987) zwei Brüder bei der Auswanderung nach Amerika, wo sie als qualifizierte Restaurateure durch die Herstellung billiger Filmkulissen überleben.[23]

Man darf vermuten, dass Vittorio und Paolo Taviani nur durch ihren gemeinsam erarbeiteten Erfolg mit dem Beharren auf einer humanen Utopie brüderlicher Solidarität auf den 62. Internationalen Filmfestspielen von Berlin 2012 für ihr Gesamtwerk mit dem Goldenen Bären ausgezeichnet wurden.

Ich habe die Schwestern Brontë und die Brüder Grimm und Taviani zitiert, weil sie besonders plastische Beispiele für das ebenso spielerische wie schöpferische Prinzip der Konkurrenz darstellen, zumal dann, wenn sie sich auf ein Gebiet gleichen Interesses bezieht. Das macht die Faszination der auffallend vielen, in der Regel gleichgeschlechtlichen Geschwisterpaare aus, die ihren Talenten im Zusammenspiel mit einer wechselseitigen Konkurrenz und Zuneigung ihren Erfolg und ihre Berühmtheit verdanken. Bekannte Beispiele sind die Politiker John F. und Robert Kennedy oder Hans-Jochen und Bernhard Vogel, die zur Weltspitze gehörenden Sportlerinnen Susanne und Maria Riesch als Skifahrerinnen, Serena und Venus Williams als Tennisspielerinnen, die Rennfahrer Schumacher, die Bergsteigerbrüder Messmer oder die Schauspieler Meret und Ben Becker und die antifaschistischen Geschwister Scholl. Wenn es so viele berühmte Geschwisterpaare gibt, die konstruktiv miteinander konkurrieren, um wie viel größer muss die Zahl eng zusammenarbeitender Geschwister ohne den Status der Berühmtheit sein! Auch wenn sich daraus sicher keine Regel ableiten lässt und die meisten Geschwister im frühen Erwachsenenalter getrennte Wege einschlagen, dürfte auch bei vielen von ihnen das Bewusstsein einer möglichen Kooperation latent erhalten bleiben. In diesen Fällen reicht allein die Gewissheit, jederzeit darauf zurückgreifen zu können, für das Gefühl der Zusammengehörigkeit aus.

Unabhängig vom Faktor der kooperativen Konkurrenz wandeln sich im frühen Erwachsenenalter unter dem Einfluss völlig neuer Lebensanforderungen jedoch auch die Gefühlsqualitäten zwischen den Geschwistern. Der stürmische und abenteuerliche Aufbruch der Pubertät und Adoleszenz, die Partizipation an der explosiven Entfaltung individueller Interessen und Begabungen, das gemeinsame Erwachen aus der Kindertraumwelt und die schwärmerische Bewunderung füreinander – alles dies ist jetzt in festere Bahnen gelenkt; das Gemeinsame tritt zurück, die Verschiedenartigkeit entwirft sich in eine selbstständig gestaltete Lebensumwelt. Damit versachlichen sich auch die Geschwistergefühle. Anerkennung, Achtung, Respekt und eine milde Form der Zuneigung drücken das Vertrauen aus, mit dem man den anderen jetzt gehen lassen kann, ohne ihn innerlich aufzugeben. Im frühen Erwachsenenalter bewährt sich die Geschwisterliebe in ihrer Distanz. Jeder muss sein Leben alleine in die Hand nehmen, muss sich selbst erfahren. Eine wirkliche Selbst-Ständigkeit zu erlangen erlaubt keine Einmischung. Konstruktive Konkurrenz findet eher aus der Entfernung statt.

Aber gerade im frühen Erwachsenenalter steht die Geschwisterliebe oft vor großen Herausforderungen, an denen sie sich bewähren muss. Während in der Pubertät und Adoleszenz die Krise der Identitätsfindung hauptsächlich innerlich ausgetragen werden muss, ist die Periode zwischen dem 20. und 30. Lebensjahr häufiger durch äußere Konflikte und das Scheitern an konkreten Lebensaufgaben gefährdet. Viele Menschen in diesem Alter versagen in ihrer Berufsausbildung oder bleiben weit hinter den gesteckten Zielen zurück; anderen gelingt es nicht, eine stabile Partnerschaft aufzubauen, geschweige denn eine Familie. Was für eine große Gruppe junger Erwachsener in ihrer Jugend zu vorübergehenden Krisenerscheinungen gehörte, chronifiziert sich für einen Teil von ihnen zu einer dauerhaften Form von der Verweigerung und Ablehnung aller gesellschaftlichen Normen und Anforderungen.

Mit diesen Hinweisen soll der tiefe seelische und soziale Umbruch im frühen Erwachsenenalter angedeutet werden, der viele Menschen mit einem psychosozialen Scheitern bedroht. Dabei dürfte der Verlust des familiär stützenden Umfeldes und die erstmalige Aufgabe, das Leben allein bewältigen zu müssen, von ursächlicher Bedeutung sein.

In dieser Situation kann die Geschwisterliebe auf eine ernsthafte Probe gestellt werden. Sie erfordert neue Qualitäten der Beziehung, um dem anderen bei der Überwindung dieser phasentypischen Schwierigkeiten zu helfen: Vertrauen, Verständnis, Treue, Verantwortung, Toleranz, Loyalität, Verzeihung, Solidarität, Trost und Fürsorge.

Es handelt sich hierbei um ein höher organisiertes Gefühlsspektrum, das eine erwachsene Persönlichkeit und ein stabiles Selbst voraussetzt. In der Regel wird eine Ausschöpfung dieses menschlichen Potenzials erst zur Lebensmitte hin erreicht. Eindrucksvoll ist jedoch immer wieder, wie gerade in Geschwisterbeziehungen unter dem Eindruck von eskalierenden Schwierigkeiten und Notsituationen eines Geschwisters dieses Potenzial auch schon in jungem Alter aktiviert werden kann. Es scheint sich dabei um einen forcierten Reifungsprozess der Geschwisterliebe unter dem Druck meist äußerer ungünstiger Umstände zu handeln.

Ich möchte diesen Zusammenhang an drei eindrucksvollen literarischen Beispielen illustrieren; ihre künstlerische Verdichtung beansprucht eine Gültigkeit, die weit über die Einzelfälle hinausgeht, die in zahllosen Varianten die alltägliche Erfahrung zwischen Geschwistern widerspiegeln.

In dem Schauspiel »Iphigenie auf Tauris« hat Goethe die Bewährung der Geschwisterliebe im frühen Erwachsenenalter durch ein dramatisches Geschehen beschworen. Iphigenie, die von ihrem Vater Agamemnon im Krieg um Troja geopfert werden sollte, wurde von Diana gerettet und als Priesterin nach Tauris gebracht. Ihr Bruder Orest landet auf der Insel, um Dianas Bild aus dem Heiligtum zu rauben. Nur so kann er sich von dem Fluch der Erinnyen befreien, die ihn nach dem Mord an seiner Mutter Klytaimnestra verfolgen. Mit der Bluttat hat er den Vater gerächt, der von seiner Ehefrau umgebracht wurde. Bevor sich die beiden Geschwister auf der Insel unerwartet wieder treffen, klagt die ihrer Heimat beraubte Iphigenie:

»Weh dem, der fern von Eltern und Geschwistern
Ein einsam Leben führt! Ihm zehrt der Gram
Das nächste Glück vor seinen Lippen weg,
Ihm schwärmen abwärts immer die Gedanken
Nach seines Vaters Hallen, wo die Sonne
Zuerst den Himmel vor ihm aufschloss, wo
Sich Mitgeborene spielend fest und fester
Mit sanften Banden aneinander knüpften.«[24]

Die frühen Spuren der Geschwisterliebe lassen Iphigenie ihren Bruder bei der ersten Begegnung sofort wieder erkennen, und sie weiß: »Mein Schicksal ist an deines fest gebunden.«[25] Orest drückt es an späterer Stelle ähnlich aus: »Seit meinen ersten Jahren hab ich nichts geliebt, wie ich dich lieben könnte, Schwester.«[26] Aber Orest ist durch sein Schuldgefühl über den Muttermord von Wahnsinn und Todessehnsucht besessen. Iphigenie wächst über sich hinaus, als sie Orest durch die Kraft ihrer Liebe nicht nur dem Wahnsinn entreißt, sondern auch König Toas mit flammender Rede und Opfermut von seinem Plan abbringt, Orest wegen des geraubten Diana-Bildes zu töten. Sie verzeiht ihrem Bruder die Bluttat, weil sie in ihr den Wiederholungszwang einer Familientragödie begreift. Indem sie ihn von Schuld befreit, errettet sie sein Leben.

Genau 100 Jahre später (1879) veröffentlicht Dostojewski sein Hauptwerk »Die Brüder Karamasoff«. Die vier Brüder, Dimitri, mit 28 Jahren der älteste, Iwan, Aljoscha und Smerdjakow, sind unheilvoll in die Ermordung des Vaters verstrickt. Dem 20-jährigen Aljoscha, der jüngste von ihnen und ein sanftmütiger Klosterschüler, fällt hier die Aufgabe des Vertrauten zu, der die Geständnisse der von Leidenschaft und Schuld zerrissenen Brüder mit Einfühlung und Verzeihen auffangen muss.

Ein ebenso ergreifendes Bruderdrama hat Luchino Visconti

in seinem Film »Rocco und seine Brüder« gezeichnet. Sozialer Abstieg, berufliches und persönliches Scheitern und unlösbare Schuld bis hin zum Mord eines Bruders an seiner Geliebten führen zur tragischen Bewährung der Geschwisterliebe. Durch Verständnis, Unterstützung, Vergebung und Aufopferung bis zur Selbstaufgabe versucht Rocco immer wieder, den Teufelskreis aus Gewalt und Schuld zu durchbrechen. Visconti hat das Drama bis an die Grenzen der Geschwisterliebe vorgetrieben, um archaische Familiengesetze zu demonstrieren, nach denen der Zusammenhalt der Geschwister die Selbstaufopferung des einen für den anderen zur Liebesaufgabe macht.

Bewährung der Geschwisterliebe. Was in den drei Beispielen in symbolischer Verdichtung einer Extremsituation als Mord erscheint, wiederholt sich im Alltag abgeschwächt in vielfältiger Weise. Es gibt sicher zahlreiche Geschwisterbeziehungen, die im frühen Erwachsenenalter durch existenzielle Konflikte mindestens eines Geschwisters zu gemeinsamen Lösungen herausgefordert werden.

In einem Selbsterfahrungsseminar für Studenten erzählt in einer Sitzung Maria von ihrem zwei Jahre ältern Bruder. Vor einer Woche habe sie ihn überraschend besucht, nachdem er telefonisch seit einiger Zeit nicht erreichbar war und E-Mails nicht beantwortet hatte. »Ich prallte fast zurück, als ich seine völlig verwahrloste und verrauchte Bude betrat. Er sah mich, sprang entsetzt aus dem Bett, schrie mich an, was ich hier wolle, und rannte nervös in Unterhosen im Zimmer herum. Hastig zündete er sich eine Zigarette an.«

»Was war passiert?«, wollten die anderen Studenten wissen.

»Ich wusste es nicht. Ich sagte ihm, wenn er Lust habe, würde ich ihn zum Essen einladen, er solle sich anziehen, ich werde draußen warten. Nach einer halben Stunde kam er heraus. Er hielt ein Stück Papier in der Hand, das er mir erst gab, als er über einem Teller Spaghetti saß. Es war ein Gerichtsbescheid über eine fristgerechte Mahnzahlung von 500 Euro, andernfalls drohe eine Gefängnisstrafe. Mein sensibler Bruder im Gefängnis! Plötzlich verstand ich seine Panik. Die Frist lief in drei Tagen ab, und er war völlig pleite, schämte sich aber, irgend jemanden anzusprechen.«

Wie sich dann weiter herausstellte, war der ständig in Geldnot lebende Bruder mehrfach beim Schwarzfahren mit der U-Bahn erwischt worden. Mit den nicht bezahlten Strafgeldern und den angelaufenen Anwalts- und Gerichtskosten war die Summe in die Höhe geschnellt.

»Und was hast du gemacht?«, fragte eine Kommilitonin.

»Nachdem ich meinen eigenen Schrecken überwunden hatte, kramte ich mein eigenes Geld zusammen und lieh mir bei unseren Eltern unter einem Scheinvorwand Geld aus; sie durften auf keinen Fall davon erfahren, sonst hätten sie meinem Bruder endgültig das Studiengeld gestrichen. Dann habe ich systematisch meinen Freundeskreis angepumpt, bis die 500 Euro zusammen waren.«

»So eine Schwester möchte ich auch mal haben«, sagte ein türkischer Student, der dann seinerseits ein Erlebnis mit seiner 17-jährigen Schwester erzählte. Sie war schwanger geworden, wollte das Kind aber wegen eines geplanten Studiums nicht austragen. Sie fürchtete, ihr ältester Bruder könne sie oder ihren Freund wegen der Schwangerschaft und erst recht wegen der geplanten Abtreibung umbringen; auf jeden Fall würden ihre Eltern sie aus der Familie ausstoßen, weil »illegale« Schwangerschaften in der Familie als Verbrechen geahndet wurden. Eine Beratungsstelle hatte der Student nicht aufgesucht, weil er fürchtete, sie könnte die Eltern wegen der Minderjährigkeit der Schwester benachrichtigen und ihre Einwilligung einholen. So lief er sich die Hacken wund, bis er einen türkischen Arzt fand, der die Abtreibung vornahm. »Das Geld dazu habe ich mir übrigens in unserem ganzen Familienclan zusammengestohlen«, schloss er halb schuldbewusst, halb triumphierend seinen Bericht.

Jetzt erzählte eine andere Studentin ihr schlimmstes Erlebnis mit ihrem jüngeren Bruder. Er war in eine andere Stadt gezogen. Dort wollte er das Abitur nachmachen. Sie hatten längere Zeit nichts mehr voneinander gehört. Eines Tages bekam sie von ihm einen Hilferuf. Sie fuhr zu ihm. Als sie seine Wohnung betrat, erschrak sie. Überall standen Flaschen herum. Klaus war betrunken. Er erzählte ihr von dem nicht bestandenen Abitur, von der Freundin, die ihn verlassen hatte, und wie er zum Alkohol gekommen war. Er wusste nicht weiter, das Leben kam ihm sinnlos vor. Er wollte sich umbringen.

»Ich blieb eine Woche bei ihm«, beendete die Studentin ihren Bericht, »wir wanderten in den Bergen, gingen ins Kino, mein Bruder zeigte mir die Stadt. So lange und so vertraut hatten wir seit unserer Kindheit nicht mehr miteinander gesprochen. Mein Bruder ist mir heute noch dankbar und ist überzeugt, dass er ohne meinen damaligen Besuch Selbstmord begangen und ein Jahr später das Abitur nie bestanden hätte. Meine Eltern haben von dieser Krise nie etwas erfahren.«

Die drei literarischen und die drei Alltagsgeschichten zeichnen sich vielleicht nicht zufällig durch ein gemeinsames Kennzeichen aus: den Wegfall oder die Umgehung elterlicher Autorität, Führung und Einflussnahme. Dabei koppelt sich die Geschwistergruppe freiwillig von den Eltern ab oder ist zwangsläufig alleine auf sich gestellt.

8. Geschwisterliebe im mittleren Erwachsenenalter (30. bis 50. Lebensjahr)

Der Ablösungsprozess von den Eltern am Übergang zum mittleren Erwachsenenalter erfolgt nicht zufällig zu einem Zeitpunkt neuer Rollenfindung. Mit den eigenen Kindern wird die nächste Generation geboren. Durch die Rollenübernahme als Mutter oder Vater kommt die lange Phase der Kindheit und Jugend endgültig zum Abschluss. Dieser Vollzug des Generationenwechsels in der eigenen Person durch die Kinder ist die wohl einschneidendste Lebensentscheidung überhaupt. Welche Bedeutung sie für die Weiterentwicklung der Geschwisterliebe hat, wird erst in der jetzigen Lebensphase voll zum Tragen kommen.

Wie sehen Geschwisterbeziehungen in dieser Phase im Allgemeinen aus? In der Regel sind alle Geschwister jetzt verheiratet oder leben in festen Partnerschaften. Die ersten Kinder sind auf der Welt. Die Erwachsenen haben ihre Berufsausbildung abgeschlossen und teilweise bereits Karriere gemacht. Die Geschwister sind zeitlich und emotional so stark mit der Kindererziehung, ihrer Partnerschaft, dem Ausbau des Hausstandes und der Berufstätigkeit beschäftigt, dass sich ihr Kontakt zwangsläufig immer mehr verdünnt. Das trifft besonders für Geschwister zu, die in größerer örtlicher Entfernung voneinander wohnen. Trotzdem gibt es zu besonderen Anlässen wie Hochzeiten, Geburtstagen, Geburten oder Festtagen, meist unter Einbeziehung der Eltern, Familientreffen, und gelegentlich fahren die Geschwister, hauptsächlich der Kinder wegen, gemeinsam in den Urlaub. Wenn sie Glück haben, verstehen sich die Paare gut, jedes Geschwister kann den Partner des anderen nach einiger Zeit des Kennenlernens auch innerlich als Familienmitglied annehmen. Sie unterhalten sich über die täglichen Dinge des Lebens, über Berufsprobleme und Kindererziehung. Wenn die Zeit reicht, spielen sie an den Wochenenden gemeinsam Gesellschaftsspiele oder treiben Sport zusammen.

Diese Gewohnheiten, so erzählt, scheinen unter psychologischem Aspekt wenig Bemerkenswertes zu enthalten. Obwohl sie die Norm abbilden dürften. Das erklärt, warum dieser Lebensabschnitt in der Literatur über Geschwisterbeziehungen kaum existiert.

Wir müssen also genauer hinschauen, um zu verstehen, welche lebensgeschichtliche Bedeutung das mittlere Erwachsenenalter für das Kontinuum der Geschwisterliebe hat und welchen wichtigen Beitrag sie gerade in diesem Lebensabschnitt für die Weiterentwicklung der eigenen Person leistet. Dazu ist es notwendig, zunächst etwas ausführlicher auf die Rolle der Kinder einzugehen.

Dabei ist auffallend, dass ihre positive Bedeutung im Rahmen harmonischer Geschwisterbeziehungen in der wissenschaftlichen Literatur kaum gesehen, geschweige denn gründlicher untersucht worden ist. Repräsentativ für die offizielle Auffassung erscheint mir folgende Formulierung in der bekannten, umfangreich recherchierten Darstellung über Geschwister der amerikanischen Autorin Francine Klagsbrun: »Komplex sind auch die Beziehungen zu den Kindern der Geschwister, aber das ist ein Thema für sich und gehört im Grunde nicht mehr in den Rahmen dieses Buches.«[27] Entsprechend dieser Auffassung tauchen in der vorliegenden Geschwisterliteratur Kinder von Geschwistern bis auf vereinzelte Hinweise kaum auf. Vielmehr besteht die Tendenz, selbst die erwachsenen Geschwister als ausschließlich um die Eltern kreisende, ewige Kinder zu sehen. Damit bleibt aber auch die Geschwisterliebe unter Erwachsenen in all ihrer Besonderheit und ihrem Reichtum unbegriffen. Wie die bisherige Beschreibung jedoch gezeigt hat, macht die Geschwisterliebe in den verschiedenen Lebensabschnitten immer wieder neue Transformationen durch. So bleibt hier zu fragen, wie sie sich weiterentwickelt, wenn durch eigene Kinder das Familiengefüge vergrößert wird. Bekanntlich bedeutet die Übernahme der Mutter- oder Vaterrolle für jeden Menschen einen entscheidenden Entwicklungsschub, der seine Identität als Erwachsener erweitert. In diesem Prozess wird auch die Geschwisterliebe zu einer höheren Stufe hin organisiert. Warum? Die Frage lässt sich mithilfe der Erkenntnisse der systemischen Familientheorie einleuchtend beantworten. Wie wir sahen, bilden Geschwister ein sogenanntes Subsystem innerhalb des Gesamtsystems Familie.

In der Zeitspanne, in der sie selbst Kinder bekommen, tritt mit diesen eine neue Generation auf, und die Geschwister vollziehen einen Generationswechsel. Damit findet eine grundsätzliche Erweiterung und Umstrukturierung des ursprünglichen Gesamtsystems statt. Dieses umfasst jetzt drei Generationen und entsprechend drei Subsysteme mit Großeltern, Eltern und Kindern. Mit dieser Umwandlung haben sich auch die Funktionen der einzelnen Mitglieder des Ursprungssystems entscheidend geändert. Die Systemregeln besagen, dass ein System seine innere und äußere Balance nur erhalten kann, wenn es sich plastisch an neue Existenzbedingungen anpasst; diese Forderung richtet sich an alle Teilbereiche des Systems, an die Subsysteme ebenso wie an die einzelnen Mitglieder. Erfolgt diese Anpassung nicht, zerbricht das System. Das bedeutet konkret: Ein Geschwister kann nicht weiter die Kindrolle einnehmen, wenn es Vater- oder Mutterfunktionen übernimmt. Dadurch krempelt es das Gesamtsystem um: Es verweist die Eltern in die Rolle der Großeltern und verwandelt das geschwisterliche Subsystem in ein Elternsubsystem. Dies trifft auch zu, wenn die anderen Geschwister noch keine Kinder haben oder nie bekommen werden. Sollten sich diese nicht an die Veränderung des

Subsystems anpassen, sondern krampfhaft an ihrer Kindrolle festhalten, gefährden sie das Gleichgewicht des Gesamtsystems bis hin zum Auseinanderbrechen der Familie.

Diese Regeln erklären das häufige Auftreten von Geschwisterkonflikten und die Destabilisierung von Familien bei der Geburt des ersten oder weiterer Kinder eines Geschwisters. Streit, Neid, Missgunst, Zerwürfnis, Anklammerung und Kontaktabbruch gehören zu der Vielzahl an Symptomen, die das Zerbrechen des Systems ankündigen oder besiegeln.

Umgekehrt bieten Kinder für die noch kinderlosen oder auf Dauer kinderlos bleibenden Geschwister die Chance, die Neudefinition des Subsystems mit zu vollziehen, das bedeutet praktisch, die eigene Elternrolle fantasierend auszuprobieren, die Entscheidung für oder gegen eigene Kinder zu prüfen und zu verarbeiten, um auf diese Weise erwachsen zu werden. Auf jeden Fall steht mit der neuen Generation der Nichten und Neffen die Aufgabe an, sich der Erwachsenengeneration zugehörig zu fühlen und die Kindposition endgültig aufzugeben.

Die psychologische Dimension der Geschwisterliebe liegt hier in dem Verdienst des Geschwisters, durch sein Kind das Kindsein des anderen Geschwisters aufgehoben und zu einem neuen Status als Erwachsener transformiert zu haben. Es ist die vielleicht reifste Form der Identifikation, die der neu zu erreichenden Identität als Erwachsener vorangeht: »So wie du durch dein Kind beweist, dass du jetzt erwachsen bist, will ich auch erwachsen werden.« Es liegt nahe, in diesem Zusammenhang das Prinzip der konstruktiven Konkurrenz wiederzuerkennen, das wir als zentralen und fördernden Bestandteil einer liebevollen Geschwisterbeziehung erkannt haben. In diesem Zusammenhang wäre es fast amüsant, einmal zu überprüfen, wie viele Geschwister die gleiche Anzahl an Kindern ursprünglich geplant oder tatsächlich bekommen haben. Diese Dynamik der konstruktiven Konkurrenz ließ sich gut bei zwei befreundeten Kolleginnen beobachten, die unverkennbar positive Schwesternfunktionen füreinander hatten, zumal eine von ihnen ein Einzelkind war. Sie lernten sich erst während ihrer Berufstätigkeit in einer Klinik kennen. Relativ spät, nach Studium und mehreren Berufsjahren, bekam eine von ihnen ihr erstes Kind. Es war nicht weiter auffallend, dass auch die andere Kollegin bald schwanger war. Etwa zur gleichen Zeit trugen beide ihr zweites Kind aus. Erst als nahezu parallel die dritten Kinder unterwegs waren, löste dies unter Freunden allgemeine Heiterkeit aus, weil jetzt für Außenstehende die möglicherweise unbewusste Konkurrenz nicht mehr zu übersehen war. Schließlich feierten die beiden auf einer gemeinsamen Party die Geburt ihrer vierten Kinder. Danach schien die konstruktive Konkurrenz erschöpft und befriedigt zu sein, und die beiden arbeiteten viele Jahre lang eng zusammen. Und da sie nicht gestorben sind, sind sie auch heute noch gut befreundet.

Wachstum und Reife und die Förderung der Geschwisterliebe durch eigene Kinder. Auf der Basis der frühen Bindungsmuster kommen jetzt nochmals neue Gefühlsqualitäten hinzu, die die Beziehung zu ihrem Höhepunkt hin abrunden. Unter ihnen dominiert das Gefühl einer erwachsenen geschwisterlichen Verantwortung. Tief verinnerlichte Gesetze familiärer Loyalität und Zusammengehörigkeit beziehen auch die Kinder eines Geschwisters mit ein. Das Attribut »Onkel« oder »Tante«, besonders akzentuiert durch die Rollenzuschreibung als »Patenonkel« und »Patentante«, basiert im Wesentlichen auf einer Form der Zuständigkeit und Verpflichtung, die sich als ehernes Prinzip bis in die Frühformen familiärer Ordnung zurückverfolgen lässt. Daran hat auch die Auflockerung und Umstrukturierung traditioneller Familienmuster zum Glück bis heute nichts Entscheidendes zu verändern vermocht. Im Gegenteil lässt sich das Prinzip generationenübergreifender Verantwortung häufig besonders dort beobachten, wo Familien von starken Umbrüchen betroffen sind, speziell bei Scheidungen und in alternativen Familienformen. Der Onkel und die Tante werden hier zu wichtigen Hilfsobjekten in der Versorgung und Erziehung der Kinder. Die tiefere Gefühlsbasis der Verantwortung findet sich noch in der Wortabstammung der Begriffe »Onkel« und »Tante« wieder. Der Onkel entspricht dem heute ungebräuchlichen Begriff »Oheim«. »Das Grundwort ist wahrscheinlich das germanische Adjektiv ›haimaz‹ = ›vertraut, lieb‹, das zu der Wortgruppe ›Heim‹ gehört.« Der Begriff Tante »ist eine Weiterbildung von dem auch im lateinischen ›amare‹ = ›lieben‹ vorliegenden kindlichen Lallwort ›am(m)a‹‹«.[28] Die Liebe schließt den Kreis der Generationen. Der »liebe« Onkel und die »liebende« Tante erfüllen in der Liebe zu den Kindern ihrer Geschwister, was sie in der Geschwisterliebe erfahren haben.

Das Prinzip der Verantwortung bezieht sich aber nicht allein auf die Kinder der Geschwister. Vielmehr wird es im mittleren Erwachsenenalter zu einem konstituierenden Merkmal der Geschwisterliebe selbst. Seine Vorläufer haben wir zusammen mit anderen höher entwickelten Gefühlsqualitäten bereits im frühen Erwachsenenalter kennen gelernt. Aber erst der gefestigte Status als Erwachsener macht die Verantwortung zu einem wichtigen Grundpfeiler unseres Fühlens und Handelns. Dieser Reifungsschritt hängt mit folgender Erfahrung zusammen: Erwachsensein erweitert unser Bewusstsein für die Schattenseiten menschlicher Existenz. Im Erwachsensein summieren sich die Erfahrungen mit Verlusten jeder Art, mit Enttäuschungen, beruflichen Krisen, mit eigenen Grenzen, eigenem Versagen, Fehlern, Irrtümern und Verschulden. Damit wächst das Leiden an sich selbst wie an einer Welt tragischer Unzulänglichkeiten. Die Erkenntnis von Krankheit und Tod wird zum ständigen Begleiter.

Alle diese Grunderfahrungen und Einsichten sind aus einem erwachsenen Leben nicht wegzudenken. Wenn sie altersgemäß verarbeitet werden, verwandelt sich das Leiden an den eigenen kritischen Lebensereignissen zu einer Verantwortung im Sinne des Mit-Leidens, der Sym-Pathie, für andere.

Die nahe und lebenslange Verbundenheit zwischen Geschwistern scheint eine besonders günstige Basis für solche Gefühle der Sym-Pathie zu bilden. Sie erklären die Selbstverständlichkeit, mit der sich die Geschwisterliebe jetzt speziell in Notsituationen bewährt, die Sorge, Unterstützung, Verlässlichkeit, Empathie und Vertrauen erfordern – sei es in der konkreten Hilfe, im Gespräch oder im Trost. Verantwortungsgefühl und Sym-Pathie im mittleren Erwachsenenalter beruhen zudem stärker als in früheren Entwicklungsphasen auf Gegenseitigkeit, weil im Laufe des länger währenden Lebens Glück und Unglück erfahrungsgemäß jetzt gleichmäßiger auf die Geschwister verteilt sind.

Ja, auch das Glück. Denn nicht nur Unglück verbindet; dies tut es nur, wenn auch das Glück geteilt werden kann. Das gilt, dialektisch, auch umgekehrt: Teilnahme am Glück des anderen ist nur dort möglich, wo das Gefühl besteht, auch im Unglück nicht alleine zu sein. Symbolischen Ausdruck findet das gemeinsame Glück am erkennbarsten in Feiern und Festen. Sie sind Rituale der geteilten Freude. Hochzeiten, Geburten, Taufen, Kommunion, Konfirmation, Geburtstage, Hochzeitstage, Examina und besondere Berufserfolge bilden die wichtigsten Höhepunkte der lebenslangen Teilnahme am Glück des anderen. In der Regel sind sie Anlass für eine Gratulation. Die Übersetzung des lateinischen Wortes »gratulatio« lautet: Glückwunsch, Danksagung und Freudentag. Die dreifache Wortbedeutung kann auch als Metapher für die Geschwisterliebe gelten: dem anderen Glück wünschen für sein Leben, ihm danken, dass es ihn gibt, und sich gemeinsam darüber freuen, ein Geschwister zu haben und ein Geschwister zu sein.

Im Glück und Unglück vereint sein. Diese meist mit der Heirat verbundene Formel für das optimale Maß erfüllter Gemeinsamkeit betrifft die Geschwisterliebe in einer das Leben überdauernden Zeitspanne. Spätestens im mittleren Erwachsenenalter stellt sich heraus, ob die längste Beziehung des Lebens diese Formel einlöst, oder ob die Unfähigkeit zum Teilen von Glück und Unglück auf eine verpasste Beziehung hinweist.

Ein weiteres wichtiges Merkmal der Geschwisterliebe im mittleren Erwachsenenalter ist das, was ich als die »kritische Funktion der Liebe« bezeichnen möchte. Der existenziellste Konflikt jedes Individuums zwischen der Erfüllung seiner Eigenbedürfnisse und der Rücksichtnahme auf die Interessen der Gemeinschaft erfordert von früher Kindheit an Kritik als unverzichtbaren Bestandteil der Sozialisation. Bei der adäquaten Lösung des Konfliktes können Geschwister sich gegenseitig eine wichtige Hilfe sein. Es gibt mehrere Gründe dafür, warum sie ideale Partner für konstruktive Kritik darstellen. Seit früher Kindheit kennen sie sich bis in die entlegensten Winkel ihrer Seele, ihnen entgehen keine Täuschungsmanöver, keine falschen Gesten, wie kein anderer können sie zwischen der Maske und dem wahren Gesicht unterscheiden. Außerdem sind sie, auf das ganze Leben bezogen, die verlässlichsten Zeugen und Chronisten konkreter Geschichte, die jedes Geschwister durchlebt hat. Dazu ergänzt sich gut, dass sie sich schon von frühester Zeit an mit der ganzen Ehrlichkeit, Direktheit und Radikalität, die Kindern noch eigen sind, kritisiert haben. Und wie kein Fremder, auch die Eltern nicht, durften sie sich kritisieren und lernten die Kritik ertragen, weil sie auf mehr Gleichberechtigung beruhte und nicht mit Strafe, Verbot, Verurteilung und Liebesentzug verbunden war. Diese gemeinsamen Erfahrungen zahlen sich jetzt aus. Im mittleren Erwachsenenalter können sich Geschwister noch gegenseitig Wahrheiten sagen, die selbst von Freunden nicht hingenommen oder ohne schwere Kränkung ertragen würden. Die Kritik im konstruktiven Sinne als Hinweis und wohlwollende Korrektur und Beurteilung verstanden und nicht als Anklage und vernichtender Vorwurf kann gerade in der Lebensmitte als Bereicherung erlebt werden, weil eingeschliffene Gewohnheiten bis dahin oft eine spezifische Blindheit erzeugt haben, die zu erstarrten Anschauungen und verzerrten Realitätseinschätzungen führt. So verstandene Kritik kann vor folgenschweren Irrtümern, falschen Selbstbildern und ungerechtem Handeln schützen. In diesem Sinne bekommt die Geschwisterliebe eine kritische Spiegelfunktion; dort, wo man sich sonst abwenden würde, erlaubt sie einem, die Wahrheit anzusehen, ohne sich zu schämen.

Die kritische Funktion basiert letztlich auf dem Vertrauen, dass ihr Motiv durch Freundlichkeit und Nähe gekennzeichnet ist und sich von beabsichtigter Zerstörung frei weiß. Ihre Bedeutung im mittleren Erwachsenenalter wird durch die Tatsache betont, dass in dieser Lebensperiode sich viele Geschwister am weitesten voneinander entfernt haben. Während es im späteren Alter wieder zu einer größeren Annäherung kommt, entwickeln sich die Lebensverläufe jetzt oft diametral entgegengesetzt. Der eine Bruder wird Politiker in einer rechten, der andere in einer linken Partei (die Brüder Vogel); einer wird Politiker, der andere Philosoph (die Brüder von Weizsäcker); ein Bruder wird Geschäftsmann, die Schwester Regisseurin; eine Schwester wird Lehrerin, eine andere Werbegrafikerin. Die entstandenen Kombinationen sind häufig bei näherem Hinsehen nicht zufällig, sondern Ausdruck lebensgeschichtlich entstandener, oft unbewusster Berufswahlen. Entsprechend drücken sie abweichende Lebensvorstellungen, Interessen und Ideologien aus. In diesem Fall dient die kritische Funktion der Geschwisterliebe dazu, im Meinungsstreit, in der Auseinandersetzung über gegensätzliche Lebensinhalte und Lebensziele der Gefahr der Erstarrung jedes Einzelnen im System seiner Weltanschauung vorzubeugen. Geschwister sind hier durch ihre Kritikoffenheit oft unentbehrlicher Anstoß, die eigenen

Denk- und Handlungsmuster zu überprüfen, zu erweitern und für neue Möglichkeiten flexibel zu halten. So dient die kritische Funktion der Geschwisterliebe bei größerer Gegensätzlichkeit der Geschwister ihrer wechselseitigen Lebendigkeit, da sich diese nicht zuletzt der angenommenen Kritik verdankt. Erfahrungsgemäß können Geschwisterbeziehungen im mittleren Lebensalter stark verarmen, wenn sie nicht mehr für verändernde Kritik durchlässig bleiben. In diesem Fall dürfte es sehr schwer werden, im späteren Alter wieder zusammenzufinden.

Der hier erläuterte Zusammenhang lässt sich an einem Bruderschicksal dokumentieren, das in die Literaturgeschichte eingegangen ist. Der berühmte »Bruderzwist« zwischen Heinrich und Thomas Mann hat zu ihren Lebzeiten die Öffentlichkeit beschäftigt, da die Brüder ihre kontroversen Meinungen nicht nur privat austrugen.[29] Auch wenn beide als Schriftsteller den gleichen Beruf ausübten, wichen sie in ihrer Auffassung über Literatur, Politik und Weltanschauung lange Zeit so weit voneinander ab, dass ihre darüber geführte Auseinandersetzung exemplarisch für die Funktion der konstruktiven Kritik im Rahmen einer tiefen Geschwisterliebe stehen kann.

Heinrich Mann (1871–1950) und Thomas Mann (1875–1955) waren in ihrer unbekümmerten Kindheit und Jugend aufs Engste miteinander verbunden, weil sich ihre kreativen Talente sehr früh entwickelten und in ihren Spielen, Fantasien und Träumen zusammenflossen. Auch wenn Thomas unter der Überlegenheit seines älteren Bruders gelitten hat, hinderte dies die beiden nicht, sich in ihrer ersten Begegnung mit Literatur, Philosophie, Musik und Kunst und in ihren eigenen frühen Schreibversuchen gegenseitig anzuregen und zu ergänzen.

Das »brüderliche Welterlebnis«, wie Thomas es nannte, fand einen Höhepunkt in einem gemeinsamen Italienaufenthalt zwischen 1896 und 1898 in Palestrina und Rom. In völliger Ungebundenheit nutzten sie diese Zeit schöpferischer Freiheit zur intensiven Diskussion und konkreten Planung erster Romanentwürfe. Aber schon kurze Zeit später gerät die enge Beziehung in eine schwere Krise, die gut 20 Jahre dauern soll. Zwischen 1900 und 1922 (für Heinrich das 30. bis 50., für Thomas das 25. bis 45. Lebensjahr) leben die beiden sich auseinander und entwickeln ihre eigenen Überzeugungen, was die Aufgaben der Literatur betrifft. Völlig unterschiedliche Romankonzeptionen sind das Ergebnis. Während für Heinrich die Darstellung gesellschaftlicher Realität und politischer Zusammenhänge in den Mittelpunkt rückt, vertritt Thomas eine der reinen Kunst verpflichtete Literatur, in der die psychologische Dimension des Menschlichen in einer bis zum äußersten ästhetisierten Sprache ausgeleuchtet wird. Die Kritik, die die Brüder an ihrem jeweiligen Literaturverständnis üben, zielt eigentlich auf ihre unterschiedlichen Temperamente, Leidenschaften und Weltanschauungen, die in ihren Romanen ihren Ausdruck finden. Dass der Streit darüber zeitweilig so »unversöhnlich« schien, hängt mit dem langen Ablösungskampf zusammen, mit dem Thomas seine eigene Identität – und das heißt für ihn seinen eigenen schriftstellerischen Stil – entwickeln und sich von dem übermächtigen Einfluss des Bruders abgrenzen musste.

Wenn man die Literaturquellen liest und mit den Originaltexten der Brüder vergleicht, insbesondere mit ihrem Briefwechsel, gewinnt man den Eindruck, dass in der öffentlichen Rezeption der »Bruderzwist« ein übermäßiges Gewicht bekommt und teilweise als Sensation behandelt wurde – ein Phänomen, das uns aus anderen Zusammenhängen bereits bekannt ist:[30] »Bruderfeindschaft« ist aufregender als Bruderliebe. Die Originalquellen zeigen dagegen, dass bei aller Schärfe der Kritik beide Brüder sich gegenseitig immer auch ihre neidlose Anerkennung und Bewunderung für die Leistung des anderen ausgedrückt haben und öffentlich vertraten. Die Tatsache, dass in den langen Jahren des Konfliktes der Kontakt zwischen beiden nie abbrach, dass sie regelmäßig persönliche und familiäre Ereignisse austauschten, dass sie sich schließlich nicht nur äußerlich versöhnten, sondern auch in vielen Einschätzungen und praktischen Konsequenzen einen hohen Grad an Übereinstimmung erreichten – zum Beispiel in Bezug auf das Dritte Reich und den Zweiten Weltkrieg –, belegt sehr deutlich, dass der berühmte »Bruderzwist« Ausdruck einer tiefen Verbundenheit und Liebe war. Die kritische Funktion dieser Liebe, verbunden mit einer äußerst produktiven Konkurrenz, diente beiden nicht nur dazu, sich im Interesse der eigenen Identitätsfindung voneinander abzulösen, sondern auch den anderen vor extremer Einseitigkeit und Erstarrung zu schützen. Von den verschiedenen Stationen des Exils aus kämpften sie beide gegen den Hitlerfaschismus und den Krieg, bis sie sich in Kalifornien wiedertrafen und mit ihren Familien bis zum Tod von Heinrich Mann eine enge Lebensgemeinschaft bildeten.

Geschwisterliebe im mittleren Erwachsenenalter. Ein wichtiger Punkt soll das Thema abschließen: die Ehe- und Lebenspartner der Geschwister. Bereits in der Pubertät oder Adoleszenz war bei der ersten Verliebtheit eines Geschwisters der oder die Fremde aufgetaucht. Wir hatten von einer entscheidenden Wende in der Geschwisterbeziehung gesprochen und auf die Aufgabe der Akzeptanz und Integration des Fremden hingewiesen. Durch Heirat oder langjährige Partnerschaft stehen die Geschwister im mittleren Erwachsenenalter noch einmal vor einer neuen Herausforderung. Und das nicht, weil Verliebtheit oder auch Liebe in der Pubertät in der Regel flüchtiger und weniger verbindlich sind und deswegen die Geschwisterbeziehung weniger bedrohen, sondern weil Heirat einen grundsätzlich neuen Status einleitet, den ich noch einmal unter systemischen Gesichtspunkten beschreiben möchte. In der Pubertät blieb das Gesamtsystem Familie durch das Eindringen des Fremden in seiner Grundstruktur erhalten. Das Subsystem der Geschwister wurde dadurch zwar labilisiert, aber ihre Rolle als Kinder nicht aufgehoben. Wie wir bereits sahen, wird ein Gesamtsystem dadurch verändert, dass ein Teilsystem seine bisherigen Gesetze umschreibt. Dies geschieht bei der Heirat, ob mit oder ohne Kinder; der definitive Erwachsenenstatus verwandelt das bisherige Geschwistersubsystem in ein reales oder potenzielles Elternsubsystem und das bisherige Eltern- in ein Großelternsubsystem. Neben dem Generationswechsel erfolgt gleichzeitig mit der Heirat eine personale Erweiterung des Gesamtsystems, was zu einer zusätzlichen Veränderung seiner Regeln führt. Die Regeln heißen: Akzeptanz und Integration des neuen Partners mit allen bestehenden Rechten und Pflichten, das heißt Gleichberechtigung als teilnehmendes Mitglied eines veränderten Gesamtsystems.

Wenn man berücksichtigt, wie groß in der Regel die Beharrungstendenz von Systemen ist, die ihrer Natur nach konservativ strukturiert sind – das gilt im Allgemeinen für alle Systeme –, wird man ermessen können, mit welchen Anforderungen an die Flexibilität jeder Familie und insbesondere der Geschwisterbeziehung die Heirat eines Geschwisters verbunden ist. Die Schwierigkeiten potenzieren sich erwartungsgemäß mit jeder weiteren Heirat von Geschwistern, weil dadurch das Subsystem ebenso wie das Gesamtsystem gezwungen werden, sich an die neuen Bedingungen anzupassen.

Zeitlich fällt der gewaltige Umstrukturierungsprozess in die Lebensmitte. Er erfordert von jedem Einzelnen ein hohes Maß an Offenheit, Bereitschaft, Toleranz, Verständnis, Flexibilität und – Liebe, um die neuen Partner der Geschwister in einer möglichst konfliktfreien Atmosphäre annehmen zu können.

Das Thema Heirat und Partnerschaft von Geschwistern hätte auch bereits in das vorangehende Kapitel über das frühe Erwachsenenalter gepasst. Bei der Entscheidung, es an diese Stelle zu rücken, waren praktische Erfahrungen maßgebend. Nach ihnen entfalten sich Konflikte im Gesamtsystem durch die neuen Partner bevorzugt erst im mittleren Lebensalter. Von ihrer Lösung hängt es ab, ob sich die Geschwisterbeziehung als stabile Grundlage des neuen Familiensystems durchsetzen kann oder ob die Geschwisterliebe bereits in diesem Lebensabschnitt ihren konfliktreichen Abschluss findet.

9. Lebensvielfalt und neuer Aufbruch im höheren Alter

Die 63-jährige Studienrätin Frau M. sucht mich auf Empfehlung mehrerer Ärzte mit der Frage auf, ob bei ihr eine Psychotherapie sinnvoll und notwendig sei. Sie schildert eine Reihe von Krankheitssymptomen, für die die verschiedenen Fachärzte keine organische Ursache gefunden hätten und deswegen seelische Gründe vermuteten. Tatsächlich ist die Liste ihrer Beschwerden nicht gerade kurz: ein schwer behandelbarer Bluthochdruck, wiederkehrende Rückenschmerzen, eine Neigung zu Kopfschmerzen und Magenbeschwerden und zwei Hörstürze in den beiden letzten Jahren.

Frau M. ist eine sympathische Frau, mit der man schnell in Kontakt kommt. Sie erzählt freimütig ihre Vorgeschichte, bei der mir zunächst nichts Besonderes auffällt. Sie ist seit 30 Jahren glücklich verheiratet, hat zwei inzwischen auch verheiratete Töchter, die zu den Eltern einen regelmäßigen und herzlichen Kontakt pflegen. »Kein Wunder«, sagt sie dazu, »ich bin ja auch eine ideale Großmutter, die man für die inzwischen drei Enkel gut gebrauchen kann.« Ihren Beruf als Lehrerin habe sie immer gerne ausgeübt und wolle auch bis zur Pensionierung an der Schule bleiben.

Frau M. ist der Typ zupackende Frau, die ihr Leben gut im Griff zu haben scheint und sich mit großem Verantwortungsgefühl für alle Familienangelegenheiten und auch im Beruf voll einsetzt. Nur an manchen Stellen des Gesprächs fallen kurze Augenblicke auf, in denen sie ihren Redefluss unterbricht, dabei in die Leere schaut und wie abwesend wirkt.

»Wo waren Sie gerade?«, frage ich sie an einer Stelle.

»Bei meinem Bruder«, sagt sie, »er passt so gar nicht in die heile Welt meiner Familie.«

Es stellt sich heraus, dass der vier Jahre jüngere, unverheiratete, kinderlose und allein lebende Bruder schon vor Jahren wegen einer Parkinsonerkrankung seinen Beruf aufgeben musste und seit einiger Zeit unaufhaltsam in die Pflegebedürftigkeit abgleitet.

»Er war schon immer ein Sorgenkind, aber jetzt käme er nicht mehr allein zurecht, wenn ich mich nicht um ihn kümmern würde«, ergänzt Frau M.

»Das stelle ich mir sehr belastend vor, und wahrscheinlich haben Sie das schon einmal mit Ihren Eltern durchgemacht.«

»Ja, besonders mit meiner Mutter; sie war lange bettlägerig und ich habe sie bis zu ihrem Tod gepflegt.«

»Bei so viel Krankheit kann man doch selbst krank werden, oder?«

»Sie meinen seelisch?«

»Ja, zuerst seelisch und dann reagiert der Körper mit allerlei leichten bis schweren Zimperlein.«

»Ich sehe da keinen Zusammenhang!«, sagt Frau M. entschieden.

»Was könnte es sonst sein? Sie erzählten am Anfang, Sie hätten zwei Geschwister.«

»Ja, da ist noch Elli, die verrückte Nudel«, Frau M. lacht, lacht etwas zu laut, »die hat sicher nichts mit meinen Maleschen zu tun.«

Elli ist die Mittlere der drei Geschwister, zwei Jahre jünger als Frau M. Bis vor zwei Jahren war sie Grafikerin in einer Werbefirma, verdiente gut und kündigte mit 60 Jahren, um, wie sie begründete, endlich »ein freies Leben« zu führen. Auch sie hat zwei inzwischen erwachsene Kinder, die in einer anderen Stadt leben. Mit ihrem vor vielen Jahren von ihr geschiedenen Mann verbindet sie eine gute Freundschaft.

»Sie haben offenbar manche Gemeinsamkeiten und verstehen sich gut.« Frau M. lacht wieder, lacht wieder etwas zu laut: »Schon als Kinder und auch später waren wir unzertrennlich.«

»Und heute?«

»Naja, nach ihrer frühzeitigen Berentung hat sie sich so verändert, dass wir kaum noch Kontakt haben.«

»Was ist geschehen?«

»Eigentlich nichts Schlimmes, aber für meine Auffassung ist sie geradezu leichtsinnig und exotisch geworden. Ich verstehe sie einfach nicht mehr.«

Wie ich erfahre, machte Elli kurz nach der Kündigung mit ihrem damaligen Lebenspartner eine Bergtour in den Himalaya, bei der sie durch einen rasenden Sturm beinahe umgekommen wäre. Kaum erholt, nahm sie an einer Trekkingtour durch den kolumbianischen Urwald teil und nach weiteren zwei Monaten als einzige Reisende an einer 14-tägigen Kamelsafari mit zwei Beduinenführern in der Sahara. Immer hatte sie ihre Fotoausrüstung dabei und wollte ihre Bilder später »künstlerisch« bearbeiten.

Während Frau M. über ihre Schwester erzählte, und je länger ich zuhörte, umso unmerklicher glitt sie in eine traurige Stimmung.

»Warum werde ich jetzt so traurig?« fragt sie, »ich gönne es ihr doch, auch wenn ich selbst nie so leben könnte.«

»Aber vielleicht wollten!?«

Diese als Frage formulierte Deutung riss die Abwehr von

Frau M. plötzlich auf. Bei ihrer Intelligenz und Introspektionsfähigkeit ließ sich in fünf Sitzungen, die die Beratung insgesamt in Anspruch nahm, der Zusammenhang zwischen ihren Krankheitssymptomen und der ihnen zugrunde liegenden Depression klären und auflösen. Die seit der Kindheit weitgehend geteilten Wertordnungen und Familientraditionen zerbrachen in dem Moment, in dem die jüngere der beiden Schwestern die Grenzen ihrer sozialen Angepasstheit aufstieß, während die ältere ihre Ausbruchswünsche durch eine verstärkte Verantwortung und Fürsorge abzuwehren versuchte. Dieser Versuch musste misslingen, weil der Neid, die Rivalität und die Aggression von Frau M. auf die »verrückte Nudel« durch deren neue Gewohnheiten und Regelverstöße zu stark mobilisiert wurden. Die ausgelöste Depression drückte den gescheiterten Abwehrversuch aus und verursachte die somatischen Beschwerden.

Der Konflikt zwischen Frau M. und ihrer Schwester Elli dürfte auf einige zeittypische Wandlungen der Geschwisterbeziehung im höheren Alter hinweisen. Auch wenn dieser spezielle Aspekt nach meiner Kenntnis bisher nicht erforscht ist, erscheinen mir einige Überlegungen zu den Ursachen des Wandels notwendig. Denn daraus ableitbare Konflikte lassen sich leichter lösen, wenn man die tiefer liegenden Zusammenhänge besser durchschaut.

Durch die »demografische Alterung«, wie man die zunehmende Lebenserwartung heute nennt, nimmt die Altersgruppe der über 60-jährigen Menschen ein immer breiteres Segment in der Bevölkerungspyramide ein. In diesem Segment gehören Geschwister in kleiner oder größerer Zahl noch zum selbstverständlichen Bestand jeder Familie, da diese mehrheitlich den Jahren des Babybooms der Nachkriegszeit entstammen. Diese Generation der heute alt gewordenen Kinder erlebt in den letzten Jahrzehnten, speziell in der westlichen Welt, eine bisher nie da gewesene Beschleunigung von gesellschaftlichen Umwälzungen. Unter dem Einfluss der Demokratiebewegungen in Europa nach dem Zweiten Weltkrieg, von Wirtschaftswachstum, Bildungsreform, dem Ausbau sozialer Sicherungssysteme, dem rapiden Fortschritt technologischer Entwicklungen und nicht zuletzt den dramatischen Neuerungen der global vernetzten Medienwelt hat ein beispielloser Wertewandel auf nahezu allen Gebieten des öffentlichen Lebens stattgefunden.

Es ist hier nicht der Ort, die einzelnen Facetten dieser sogenannten Postmoderne auszuleuchten. Aber man muss diesen Hintergrund bei der Frage im Auge behalten, welchen Einfluss die genannten Entwicklungen auf den Wandel der Geschwisterbeziehungen im höheren Alter ausüben mögen. Wie wir gesehen haben, beginnen unterschiedliche biografische Lebensentwürfe zwischen Geschwistern bereits in der Pubertät, dann nämlich, wenn sich aus den vielen Gemeinsamkeiten der Kindheit die speziellen Begabungen und Interessen jedes Einzelnen deutlicher herausschälen. Dieser Prozess setzt sich zur Lebensmitte hin weiter fort, wobei die Berufsplanung und -gestaltung und der Umgang mit Partnerschaft und Kinderfrage die wesentlichen Kernbereiche der verschiedenen Lebensgestaltungen bilden.

Die Art und das Ausmaß der Abweichungen zwischen den Geschwistern sagen grundsätzlich noch wenig über die gefühlsmäßige Qualität ihrer Beziehung aus. So können deutliche Unterschiede in den Lebenskonzepten mit einer engen Bindung, und gleiche oder ähnliche Entwicklungen mit starken persönlichen Differenzen gekoppelt sein. Die Variabilität der Charaktere in Kombination mit der Variabilität der Lebensbedingungen ist zu umfangreich, als dass man hierbei einfache Korrelationen erwarten könnte.

Was also, so wäre zu fragen, unterscheidet die Entwicklungen im höheren Alter von früheren Phasen so nachhaltig, dass es zu neuerlichen Wandlungen, ob im positiven oder negativen

Sinne, von Geschwisterbeziehungen kommen kann? Die geläufigen Erklärungen der zahllosen Ratgeberbücher für ein glückliches Alter zielen auf die höhere Lebenserwartung und stabilere Gesundheit in großen Teilen dieser Bevölkerungsgruppe sowie auf deren relativen Wohlstand. Durch ihn kann man sich Freiheiten erkaufen, die früher undenkbar waren. Darauf basiert in besonderer Weise die kontinuierliche Ausweitung der Gesundheits- und Tourismusindustrie. Auf die Geschwisterbeziehung kann sich dieser Trend nur positiv auswirken, da er, gleiche finanzielle Möglichkeiten, Gesundheit und Mobilität vorausgesetzt, viele Freiräume für gemeinsame Unternehmungen und Interessen eröffnet.

Dieser Erklärungsansatz erscheint, gemessen an breiten Alltagserfahrungen, durchaus zutreffend, reicht aber nach meiner Einschätzung nicht weit genug. Wenn man heute privat oder in Beratungen und Therapien mit älteren Menschen über ihre zeitbezogene Befindlichkeit spricht, so ist man immer wieder überrascht, wie tiefe Spuren die Zeitbrüche, in denen wir uns befinden, im Denken und Fühlen bei vielen von ihnen eingegraben haben. Darin mischen sich die Anerkennung und Freude über die eben zitierten Umwälzungen einer fortgeschrittenen Zivilgesellschaft mit den Ängsten und Sorgen über deren Schattenseiten. Neben dem Bewusstsein über das unermessliche Geschenk vieler Jahrzehnte des Friedens in Europa und neben den enormen Freiheitsgraden, alternativen Lebensmustern und liberalen Wertordnungen, die unsere Gesellschaft für die einen Bürger bereithält, steht die Erkenntnis zunehmender sozialer Ungerechtigkeit durch Arbeitslosigkeit und drohende Armut, besonders Altersarmut, für die anderen. Aus globaler Perspektive bedeutet unser Wohlstand, unsere Konsumorientiertheit, unser ausufernder Hedonismus und Individualismus unter den Kennzeichen eines entfesselten Kapitalismus Kriege, Vertreibung, Hunger und Tod in anderen Teilen der Welt.

Ganz anders als in früheren Zeiten sind alle diese Widersprüche durch die Informationsgesellschaft mit ihrer täglichen Nachrichten- und Bilderflut in uns eingewandert und bestimmen nach Jahrzehnten solcher Erfahrungen, verstärkt also im höheren Alter, unser Weltbild entscheidend mit.

Zu diesen Widersprüchen summiert sich nach meinem Eindruck besonders in der heutigen Generation der über 60-Jährigen ein weiterer, der im öffentlichen Bewusstsein wenig benannt und gekannt wird: der Widerspruch zwischen unserem eigenen relativ sorgenfreien und geschütztem Dasein und unserem schmerzhaften Wissen über unsere Geschichte. Viele Menschen dieser Generation leiden als die erste Nachfolgegeneration der Täter noch heute, oder besser, im Alter verstärkt, unter einer tiefen und unaufgelösten Scham über den von Deutschen begangenen Holocaust.

Noch etwas ist in diesem Zusammenhang erwähnenswert. Im höheren Alter sind wir nicht mehr so stark von unseren täglichen Pflichten und Aufgaben abgelenkt, so dass Erinnerungen an unsere Kindheit und Jugend immer größeren Raum einnehmen. Für die meisten Menschen der hier gemeinten Generation sind es die Erinnerungen, gespeicherten Bilder und die häufig traumatischen Erfahrungen ihrer Kriegs- und Nachkriegskindheit, die aus den Schatten der Vergangenheit auftauchen.

Dieser neue Blick nach innen hängt außerdem damit zusammen, dass sich im Alter die Abwehrfunktionen des Ich abschwächen und die schmerzhaften und ängstigenden Erlebnisse der frühen Zeit nicht mehr so gut verdrängt oder verleugnet werden können. Die daraus ableitbare erhöhte Sensibilität im Alter betrifft die Geschehnisse der Vergangenheit ebenso wie die Umwelteinflüsse der Gegenwart.

Wenn man alle bisher genannten Thematiken zusammennimmt, mit denen sich ältere Menschen auseinandersetzen müssen, erscheint die Annahme plausibel, dass in diesem Alter das vielleicht charakteristischste und am tiefsten reichende Gefühl dem Leben und der Welt gegenüber die Ambivalenz ist. Dieses Gefühl lässt die Gegensätze von Freude und Leid, Mitleid und Verachtung, Lust und Schmerz, Freiheit und Gefesseltsein, Stolz und Scham, Selbstbehauptung und Schuld, Hoffnung und Verzweiflung und von Genuss und Ekel unaufgelöst. Deswegen ist die Ambivalenz ein so schwer auszuhaltendes Gefühl. Sie verlangt nach einer Lösung. Hier setzt der Wandel der Lebensgewohnheiten ein, der im höheren Alter so häufig zu beobachten ist. Und wir erkennen plötzlich die Funktionen, die die meisten der Aktivitäten ab jetzt übernehmen sollen. Bergtouren, Wüstenwanderungen, drei Urlaube im Jahr, Sport treiben, das Engagement in einem Umweltverband oder einem anderen Verein, die zahllosen Gelegenheiten zu ehrenamtlicher Tätigkeit, Singen in einem Chor, ein Instrument erlernen, Tango tanzen, kein Konzert versäumen, kein Schauspiel, keine Kunstausstellung, ein Malkurs, ein Kurs für kreatives Schreiben, Yoga, Gymnastik. Die Möglichkeiten der Neugestaltung oder Erweiterung des eigenen Lebensradius scheinen unbegrenzt. Sie bedeuten Lebensvielfalt, Freiheit und Aufbruch. Oft als Hobby oder reine Freizeitbeschäftigung verniedlicht, sind sie viel mehr. Sie stiften Halt, Freude, Sinn, Orientierung und soziales Miteinander. Aber ihre psychodynamisch wichtigere und tiefer reichende Funktion liegt, das ist die hier vertretene Hypothese, in der Spannungsabfuhr von Affekten, die durch die unerträgliche Ambivalenz mit ihren äußeren und inneren Widersprüchen und den belastenden Kindheitsmustern hervorgerufen werden. So muss in heutiger Zeit jeder ältere Mensch den für ihn geeigneten Weg finden, um den Affektstau aufzulösen, statt an ihm zu erkranken.

Was haben diese scheinbar entfernten Überlegungen mit dem Wandel von Geschwisterbeziehungen oder gar der Geschwisterliebe im höheren Alter zu tun? Ich glaube, dass die hier erörterten Zusammenhänge den Blick genauer auf eine theoretisch bisher unerforschte und in der Praxis kaum genutzte Dimension geschwisterlicher Kontaktmöglichkeiten richten. Kehren wir zur Erklärung noch einmal kurz zu Frau M. und ihrer Schwester Elli zurück.

Bereits im ersten Gespräch mit Frau M. entstand der Verdacht eines Zusammenhangs zwischen ihren Krankheitssymptomen und den verdrängten Affekten gegen ihre Schwester. Zu deutlich war ihre Enttäuschung über deren radikal veränderte Lebensgewohnheiten, wodurch ihrer beider gefühlsmäßige Verbundenheit abbrach. Frau M. fühlte sich allein gelassen und neidete Elli ihr freies Leben, während sie sich selbst als die älteste der Geschwister verantwortungsvoll und pflichtbewusst verhielt.

In der zweiten Stunde fragte ich sie, ob sie eine Vermutung über die Motive ihrer Schwester zu ihrer Veränderung habe und ob sie jemals darüber gesprochen hätten. Frau M. verneinte. Als Elli auch noch anfing, wie eine der berühmten wilden Frauen ihre Sexualität frei auszuleben, habe sie sich zu sehr über diese Entwicklung aufgeregt, als dass sie noch ein persönliches Gespräch gesucht hätte.

Zum dritten Gespräch kam sie sichtlich aufgewühlt. Das habe sie ja nicht ahnen können. Angeregt durch die letzte Stunde habe sie Elli gefragt, und diese habe ihr in einem langen Nachtgespräch Einsichten und Gedanken mitgeteilt, die Frau M. vorher unbekannt waren und ihre Einstellung zur Schwester umgekrempelt hätten. Es war ein Gespräch über Ellis Innenbefindlichkeit und Gefühlsverfassung als Reflexe auf eine immer undurchschaubarer, unkalkulierbarer und surrealer werdende Welt. Ihre Schwester hatte zum Beispiel früher nie darüber gesprochen, wie sinnlos und pervertiert ihr schon seit Langem der Beruf als Grafikerin vorgekommen war, in dem sie teuerste Luxusartikel bewarb, während ihr täglich wie in einem

Film die Bilder von hungernden und sterbenden Säuglingen und Kleinkindern durch den Kopf gingen, zwölf Millionen jährlich insgesamt durch Armut, Unterernährung und vermeidbare Krankheiten.

»Deswegen habe ich so früh gekündigt, ich hielt es nicht mehr aus, ich musste mich von diesem ganzen Wahnsinn befreien und neue Weichen in meinem Leben stellen«, habe Elli mehr herausgeschrien als gesprochen, wie Frau M. erzählte.

Diese neue Dimension der Begegnung der beiden Schwestern löste den entstandenen Konflikt zwischen ihnen auf. Frau M. konnte akzeptieren, dass Elli anders als sie selbst die Strömungen der Zeit aufsaugte und sich anverwandelte, im positiven wie im negativen Sinne, und dass sich unterschiedliche Lebensmodelle zwischen ihnen herausgebildet hatten. Am Ende unserer Gespräche erkannte sie, wie sich auch bei ihr mit dem nahenden Berufsende Gefühle und Wertevorstellungen änderten und ihr die Neudefinition ihrer bisherigen Rolle bevorstand.

10. Wiederannäherung im hohen Alter

Hartmut Kasten verdanken wir die gründlichste Auswertung aller empirischen Untersuchungen über Geschwisterbeziehungen in den letzten Lebensjahrzehnten. Die Beziehung gilt generell nicht nur zeitlich als die längste des Lebens, sondern zeichnet sich auch durch den höchsten Grad an einer sozial verlässlichen Kontinuität aus. Alle anderen Sozialbeziehungen erweisen sich als wesentlich flüchtiger.[31] Auch weil diese Kontinuität, so Kasten, nicht allein durch die frühe emotionale Bindung erklärt werden könne, zählten viele Forscher und vor allem Poeten die Geschwisterbeziehung zu den mythischen Erfahrungen menschlicher Existenz.

Worin liegt ihr Wert im hohen Alter? Um die Frage zu beantworten, muss man zunächst einräumen, dass es bei der Variabilität der Altersgrenzen auf dem Hintergrund einer durchschnittlich hohen Lebenserwartung keine befriedigenden Definitionen von höherem und hohem Alter gibt. Reine Altersangaben erweisen sich besonders für diesen Lebensabschnitt als künstlich, weil sie die biologische, geistige, seelische und soziale Bedingtheit des Alters und die Unterscheidung zwischen gefühltem und realem Alter unberücksichtigt lassen. Insofern sind Überschneidungen unvermeidbar, wenn man beide Altersbereiche getrennt beschreiben will. Sinnvoll erschien es mir daher, mich im letzten und in diesem Kapitel auf einige mir wesentlich erscheinende Schwerpunkte zu beschränken.

In diesem Kapitel sollen die vier großen Abschiede im Vordergrund stehen, die dem schwersten und letzten, dem eigenen Tod, vorausgehen – der Abschied von den Eltern, die Ablösung von den Kindern, die endgültige Verarbeitung des Berufsendes und die Bewältigung des Sterbens eines Geschwisters im Alter.

Der Tod der Eltern als natürliches Ereignis wird von vielen Menschen deswegen so schwer verarbeitet, weil er mit der endgültigen Einsicht in das immer ersehnte, nie ausreichend Dagewesene und nie mehr Erreichbare verbunden ist – mit dem definitiven Verlust der Liebe der Eltern. Die Sehnsucht nach ihr überdauert das Leben bis zu ihrem Tod, der gleichzeitig auch den Abschied von der regressiven Illusion bedeutet, irgendwann in diesem Leben doch noch die immer vermisste Liebe zu erhalten.

Mit dichterischer Einfühlung hat Goethe in dem bereits zitierten Schauspiel »Iphigenie auf Tauris« dieses Thema als Motiv für die Geschwisterliebe zwischen Iphigenie, Orest und

Elektra eingeflochten. Alle drei sind von ihren Eltern Verlassene: Iphigenie, nachdem sie von Diana vor dem Opfertod bewahrt wurde; Orest und Elektra, die von ihrer Mutter Klytaimnestra nach ihrem Ehebruch mit Ägisthos vernachlässigt und verfolgt werden.

> *Orest:* »Des Lebens dunkle Decke breitete
> Die Mutter schon mir um das zarte Haupt,
> Und so wuchs ich herauf, ein Ebenbild
> Des Vaters, und es war mein stummer Blick
> Ein bittrer Vorwurf ihr und ihrem Buhlen.
> Wie oft, wenn still Elektra, meine Schwester,
> Am Feuer in der tiefen Halle saß,
> Drängt' ich beklommen mich an ihren Schoß
> Und starrte, wie sie bitter weinte, sie
> Mit großen Augen an.«[32]

Als Orest und Iphigenie sich auf Tauris wiederbegegnen, sind beide Eltern ermordet. Weniger dramatisch und als Metapher verstanden: Der Fluch, der auf dem Geschlecht der Tantaliden lastete, war die Lieblosigkeit und der Hass. Beide inzwischen erwachsenen Geschwister sind noch immer erfüllt von der Sehnsucht nach der früh verlorenen familiären Geborgenheit und Elternliebe, ein Verlust, der sich in der Intensität ihrer Geschwisterliebe widerspiegelt.

Ich erwähne diesen Aspekt der Geschwisterliebe nicht zufällig erst an dieser Stelle. Sicher betrifft die Tatsache, dass Geschwister ersatzweise zu Liebesobjekten gewählt werden, wenn die Liebe der Eltern versagt, alle Lebensperioden. Im Alter bekommt sie jedoch ein besonderes Gewicht. Durch den Tod der Eltern muss zum einen die Hoffnung aufgegeben werden, ihre Liebe eines Tages doch noch zu bekommen; zum anderen erzeugt ihr Verlust besonders in der späten Lebensperiode einen

Grad der Einsamkeit, der regressive Anlehnungsbedürfnisse wiederbelebt. Hierin dürfte ein wichtiger Grund liegen, warum es nach der Distanzphase im frühen und mittleren Erwachsenenalter jetzt zu einer Wiederannäherung kommt, bei der die frühe und vom Elterneinfluss unabhängige Geschwisterliebe und das Nähebedürfnis nach dem Verlust der Eltern zusammenfließen. Eine Voraussetzung für die Wiederannäherung scheint jedoch zu sein, dass das regressive Liebesbedürfnis an eine primäre und autonome Geschwisterliebe anknüpfen kann. Beide Komponenten gehören zusammen. Es wäre daher einseitig, Wiederannäherung und späte Geschwisterliebe allein auf den Verlust der Eltern zurückzuführen.

Die Wiederannäherung folgt einem Bewegungsgesetz, wonach alles Lebendige zum Ursprung zurückkehrt. Mit dieser Formulierung ist zugleich der umfassende Sinn der Wiederannäherungsphase beschrieben.

Im Kapitel »Geschwisterliebe und späte Kindheit« bin ich bereits auf die bedeutenden Beobachtungen der Forschergruppe um Margaret Mahler eingegangen, speziell auf die Vorgänge in der Mutter-Kind-Beziehung von Separation, Wiederannäherung und Individuation. Seither blieb der Begriff »Wiederannäherungsphase« auf die früheste Kindheit beschränkt. Ich halte es jedoch für naheliegend, in der Dialektik von Separation und Wiederannäherung ein Grundprinzip alles Lebendigen zu sehen, so, wie Progression und Regression, Bindung und Freiheit eine dynamische Einheit bilden. Es ist das Weggehen, um wieder anzukommen. So können wir auch die Wiederannäherung als Lösung des Konfliktes zwischen Nähe und Distanz auffassen, als Versöhnung, in der sich die gegenläufigen Tendenzen verbinden.

Dieser dialektische Prozess entspricht dem grundsätzlichen Verlauf der Geschwisterbeziehung: Der Phase der Intimität in der Kindheit folgt die Phase der Distanz von der Jugend bis zum mittleren Erwachsenenalter und dieser die Phase der Wiederannäherung im Alter. Die Kenntnis dieses dreiphasigen Modells erscheint mir auch von großer praktischer Bedeutung. Viele Geschwisterbeziehungen scheitern daran, dass zeitweilige Distanz oder auch Trennungen zu tiefen Enttäuschungen und Missverständnissen führen. Wenn dagegen der phasische Verlauf als natürliche Bedingung erkannt wird, kann man auch Perioden kritischer Distanz besser verarbeiten und sich mit ihnen versöhnen.

Die Wiederannäherung der Geschwister im hohen Alter wird durch die zweite einschneidende Erfahrung in dieser Zeit vertieft, der langsamen Ablösung von den Kindern. Sie bekommt einen Aufschub durch die Geburt der Enkel, die die Geschwister vor einen neuen und letzten Generationenwechsel stellen. Aus der Elterngeneration werden sie endgültig in die Großelterngeneration verbannt.

Ich möchte die Thematik der Großeltern-Enkel-Beziehung hier nicht ausdrücklich vertiefen, weil sie das Verhältnis der Geschwister nur indirekt berührt. Entscheidend für die Wiederannäherungsphase bleibt die Ablösung von den Kindern, ihre innere und äußere Entfernung, mit dem man sich äußerlich wieder dem kinderlosen Zustand annähert. Auch wenn der Kontakt zu den Kindern nicht abreißen muss, mündet die erste kindfreie und die zweite kindzentrierte Lebensphase in eine dritte Ablösungsphase, die bekanntlich von vielen Eltern als schmerzhafter Verlust und Abschied erlebt wird; dies besonders, wenn man durch den zusätzlichen Verlust eines Lebenspartners durch Trennung, Scheidung oder Tod im höheren Alter jetzt mit dem endgültigen Alleinsein konfrontiert ist. Die Kinder wurden im mittleren Drittel der Lebensspanne, die zugleich die Zeit größter Lebensfülle war, zu sinnstiftenden Objekten der Liebe, des Schutzes, der Verantwortung und Fürsorge und gleichzeitig zu Spendern von Gegenliebe und Dankbarkeit. Mit dem Verzicht auf diese zentralen menschlichen Erfahrungen, die durch Enkel nur teilweise ersetzt werden können, vertieft sich die Erkenntnis von der Endlichkeit des Lebens. Die Geschwister werden zu Verbündeten der »letzten Generation«.

Aus der Geschwisterforschung ist bekannt, dass die Wiederannäherung im höheren Lebensalter mit einer größeren Versöhnungsbereitschaft verbunden ist, die der Geschwisterliebe in reichem Maße zugutekommt. Möglicherweise hängt diese Versöhnungsbereitschaft mit der zunehmenden Auflösung der lebensphasischen Widersprüche zusammen: Kindsein – Erwachsensein, Intimität – Distanz, kinderlos – kindzentriert. Versöhnung ist die Einheit der Gegensätze. Es ist bekannt, dass sich Geschwister im späteren Lebensabschnitt begangene Fehler leichter verzeihen können. Wie überhaupt die negativen Affekte von destruktiver Rivalität und Neid abnehmen und sich die weicheren Gefühle wieder stärker durchsetzen. Die Wiederentdeckung der Geschwisterliebe in der Wiederannäherungsphase bedeutet in der Praxis konkrete Hilfe und emotionale Unterstützung in den sich mehrenden Schwierigkeiten dieses Lebensalters; sie bedeutet aber auch Austausch über die gemeinsamen Wurzeln der Kindheit und die Aufarbeitung der bisher unbewältigten Konflikte. Alle diese Schritte erfüllen auch die Funktionen der Wiedergutmachung. Wie in jeder anderen Beziehung wird man auch in der Geschwisterliebe schuldig durch Unterlassung und Versäumnis, durch Kränkung und feindliche Verletzung. Durch die Wiedergutmachung können Schuldgefühle abgetragen und die antagonistischen Kräfte versöhnt werden. Mit der Fähigkeit zur Wiedergutmachung und der Vergebung wechselseitig begangenen Unrechts erfüllt die Geschwisterliebe die schwierigste Aufgabe, die an die Lösung zwischenmenschlicher Konflikte gebunden ist. Auf dieser Stufe und im Zusammenhang mit der noch einmal grundlegenden Umstrukturierung des Lebens im Alter erfährt die Geschwisterliebe eine letzte Wandlung. Stärker als in den früheren Lebensperioden entwickelt sich jetzt ein Gefühl tiefer Geschwisterfreundschaft, in der nahezu alle libidinös-sexuellen und aggressiven Impulse neutralisiert sind – Freundschaft als Einheit aller positiven Kräfte, die Menschen aneinander binden.

Von einem dritten großen Verlust ist noch zu sprechen, von der endgültigen Verarbeitung des Berufsendes im Alter. Wenn einmal die Grenzen der beruflichen Entwicklung erreicht sind, verändert sich auch die innere Orientierung. Ehrgeiz, Erfolgsdenken, Besitz- und Machtstreben nehmen in dem Maße ab, wie die Einsicht in die Relativität der Dinge wächst. Dieser Prozess verläuft jedoch in der Regel nicht konfliktfrei. Das bevorstehende Ende der Berufstätigkeit und dann noch einmal ihr definitiver Abschluss bedeuten für die meisten Menschen einen schmerzlichen Lebenseinschnitt, weil mit dem Berufsverlust viele Werte verabschiedet werden müssen, die bis dahin das innere und äußere Gleichgewicht und das Selbstwertgefühl immer wieder stabilisiert haben, wie fachliche Autorität und Anerkennung, Aufgabe und Verantwortung, soziale Kontakte, Sinnerfülltheit und Befriedigung durch die geleistete Arbeit, finanzielle Freiräume und vieles mehr. Je bewusster der Umbruch verarbeitet wird, umso gelassener erfolgt auch ein innerer Perspektivwechsel. Zum Glück schließt sich hier für die meisten Menschen in der heutigen Zeit noch eine Zwischenphase der Lebensvielfalt und eines neuen Aufbruchs an, von denen das letzte Kapitel handelte. Erst nach ihrem Abschluss wendet sich der Blick, der vorher noch stark auf die Zukunft gerichtet war, endgültig auf die weite Landschaft der Vergangenheit. Wie schon im höheren Alter erscheint jetzt die Sinnfrage des Lebens noch einmal in einem anderen Licht.

Alle diese Erfahrungen fließen organisch in die Wiederannäherungsphase der Geschwister ein. Erinnerungen an die farbige Welt der Kindheit, an Freude, Unbeschwertheit, Lachen, Spiel, Vertrautheit und Nähe, und dann die gemeinsame Jugend mit ihren in die Zukunft hinein entworfenen Abenteuern, Plänen und Hoffnungen – welch ein Reichtum an Leben gegen die relativ eingeschränkte Realität des späten Erwachsenenalters. Mit diesen Rückerinnerungen nähern sich die Geschwister wieder an. Sie wissen, dass dieser Reichtum sie verbindet und zur Kraftquelle für die Unterstützung wird, die sie jetzt zunehmend brauchen. Aber nur im Notfall. Denn aus der Geschwisterforschung ist bekannt, dass in dieser Lebensperiode weniger die konkrete Hilfe selbst als vielmehr die Gewissheit, mit der Unterstützung der Geschwister rechnen zu können, einen wesentlich stützenden und schützenden Faktor darstellt.

Wenn man die Summe der Abschiede und Verluste im späten Erwachsenenalter und die mit ihnen verbundene Einsamkeit bedenkt, so könnte man den Eindruck gewinnen, als sei die Geschwisterliebe zu keinem Zeitpunkt des Lebens existenziell notwendiger gewesen. Erst im Alter scheint so recht zu gelten und wird bewusst, was Ludwig Tieck in seinem Roman »Franz Sternbalds Wanderungen« einen Jüngling sagen lässt: »Wenn ich über irgend etwas in der Welt traurig werden könnte, so wäre es darüber, dass ich nie eine Schwester, einen Bruder gekannt habe. Mir ist das Glück versagt, in die Welt zu treten und Geschwister anzutreffen, die gleich dem Herzen am nächsten zugehören ... darum kann es wohl sein, dass ich keinen Menschen auf die wahre Art zu lieben verstehe, denn durch Geschwister lernen wir die Liebe ...«[33]

Die Aussage greift weit über den hier thematisierten Zusammenhang hinaus. Aber sie lässt begreifen, warum die Rückwendung des Alters in die Kindheit, die den Kreislauf des Lebendigen schließt, mit größerer Einsamkeit und »Traurigkeit« verbunden ist, wenn sie zusätzlich zu allen Verlusten noch die Erfahrung der frühen und späten Geschwisterliebe entbehren muss. Die Versöhnung mit dem Leben, die Auflösung seiner Widersprüche im Alter dürfte leichter fallen, wenn man bei der Rückkehr an den Ursprung von jemandem begleitet wird, der den langen Weg, ob in der Intimität oder Distanz, miterfahren und mitgestaltet hat und mit dem man die Trauerarbeit über den anstehenden Verlust des eigenen Lebens gemeinsam bewältigen kann.

Die längste Beziehung des Lebens. Irgendwann endet auch sie. Der Tod eines Geschwisters im Alter unterbricht die Geschwisterliebe für immer und bedeutet Schmerz und Trauer. Und dennoch scheint sich dieser Abschied vom Verlust anderer naher Menschen zu unterscheiden. Kasten spricht von der »traditionellen kulturellen Norm, die das Ereignis Geschwistertod deutlich niedriger (auch in bezug auf die zu verrichtende Trauerarbeit) einstuft als z.B. den Tod eines Elternteils oder eines Kindes«.[34]

Stellt diese »traditionelle kulturelle Norm«, sollte sie denn bestehen, das hier entwickelte Konzept der Geschwisterliebe grundlegend in Frage? Oder gibt es eine Erklärung für den Unterschied, der die Einmaligkeit dieser Liebe in einem neuen Licht erscheinen lässt? Auf der Suche nach einer Antwort hat mir das Erlebnis mit einem Freund weitergeholfen. Er selbst, Pianist von Beruf, war 55 Jahre alt, als er die Nachricht vom unvorhergesehenen Tod seines drei Jahre älteren Bruders bekam. Dieser war während eines Segelturns an einem plötzlichen Herzinfarkt gestorben. Es war der Sport, der die beiden Brüder, zum Teil auf gemeinsamen langen Fahrten, in den letzten Jahren eng verbunden hatte – eine Wiederannäherung, die Zeiten von Distanz und leichten Disharmonien endgültig versöhnte. Der Schock war schrecklich und übertraf alles, was der Freund bisher an Schmerzen erlebt hatte. In Gesprächen noch Monate danach war deutlich zu spüren, dass dieser Tod ihn tiefer berührt hatte als der Tod seiner Eltern, um die er auch lange getrauert hatte. Diesmal schien die Trauer nicht so sichtbar, der Abschied war weniger ritualisiert und dramatisch. Fast hätte man meinen können, dass er den Tod relativ schnell verarbeitet hatte.

Einige Zeit später fuhr ich zu ihm. Nach einem langen Gespräch setzte er sich an den Flügel und spielte mir eine späte Schubert-Sonate vor, die er gerade für ein Konzert einübte. Noch kurze Zeit vor dem Tod des Bruders hatte er gesagt, er könne sie noch nicht spielen, sie sei »das Höchste, was es in der Musik gibt« – so etwa drückte er sich aus. Mein Eindruck beim Zuhören ist schwer zu beschreiben. »Warum kannst du sie jetzt spielen?«, fragte ich danach. Er zuckte mit den Achseln und sagte nur: »Mein Bruder.« Mehr nicht. Es war nicht zu erklären.

Das Erlebnis führt mich zu der Vermutung, dass der Tod eines Geschwisters im höheren Alter nicht weniger schmerzlich erlebt wird als der eines anderen nahen Angehörigen; er wird nur weniger dramatisch verarbeitet und führt zu konstruktiveren Lösungen. Warum? Alle Überlegungen, die ich im ersten Teil des Buches über die Geschwisterliebe angestellt habe, veranlassen mich zu der Annahme, dass die Geschwisterbeziehung in der Regel die ambivalenzfreieste Beziehung überhaupt ist, die man zu einem nahen Menschen haben kann. In einem lebenslangen Prozess, vom vorgeburtlichen Stadium bis zum Tod, werden in einem natürlichen Wechsel von Intimität und Distanz und in einem ständigen Austausch von Geben und Nehmen offenbar die gegenläufigen Tendenzen von Liebe und Hass zusammengeschmolzen und in einer Weise neutralisiert, dass sie den höchsten Grad an Freiheit in einer Bindung erlauben. Das verleiht der Geschwisterliebe ihre Unabhängigkeit in der Abhängigkeit, das erspart ihr Angst und Scham bei der Annahme von Hilfe, das erleichtert ihr die Versöhnung, das erklärt ihre Kontinuität – über den Tod hinaus.

Nach diesen Überlegungen lässt sich die Aussage von Kasten umdrehen und fragen, warum der Tod der Eltern oder eines

Kindes höher eingestuft wird als der eines Geschwisters. Die Antwort liegt nahe. Es ist die Ambivalenz von Liebe und Hass. Dabei ist die psychologisch gesicherte Tatsache zu berücksichtigen, dass die – meist unbewusste – Faszination durch den Tod eines anderen die lustvolle Aggression als Teil der menschlichen Konstitution widerspiegelt. Dort, wo die Ambivalenz besonders ausgeprägt ist, entspricht es der »traditionellen kulturellen Norm«, auf den Tod mit teilweise demonstrativem Schmerz und einer prunkvoll inszenierten Trauer zu reagieren. Es handelt sich dabei um Rituale, die neben dem Ausdruck der Liebe auch der magischen Abwehr der destruktiven Gefühle dienen. Aus dem Ausbleiben starker Trauerreaktionen auf einen geringeren Verlustschmerz zu schließen, wie beim Tod von Geschwistern, wäre deshalb ein Irrtum.

Es gibt in diesem Zusammenhang einen häufigen Befund, der bei realistischer Deutung ein überraschendes Licht auf die Ambivalenz von Liebe und Hass wirft. Es ist bekannt, dass in höherem Alter nach dem Tod eines Ehegatten der Partner oft innerhalb einer Jahresfrist stirbt. In der Regel wird darin ein Ausdruck besonderer Liebe, einer engen Beziehung und eines entsprechend intensiven Verlustschmerzes gesehen. Die Ambivalenz legt jedoch eine andere Deutung nahe. Nach ihr könnte der zweite Partner auch deswegen so bald sterben, weil die vorher in der Beziehung offen oder latent gelebte Aggression nun nicht mehr ausgedrückt werden kann und sich in Selbstdestruktion umwandelt. Das meinte Freud, als er von der Depression als einer Form pathologischer Trauer sprach. Dabei wird das verlorene Objekt nicht aufgegeben, sondern nach innen verlagert, wobei der jetzt innerlich fortgesetzte Kampf sich gegen das eigene Ich richtet.[35] Ein ähnlicher Befund ist mir bei älteren Geschwistern noch nie begegnet und aus der Literatur auch nicht bekannt.

Nach allen bisherigen Überlegungen ist diese Erfahrung nicht überraschend. Während des gesamten Lebens hat das eigene Ich innere Bilder von dem Geschwister in sich aufgenommen, sogenannte Objektrepräsentanzen, von denen wir früher sahen, dass sie eine wichtige Funktion beim Aufbau und für die Stabilität des eigenen Selbst haben. Nach dem Tod wird das Geschwister nicht aufgegeben, sondern in das eigene Innere aufgenommen. Es lebt in uns weiter, wie dies bei allen nahen Personen der Fall ist, die man verliert. Den sichersten Beleg für diese Tatsache bildet die Welt der Träume, in der nahe Personen besonders nach ihrem Tod wieder lebendig werden und das eigene Erleben mitgestalten. In der Geschwisterliebe, die sich durch eine geringe Ambivalenz auszeichnet, entsteht also innerlich ein überwiegend »gutes« Objekt, das zur eigenen Stabilität, zum Selbst-Vertrauen und zur weiteren Reifung beiträgt. Das unterscheidet das nach dem Tod verinnerlichte Geschwister von dem beschriebenen Ehepartner. Es muss innerlich nicht weiterverfolgt und bekämpft werden, sondern leiht einem seine Kraft und macht einen stärker. Man wird fähig, die späte Sonate zu spielen.

Aber vorher müssen Schmerz und Trauer bewältigt werden. Sie verändern die Person tiefgreifender, weil der Verlust einer vergleichsweise ambivalenzfrei geliebten Person schwerer wiegt: Es fehlt die Beimengung der Aggression, die sie abwertet, um den Verlust erträglicher zu machen. Außerdem ist der Verlust eines Geschwisters unersetzbar. Ein Ehepartner, Freunde, ja sogar Kinder lassen sich ersetzen. Oft wird die Beziehung zu ihnen aufgegeben, weil die wechselseitige oder auch einseitige Ambivalenz ein zerstörerisches Ausmaß angenommen hat. Dagegen zeichnet sich die Geschwisterliebe durch ihre Kontinuität aus, die sich im Wesentlichen dem geringen Grad der Ambivalenz verdankt. Deswegen reicht sie über den Tod hinaus. Was früher äußerer Dialog war, verwandelt sich in einen inneren. Das verinnerlichte Geschwister begleitet einen weiter, beschützt einen und hält die Erinnerung an den Lebensstrom wach, den man gemeinsam durchschwommen hat – von der Quelle bis zur Mündung, mal näher beieinander, mal weiter entfernt, aber immer in dem sicheren Gefühl, dass man zusammengehört.

Ina Seidel hat in ihrem sehr berührendem Gedicht »Dies und Das«* für diese Einheit der Geschwisterliebe, die vom vorgeburtlichen Stadium über den Tod hinausreicht und in der sich der Kreislauf des Lebens erfüllt, das Bild des »Balles« gefunden, ein Symbol des »alles« Umgreifenden, Runden, in Harmonie Vollendeten, das der Bruder im Tod an die Schwester weiterreicht.

Dies und Das

Du und ich, wir hatten dies und das:
Blanke Kiesel, Muscheln, Vogelnester,
Kugeln auch aus bunt gestriemtem Glas,
Und du warst der Bruder, ich die Schwester,
Und wir stritten uns um dies und das:
Um Kastanien, Kolben aus dem Röhricht,
Und wir wurden groß, und es schien töricht,

Es erschien uns alles als ein Spiel,
Als ein Nichts erschien uns dies und das.

Heute nun, da du vor mir des Balles
Müde wardst, und er in meiner Hand
Liegen blieb wie ein vergessnes Pfand,
Weiß ich: dies und das, ach es war viel!
Lieber Bruder, dies und das war alles.

---

* Quelle s. S. 242

Teil B:
Die Geschwisterrivalität

11. Über den Ursprung destruktiver Gefühle in der Kindheit

Die Darstellung der Geschwisterliebe im ersten Teil des Buches bediente sich zweier Kunstgriffe. Der eine wurde bereits in der Einleitung genannt: die Trennung der positiven von den negativen Gefühlen. Der zweite bestand darin, außer in Kapitel drei die Geschwister als weitgehend selbstständige und von der Umwelt isolierte Gruppe zu betrachten, die ihre Gefühle und ihre Beziehung untereinander ungestört von äußeren Einflüssen entwickeln kann. Beide Kunstgriffe werden natürlich der Komplexität der Verhältnisse nicht gerecht, weil Geschwister von Geburt an Mitglieder einer größeren Gemeinschaft sind. Das Vorgehen erschien aber sinnvoll, um die vielschichtigen Facetten der Geschwisterliebe und die positiven Gefühlsanteile in jeder Geschwisterbeziehung überzeugender nachweisen zu können, als es die verbreitete Auffassung mit ihrer einseitigen Betonung von Geschwisterproblemen nahelegt.

Dennoch ist nicht zu leugnen, dass die Entwicklung einer positiven Geschwisterbeziehung durch zahlreiche negative Einflüsse von außen behindert werden kann. Ihre Kenntnis ist notwendig, wenn man die Verknotungen lösen will, die die lebendige Entfaltung der Geschwisterliebe immer wieder blockieren. Von diesen Verknotungen und der Möglichkeit ihrer Lösung handelt der zweite Teil des Buches. Dabei lässt es sich nicht ganz vermeiden, den Leser zeitweilig durch etwas unwegsames Gelände zu führen. Bei aller Vereinfachung erfordert die Komplexität menschlicher Beziehung und Konflikte ein gewisses Maß an theoretischem Verständnis, wenn auch die praktischen Wege zur Hilfe genutzt werden sollen.

Meine in einigen Punkten abweichende Einschätzung von Geschwisterkonflikten gegenüber gängigen Lehrmeinungen beginnt bereits bei der Bewertung des Geburtserlebnisses. Nach psychoanalytischer Auffassung stellt die Geburt eines Geschwisters regelhaft ein Trauma für das vorhandene Kind dar, weil dieses jetzt die bisher ungeteilte Liebe und Zuwendung der Mutter entbehren muss. Aus der Frustration seiner Bedürfnisse entstehen, so die Lehrmeinung, Neid und Hass, die mit dem Wunsch verbunden seien, das Geschwister zu beseitigen, um den ursprünglichen Zustand wiederherzustellen. Solche zuerst von Freud formulierten »Todeswünsche« werden von ihm selbst allerdings relativiert; es seien eher »Verschwindewünsche«, weil in diesem Alter noch keine reale Vorstellung vom Tod existiere. In der späteren Literatur wird diese Relativierung übersehen, und so werden »Todeswunsch« und »Tötungsimpuls« zum Uranfang der Geschwisterbeziehung. Gegen diese ungeheuerliche Hypothese kann sich die Geschwisterliebe schwer behaupten.

Wie lässt sich der Sachverhalt aus einer unvoreingenommenen Perspektive betrachten? Eine empathische Mutter, die sich in die Bedürfnisse des erstgeborenen Kindes ebenso wie in die des Neugeborenen einfühlen kann, vermag nicht zu verhindern, dass bei dem älteren Geschwister Gefühle von Verlustangst und Getrenntsein entstehen, die mit der Teilung der mütterlichen Sorge verbunden sind. Diese Gefühle sind umso ausgeprägter, je geringer der Altersabstand ist. Sie sind auch deswegen schmerzlich, weil mit der Gefahr des neuerlichen Getrenntwerdens die Urerfahrung der ersten Trennung wiederholt wird – die Trennung von der Mutter bei der Geburt.

Da das neugeborene Geschwister diese Trennung verursacht hat und jetzt die bevorzugte körperliche Nähe zur Mutter genießt, muss der Verzicht zwangsläufig zu Gefühlen von Neid, Eifersucht und Wut führen. An dieser Nahtstelle entsteht die geschwisterliche Ambivalenz. Das Geschwister nur zu lieben wäre unnatürlich, da es einem Wichtiges geraubt hat. Das bedeutet jedoch nicht – und hier liegt eine wichtige Akzentverschiebung –, dass das Geburtsereignis zum Trauma werden muss. Als Trauma bezeichnen wir eine tiefer gehende seelische Verletzung, die das innere Gleichgewicht akut oder dauerhaft erschüttert. Die bisher beschriebenen Gefühle sind jedoch eine natürliche Reaktion auf normale und unvermeidbare Versagungen, wie sie mit jedem Leben verbunden sind. Wie frühere Ausführungen gezeigt haben, handelt es sich sogar um ein notwendiges Erlebnis für das ältere Geschwister, weil es erstens seinen eigenen Ablösungsprozess von der Mutter unterstützt und zweitens die soziale Dimension in seine Erfahrungswelt einführt: nicht mehr alleine zu sein und teilen zu müssen. Das Geburtserlebnis enthält also verschiedene Entwicklungsanreize, die das Bewusstsein über die eigene Person, über die eigene Rolle und die eigene Kraft ausdifferenzieren und stärken.

Unter welchen Bedingungen wird die Geburt eines Geschwisters zum Trauma? Die Vielzahl der Möglichkeiten lässt hier nur die Beschreibung einiger Beispiele zu. Das Erstgeborene gilt nach allgemeiner Auffassung als das »besonders« geliebte Kind. Der Begriff hat es in sich. Unter normalen Bedingungen wird das erste Kind von den Eltern mit freudiger Aufregung erwartet. Großeltern, Verwandte und Freunde begleiten »die anderen Umstände« mit großer Teilnahme. Die Geburt verändert das Leben der Eltern wie kaum ein Ereignis davor. Wohnung, Haushalt, Beruf, Freizeit und Finanzen als die wesentlichen Organisatoren des Alltags müssen grundlegend umgestellt werden. Das in vielen Kulturen noch heute bestehende Erstgeburtsrecht unterstreicht die bevorzugte Stellung des ersten Kindes in der Geschwisterreihe. Sie entspricht dem Stolz, mit dem Eltern dieses Kind feiern und der Welt präsentieren. Es ist der Beweis ihrer Potenz, ihrer Fähigkeit, neues Leben zu schaffen. Dabei ist es nicht übertrieben zu sagen, dass durch das Kind das Selbstgefühl der Eltern unbewusst zu einer gottähnlichen Grandiosität und Allmacht gesteigert werden kann.

Die narzisstische Aufwertung erleben Mütter in der Regel intensiver als Väter; schließlich haben sie das Kind ausgetragen, es geboren, sie stillen es, sorgen und kümmern sich und sind in den ersten Lebensjahren entscheidend für seine Entwicklung verantwortlich. In der Symbiose von Mutter und Kind verschmilzt die narzisstische Liebe der beiden zur paradiesischen Einheit.

Man muss die Situation des Erstgeborenen in seiner Besonderheit so pointiert beschreiben, um ermessen zu können, mit welcher Hypothek dieses Kind von Geburt an belastet ist. Das erste Kind erfährt im Vergleich zu seinen Geschwistern ein Übermaß an Aufmerksamkeit, Zuwendung, Zärtlichkeit, Sorge und Liebe, durch die sein Narzissmus ungemein stimuliert wird. Dieser Umstand ist hauptsächlich verantwortlich dafür, dass das Erstgeborene schon unter normalen Bedingungen in eine Entwicklungskrise gerät, wenn durch die Geburt eines Geschwisters die Intensität der narzisstischen Zufuhr plötzlich nachlässt.

Zum Trauma wird die Krise aber erst, wenn die Mutter selbst unter einer übermäßigen narzisstischen Bedürftigkeit leidet, die durch das Kind befriedigt werden soll. Dabei fällt dem Kind die Aufgabe zu, das reduzierte Selbstwertgefühl der Mutter zu stabilisieren und ihre narzisstischen Lücken auszufüllen. In diesem Fall ist die Symbiose besonders eng und dauerhaft, wodurch die Mutter unbewusst die notwendige Ablösung des Kindes verhindert. Für ein solchermaßen abhängig gehaltenes und fixiertes Kind wird die Geburt eines Geschwisters zum Trauma, weil es jetzt völlig unvorbereitet und von einem Tag zum anderen von der Mutter »fallen gelassen« wird.

Es ist leider eine häufige psychotherapeutische Erfahrung, dass manche Mütter in ihrer eigenen Unselbstständigkeit ihre

Kinder nur so lange lieben und ertragen können, solange sie in der Symbiose verharren. Wenn sich diese Kinder eines Tages daraus lösen und ihre Selbstständigkeit erkämpfen, kommt es bei den Müttern nicht selten zum Ausbruch der latenten Neurose oder einer psychosomatischen Erkrankung. Da der Ablösungsprozess eines Kindes zeitlich oft mit der Geburt eines Geschwisters zusammenfällt, bleibt der Mutter als weitere Möglichkeit, ihre narzisstischen Bedürfnisse nun voll auf den neuen Säugling zu übertragen. Dadurch bekommt die Ablösung des älteren, übermäßig fixierten Kindes etwas zusätzlich Gewalttätiges. In diesen Fällen lässt sich leicht vorhersehen, dass das ältere Geschwister mit bleibendem Neid und mit Hass reagiert, wenn die Liebe der Mutter jetzt fast ausschließlich dem zweiten Kind gilt.

Die »besondere« Rolle des ersten Kindes kann noch aus ganz anderen Gründen problematisch sein und eine Erklärung dafür liefern, warum die Geburt eines Geschwisters zum Trauma wird. Eine nicht seltene Variante einer pathologischen Bindungsstruktur ist die offene oder verdeckte Ablehnung des ersten Kindes durch die Mutter. Die Ursachen dafür sind vielfältig: das Kind ist nicht ehelich oder, bezogen auf die Lebensplanung, zu früh geboren; es stammt aus einer scheiternden Ehe; es hat nicht das gewünschte Geschlecht; die Mutter fühlt sich noch nicht reif für die Verantwortung; der Vater oder die Mutter selbst oder beide wollten nie ein Kind – um nur wenige Beispiele zu nennen. In vielen Fällen ist dann erst das zweite das »richtige« Kind. Die Beziehung der Partner und die sozialen Verhältnisse haben sich inzwischen stabilisiert, und das Kind genießt nun die ungebrochene Liebe der Mutter, die sie ihrem ersten Kind noch nicht geben konnte. Oft ist die Zuwendung zum zweiten Kind umso intensiver, je mehr die Mutter wiedergutmachen möchte, was sie beim ersten versäumt hat. In solchen Konstellationen wird die Geburt des Geschwisters zum Trauma, weil das Erstgeborene aus verständlichen Gründen die Heftigkeit seiner negativen Gefühle nicht mehr verarbeiten kann.

Es ist auffallend, wie ausschließlich sich die Wissenschaft mit dem Trauma beschäftigt hat, das das ältere Kind durch die Geburt eines Geschwisters erleidet, während in der Realität ebenso häufig die umgekehrte Situation besteht: Nicht das ältere erleidet das Trauma, sondern das nachfolgende Kind durch die Anwesenheit bereits eines oder gar mehrerer Geschwister. Bei vielen Eltern ist ihr Kinderwunsch, ihre Verantwortungsbereitschaft, ihre psychische und soziale Belastbarkeit und nicht zuletzt ihre Liebesfähigkeit mit einem oder zwei Kindern voll ausgeschöpft. Ein zweites oder drittes Kind, ob geplant oder ungeplant, stellt die Eltern, trotz bester Vorsätze, vor die Grenzen ihrer Möglichkeiten. Die Eltern konzentrieren dann ihre Liebe weiterhin auf das erste Kind, während, im Extremfall, das zweite nur mit dem Notwendigsten versorgt wird. Fälle von ausgesprochener Vernachlässigung haben hierin oft ihre Ursache. In dieser Situation hat das ältere Kind keinen Anlass für Neid und Eifersucht; im Gegenteil: Es kann sogar sehr früh Gefühle mitleidender Fürsorglichkeit für das Baby entwickeln. Hier sind es also die Nachgeborenen, die auf die einseitige Bevorzugung der älteren Geschwister mit heftigen destruktiven Gefühlen reagieren, weil ihre Geburt von Beginn an in deren Schatten stand – eine traumatische Erfahrung, die ein Leben dauerhaft begleiten kann.

Wie die verschiedenen Variationen des Geburtserlebnisses eines Geschwisters zeigen, wird nicht die Geburt an sich zum Trauma, wie die Psychoanalyse lehrt, und nicht die Reihenfolge in der Geschwisterreihe ist entscheidend, wie die Forschung über die Geschwisterposition meint; viel entscheidender ist die Qualität der Bindung der Eltern zu den einzelnen Kindern. Mit der bisherigen Beschreibung gestörter Bindungsmuster ist zugleich der Kern angedeutet, um den herum sich Geschwisterprobleme aufbauen: Es ist der Unterschied in den emotionalen Beziehungen zwischen den Eltern und ihren einzelnen Kindern. Die Erwartung, die alle Eltern an sich haben und die ihnen als Ideal vorschwebt, ist die Gleichbehandlung ihrer Kinder. So lebt sicher die überwiegende Zahl von ihnen in der Überzeugung, ihre Kinder gleich zu lieben und gleich zu behandeln. Bei näherem Hinsehen erweist sich aber diese Überzeugung als Illusion und das vorgeschriebene Ideal als eine Fiktion. Es gibt keine Gleichheit in den Eltern-Kind-Beziehungen. Es gibt nur den Unterschied. Die Gründe hierfür lassen sich mit wenigen Andeutungen umreißen.

Jedes Kind trifft bei der Geburt auf eine veränderte Familienkonstellation. Ob es das erste, zweite oder dritte Kind ist, stellt nur einen Faktor dar. Wichtiger ist, dass sich die emotionale Beziehung der Eltern zueinander, ihre persönliche Reife, ihre Auffassungen über Erziehungsziele, ihre seelische und körperliche Verfassung und nicht zuletzt ihre soziale Situation in einem ständigen Wandel befinden. Diese Erfahrungen spiegeln sich in einem wechselnden Grad der gefühlsmäßigen Resonanz auf die Kinder wider. Diese hängt außerdem entscheidend von den Kindern selbst ab. Geschlecht, Alter, Intelligenz, Begabung, Aussehen, Charakter, Temperament, Sensibilität und soziale Anpassungsfähigkeit sind die wichtigsten Kriterien, in denen sich die Geschwister unterscheiden. Alle diese Faktoren können mit den entsprechenden Anlagen der Eltern harmonieren, viele weichen jedoch mehr oder weniger ausgeprägt von ihnen ab. Die Kombination der zahlreichen Möglichkeiten bedingt eine unterschiedliche Bereitschaft bei den Eltern, ihre Kinder innerlich voll anzunehmen oder ihnen – bewusst oder unbewusst – distanziert, unsicher, ambivalent oder in ausgeprägten Fällen sogar ablehnend gegenüberzustehen. Dabei stellen sie ständig Vergleiche zu Gunsten eines und zu

Ungunsten des anderen Geschwisters an, erwählen eins als unerreichbares Vorbild oder verteilen in anderer Weise Zuwendung und Desinteresse unterschiedlich zwischen den Geschwistern.

Als bedeutender Grund für ein unterschiedliches Bindungsverhalten kommt die prägende Erfahrung der Eltern mit eigenen Geschwistern hinzu. Eltern entwickeln zu ihren Kindern unbewusste Geschwisterübertragungen, bei denen frühere Erlebnisse und Gefühlseinstellungen zu einem Geschwister auf das eigene Kind »übertragen« werden. So kann zum Beispiel ein Sohn bei seiner Mutter oder seinem Vater die Rolle des früher geliebten oder gehassten Bruders einnehmen oder eine Tochter von ihnen zum Schwesternersatz werden.

In diesem Zusammenhang sei hier erwähnt, dass solche Übertragungsprozesse auch umgekehrt zwischen den Geschwistern ablaufen können. Besonders bei größeren Altersunterschieden kommt es dabei vom Bruder zur Schwester zu einer Mutterübertragung oder von der Schwester auf den Bruder zu einer entsprechenden Vaterübertragung. Wie konflikthaft solche Übertragungen im Einzelfall sind, hängt von der ursprünglichen Beziehung zu den Eltern ab.

Als letztes Beispiel für unterschiedliche Gefühlseinstellungen mit entsprechend abweichenden Erziehungshaltungen der Eltern wähle ich das aus der Familientherapie bekannte Phänomen der Delegation. Bei ihr werden unerfüllte Wünsche, Aufgaben und Ziele meist unbewusst an die Kinder delegiert, in der Erwartung, dass diese sie anstelle der Eltern verwirklichen. Dabei wird jedes Kind mit unterschiedlichen Fantasien der Eltern belegt und seine Erziehung entsprechend gelenkt. Oft werden in diesem Zusammenhang auch eigene negative Anteile auf das Kind projiziert, das sich dazu am besten anbietet, und der eigene böse Schatten im Kind verfolgt.

Der Überblick zeigt: Der Unterschied ist der Regelfall im

emotionalen und pädagogischen Umgang mit den Geschwistern; er entspricht der Komplexität menschlicher Beziehungen, die in der Wechselseitigkeit von Bedürfnissen, Gefühlen, Hoffnungen und Enttäuschungen ihr jeweils einmaliges Gepräge bekommen. Rein theoretisch muss der Unterschied nicht zur Bevorzugung oder Benachteiligung von Geschwistern führen. Aber in der Realität ist er fast immer, wenn auch meist unbeabsichtigt, mit Ungleichheit und Ungerechtigkeit gepaart. Die Überzeugung der meisten Eltern, ihre Kinder in gleichem Maße zu lieben, entstammt, wie die Illusion von der gleichen Erziehung, einem Wunschdenken, in dem sich das Ideal der Eltern-Kind-Beziehung erfüllt. Dieses Eltern-Ideal wurde mit Übernahme der Elternrolle als kategorischer Imperativ verinnerlicht. Aber Beziehungen sind bekanntlich viel stärker durch unbewusste Gefühle, Fantasien und Wünsche beeinflusst als von Idealen, die von unserem Über-Ich, unserem Gewissen, diktiert werden. Es sind die unbewussten Trieb- und Gefühlsanteile, die, oft tragischerweise, die Ungleichheit in Ungerechtigkeit umschlagen lassen und diese zum quasi unvermeidbaren Schicksal jeder Eltern-Kind-Beziehung machen. Wenn die bewusste Überzeugung der Eltern, ihre Kinder in gleicher Weise zu lieben, der Realität entsprechen würde, müsste sich dies in übereinstimmenden Gefühlen der Geschwister ausdrücken. In den meisten Geschwisterbeziehungen weichen jedoch die Meinungen darüber ab; viele Geschwister haben das Gefühl, am wenigsten geliebt worden zu sein, während die anderen angeblich die »besonderen Lieblinge« der Mutter, des Vaters oder beider Eltern waren. Das kann objektiv richtig sein, ist aber ebenso häufig das Ergebnis einer Wahrnehmungsverzerrung. Die subjektive Täuschung kommt dadurch zustande, dass Kinder die subtilen Gefühlsanteile im Erziehungsprozess sehr genau registrieren. Ihre hohe Sensibilität für alle Formen des Unrechts lässt sie bei sich selbst die erlittenen Verletzungen, Kränkungen und Zurückweisungen als Ausdruck von Lieblosigkeit schärfer wahrnehmen und in Erinnerung halten als bei den Geschwistern. Bei diesen sehen sie dagegen ihre eigenen Wünsche nach Liebe durch die Eltern eher erfüllt, weil sie entsprechende Anzeichen selektiv registrieren und einseitig bewerten.

Die Wahrnehmungstäuschung hat noch einen tieferen Grund. Jedes Kind hat ein mehr oder weniger deutliches Gefühl für sein eigenes Versagen, für seine Schwächen, Bosheit, Aggressivität und andere negative Anteile. Das damit verbundene Schuldgefühl und sein strafender Charakter werden zur Entlastung des eigenen Gewissens auf die Eltern projiziert, nach der inneren Formel: »Sie können mich gar nicht so lieb haben wie die anderen Geschwister, weil ich so böse bin.«

Therapeuten stehen hier oft vor großen Schwierigkeiten, die subjektive »Wahrheit« des Patienten und die objektive Realität zu unterscheiden, weil die Verzerrungen und Erinnerungslücken teilweise ein groteskes Ausmaß annehmen können.

Wie wir sehen, gibt es zwei verschiedene Formen, wie Ungleichheit und Ungerechtigkeit erlebt werden können: eine objektive, die sich aus dem unvermeidbaren Beziehungsschicksal zwischen Eltern und ihren Kindern ergibt, und eine subjektive, die das Ergebnis der persönlichen Verarbeitung an sich normaler Beziehungsdefizite, eigener Schuldgefühle und verzerrter Vergleiche zwischen den Geschwistern ist. Erst diese komplexe Mischung aus objektiver und subjektiver »Wahrheit« bildet den explosiven Kern für die Entladung destruktiver Geschwistergefühle.

Märchen, Mythen, Sagen und die literarische Gestaltung von Geschwisterproblemen beschränken sich meist auf die objektiven Gründe für die ungleiche Behandlung von Geschwistern. Sie arbeiten mit Schwarz-Weiß-Gegensätzen, um Gefühle und Verhaltensweisen sowohl der Eltern als auch der Geschwister zu erklären. Eigenschaften wie faul, dumm, hässlich, bösartig und verlogen bei dem einen Geschwister werden durch Qualitäten wie fleißig, begabt, hübsch, friedfertig und ehrlich bei dem anderen kontrastiert. Diese Spaltung in das böse und das gute Kind macht die elterlichen und geschwisterlichen Reaktionen scheinbar verständlich, rechtfertigt sie und verleiht ihnen die beabsichtigte pädagogische Wirkung. Erst die tiefenpsychologische Erforschung unbewusster Beziehungsmotive hat die notwendige Differenzierung eingeführt und die Gründe geklärt, warum und durch welche elterlichen Einflüsse ein Kind zum Beispiel faul, böse oder unehrlich wird. Entgegen diesen Einsichten zeigt die Praxis, dass das Festhalten an dem Schwarz-Weiß-Schema zu den verbreitetsten Mechanismen gehört, die Menschen zur Regelung von Konflikten einsetzen. Die Spaltung in Gut und Böse erspart einem, Probleme zu differenzieren und nach entsprechend ausgleichenden Lösungen zu suchen. So werden wie im Märchen auch in der Realität die Rollen klar verteilt: das dumme Kind, das kluge Kind, das hübsche und das hässliche, das trotzige und das artige. Diese von den Eltern vorgenommene Rollenverteilung ist die eindeutigste Form, wie Unterschiede zu Ungleichheit und Ungerechtigkeit umgepolt werden. Eine solche Rollenverteilung belastet die Geschwisterbeziehung schwer, weil sie die Kinder dazu verführt, sich mit den Eltern zu identifizieren und die Rollenzuschreibung für die einzelnen Geschwister zu übernehmen. Das angeblich gute Kind hält das angeblich böse für tatsächlich böse, das angeblich dumme Kind das angeblich begabte für tatsächlich begabt. So werden Bündnisse zwischen Eltern und einzelnen Kindern gegen die anderen geschlossen, wodurch die Kluft zwischen den Geschwistern vertieft und die Eskalation destruktiver Gefühle in die Höhe getrieben wird. Besonders dramatisch sind die Folgen einer solchen Allianz in Familien, die zur inneren Regulierung ihrer Konflikte ein Kind zum Sündenbock stempeln. Unter dem Druck der allseitigen Rollenzuschreibung entwickelt sich das stigmatisierte Kind tatsächlich zum Übeltäter, um das Unrecht zu rächen.

Besonders kleine Kinder sind noch nicht in der Lage, das Spiel zu durchschauen, zumal den meisten Eltern die Motive für ihr Verhalten nicht bewusst sind. Die Geschwister werden hier zu Mitspielern und Opfern zugleich, wobei sie im Drama unbewusster Rollenkonflikte schließlich auch ihre Geschwisterliebe auf dem Altar elterlicher Erziehungsmacht opfern.

Eine solche traurige Geschichte erzählt das Grimm'sche Märchen »Einäuglein, Zweiäuglein und Dreiäuglein«: »Es war eine Frau, die hatte drei Töchter, davon hieß die älteste Einäuglein, weil sie nur ein einziges Auge mitten auf der Stirn hatte, und die mittelste Zweiäuglein, weil sie zwei Augen hatte wie andere Menschen, und die jüngste Dreiäuglein, weil sie drei Augen hatte ... Darum aber, dass Zweiäuglein nicht anders aussah als andere Menschenkinder, konnten es die Schwestern und die Mutter nicht leiden. Sie sprachen zu ihm: ›Du mit deinen zwei Augen bist nicht besser als das gemeine Volk, du gehörst nicht zu uns!‹ Sie stießen es herum und warfen ihm schlechte Kleider hin und gaben ihm nicht mehr zu essen, als was sie übrig ließen, und taten ihm Herzeleid an, wo sie nur konnten.«

Die innerfamiliäre Verfolgung basiert hier offensichtlich auf einem pathologischen Narzissmus der Mutter, der nur durch das Außergewöhnliche und Besondere befriedigt werden kann und alles »Gewöhnliche« als persönliche Kränkung erlebt. Im Märchen wird offen gelassen, wie viele Augen die Mutter selbst hatte. In Übertragung alltäglicher Erfahrungen lässt sich jedoch vermuten, dass sie darunter litt, auch nur »gewöhnlich« zu sein, und sich von diesem Makel zu befreien versucht, indem sie die Tochter ausstößt. Die beiden außergewöhnlichen

Schwestern gehen mit der Mutter eine Koalition ein, weil sie ihrer Besonderheit wegen geliebt und bestätigt werden. Diese Liebe könnten sie verlieren, wenn sie das Bündnis mit der Mutter aufkündigen und sich auf die Seite der stigmatisierten Schwester schlagen würden.

Das Schicksal der verfolgten Schwester teilt Zweiäuglein mit »Aschenputtel«. Auch dieses Kinderseelen besonders rührende Märchen handelt von der Verschwörung zwischen einer Stiefmutter und ihren beiden Töchtern gegen die Tochter aus der ersten Ehe des Vaters. Nach dessen zweiter Heirat »ging eine schlimme Zeit für das arme Stiefkind an«. Auch Aschenputtel ist eine Ausgestoßene. Bei diesem Vorgang, der in der Familientherapie recht häufig beobachtet werden kann, kommt es nicht zur realen Ausstoßung, sondern zur inneren Isolierung in der Familie. Wie wir an späteren Stellen sehen werden, birgt dieser Mechanismus besonders in Patchworkfamilien besondere Gefahren. Das auf diese Weise ausgestoßene Kind wird quasi als nicht mehr zugehörig zur Familie betrachtet und gerät in die Rolle des Sündenbocks. Es gibt zahlreiche Gründe für elterliche Ausstoßungstendenzen. Bei Zweiäuglein war es der gekränkte Narzissmus der Mutter. Aschenputtel wird ausgestoßen, weil sie die einzige leibliche Tochter des Vaters ist und eine besondere Anhänglichkeit zur verstorbenen Mutter bewahrt. Die Stiefmutter wird dadurch ständig an die glückliche Vergangenheit ihres Mannes und an seine idealisierte erste Frau erinnert und versucht, aus Eifersucht und Neid das Produkt dieser Liebe zu erniedrigen und zu zerstören. Solche Ausstoßungstendenzen findet man ebenso bei leiblichen Müttern und Vätern in äußerlich intakten Familien. Auch in diesen Fällen liegt der Grund häufig darin, dass das betroffene Kind konfliktbesetzte Erinnerungen wachhält und ahnungslos zum mahnenden Gewissen der Familie oder eines Elternteils wird. Oft sind es auch nur enttäuschte Erwartungen, die Eltern in ein

Geschwister gesetzt haben. Am häufigsten geht es dabei um nicht erfüllte Leistungen.

Die besondere Tragik für die Geschwisterbeziehung im Rahmen einer solchen Familiendynamik liegt in dem Bündnis, das die Geschwister mit den Eltern eingehen, um eigene Ausstoßung und Liebesverlust zu vermeiden. Die beiden zitierten Märchen sind eindrucksvolle Belege dafür, wie bei diesem Bündnis der ursprüngliche Konflikt zwischen der Mutter und Zweiäuglein beziehungsweise Aschenputtel im Laufe der Familiengeschichte immer stärker auf die Geschwisterebene verlagert wird. Während die Mütter im Hintergrund die heimlichen Fäden der Intrige spinnen, sind es jetzt die bösen Schwestern, die in Stellvertretung ihrer Mütter die Verfolgung und Ausstoßung des stigmatisierten Geschwisters konkret vorantreiben. Dadurch ist für das verfolgte Kind die Schuld der Eltern nicht mehr erkennbar, während die Geschwister in die Rolle der ursächlichen Bösewichter geraten.

Dieser subtile Missbrauch durch die Eltern, bei dem die Geschwister gegeneinander ausgespielt werden, während sie selbst unerkannt im Hintergrund bleiben, bildet das eigentlich diabolische Ferment, das die destruktive Geschwisterrivalität zum Kochen bringt. Die Gemeinheit, Bosheit, Hinterlist, der Neid, die Beleidigung und Verachtung, mit denen Zweiäuglein und Aschenputtel von ihren Schwestern behandelt und ausgebeutet werden, spiegeln in der farbigen Schilderung der Märchen die Spirale der negativen Gefühle wider, die besonders dann hochgeschraubt wird, wenn sie von den Eltern bewusst oder unbewusst in Gang gesetzt und unterstützt worden ist. Im Schutz und unter der Protektion der Mächtigen können die Schwachen selbst stark sein.

In den beiden Märchen schlagen die gedemütigten Schwestern nicht zurück wie sonst meist in der Realität, sondern sie erdulden ihr Leiden und kehren ihre Vergeltungswut nach innen – sie werden depressiv. »Da setzte sich Zweiäuglein auf einen Rain und fing an zu weinen, und so zu weinen, dass zwei Bächlein aus seinen Augen herausflossen.« »Als Zweiäuglein das sah, ging es voller Trauer hinaus, setzte sich auf einen Feldrain und weinte seine bitteren Tränen.« Auch Aschenputtel muss viel weinen.

Die Trauer über den Verlust der geschwisterlichen Liebe. Viele seelische und psychosomatische Beschwerden sowohl im Kindesalter als auch im gesamten weiteren Lebensverlauf sind nicht nur die Folge unverarbeiteter Konflikte mit den Eltern; sie können auch allein einer gestörten Geschwisterbeziehung entstammen. Dort, wo der Konflikt nicht im offenen Streit ausgetragen werden kann, werden die destruktiven Gefühle verdrängt und führen zur Erkrankung.

Das Schicksal von Zweiäuglein und Aschenputtel endet aber nicht in der Depression, sondern, wie wir es vom Märchen erwarten, in der Erlösung durch den Prinzen. Handeln deswegen die Geschichten nur nach der pädagogischen Devise: »Das Gute siegt, das Böse muss untergehen«? Die Weisheit der Märchen reicht weiter. Sie führen das Prinzip der ausgleichenden Gerechtigkeit ein, und dies ist mehr als Pädagogik. Es befriedigt die in jedem Menschen tief verinnerlichte Unterscheidung zwischen Recht und Unrecht. Alle bisher beschriebenen Mechanismen elterlicher Beeinflussung, die die Geschwisterbeziehung spalten, sind mit Ungleichheit und Ungerechtigkeit verbunden. Sie verletzen den Gerechtigkeitssinn und sind für die Gefühle verantwortlich, mit denen sich das Individuum gegen sie aufbäumt: Enttäuschung, Kränkung, Wut und Rache. Gefühle, die im Zusammenhang mit Geschwisterkonflikten immer als die wichtigsten betont werden, wie Neid, Eifersucht und Rivalität, erscheinen mir häufig mehr wie sekundäre Abkömmlinge der vorgenannten ursprünglichen Gefühle, mit denen sich der Einzelne gegen Unrecht und Verrat wehrt. Man ist neidisch und eifersüchtig, man rivalisiert, weil, tiefer als die Erfahrung der Benachteiligung, die Ungerechtigkeit als fundamentale Verletzung von Menschenrecht erlebt wird.

Bezeichnenderweise sind Zweiäuglein und Aschenputtel völlig frei von solchen sekundären Gefühlen wie Neid, Eifersucht und Rivalität. Sie »wissen«, dass die Verletzung des Gerechtigkeitssinns nach einem Ausgleich verlangt. Das Märchen erfindet viele hilfreiche Engel in Form von Wunderbäumen, Vögeln, Feen und klugen Prinzen, um den Sieg der Gerechtigkeit vorzubereiten.

Das im Märchen vertretene Prinzip der ausgleichenden Gerechtigkeit ist aber nicht nur ein abstraktes Ideal. Die in ihm enthaltene Weisheit zielt auf die konkrete Erfahrung, dass das Leben von sich aus auf Ausgleich bedacht ist. Wenn man sich Lebensverläufe von Geschwistern genauer ansieht und dabei einen Blick hinter die äußere Fassade wirft, wird man in der Regel finden, dass bei allen Geschwistern Niederlagen mit Erfolgen, Leiden mit Glück, Geschwisterhass mit Geschwisterliebe abwechseln. »Zweiäuglein lebte lange Zeit vergnügt. Einmal kamen zwei arme Frauen zu ihm auf das Schloss und baten um ein Almosen. Da sah ihnen Zweiäuglein ins Gesicht und erkannte ihre Schwestern Einäuglein und Dreiäuglein, die so in Armut geraten waren, dass sie umherziehen und vor den Türen ihr Brot suchen mussten. Zweiäuglein aber hieß sie willkommen und tat ihnen Gutes und pflegte sie, also dass die beiden von Herzen bereuten, was sie ihrer Schwester in der Jugend Böses angetan hatten.«

Es gibt Ausgleich, Wandlung und Veränderung, die alte Wunden ausheilen lassen. Man muss nur verstehen, wie es dazu kommen konnte.

12. Geschwisterkonflikte in Jugend, Adoleszenz und frühem Erwachsenenalter

Der Film »Gestohlene Kinder« beginnt in einem heruntergekommenen Satellitenvorort einer italienischen Großstadt. Luciano, ein zehnjähriger, kontaktloser und verschlossener Junge, wird von der Mutter immer dann aus der ärmlichen Ein-Zimmer-Wohnung auf die Straße geschickt, wenn seine zwölfjährige Schwester Rosetta Männerbesuch empfangen muss. Eines Tages greift die Behörde ein und schickt die beiden Kinder in Begleitung des Carabinieri Antonio in ein weit entferntes Heim.[36]

Der preisgekrönte Film greift ein Thema auf, das ich in der Literatur über Geschwisterbeziehungen an keiner Stelle gefunden habe: die Zerstörung der Geschwisterliebe durch gesellschaftlich-strukturelle Gewalt. Armut, Arbeitslosigkeit, Wohnraumnot, Obdachlosigkeit, Hunger, Krankheit, Vertreibung, Verfolgung, Kriege und Tod als gesellschaftlich verursachte Einflüsse auf die Befindlichkeit von Familien und auf die psychosoziale Entwicklung von Kindern waren von den Anfängen der Geschichte bis zur Gegenwart noch nie lediglich Randphänomene kultureller Gemeinschaften, als die sie oft behandelt werden. Sie gehörten schon immer zur alltäglichen Realität größerer Bevölkerungsschichten.

Für die betroffenen Kinder produzieren sie einen Zustand, der sich als strukturelle Ungeborgenheit definieren lässt. Ihr Gegenteil, die strukturelle Geborgenheit, umfasst ein Ensemble familiärer und gesellschaftlicher Voraussetzungen, in denen Gerechtigkeit, Ausgleich, Vertrauen und Hoffnung als lebensnotwendige und sinnstiftende Grundlagen menschlicher Entwicklung garantiert sind. Entsprechend bedingt strukturelle

Ungeborgenheit Ungerechtigkeit, Disharmonie, Misstrauen und Hoffnungslosigkeit – Zustände und Gefühle also, die in ihrer Konflikthaftigkeit den Boden für seelische Erkrankungen, Gewalt und Feindschaft bereiten. Strukturelle Ungeborgenheit als gesellschaftlich verursachtes und zu verantwortendes Unglück ist mit der Verletzung elementarer Grundrechte verbunden.

Luciano und Rosetta vertreten exemplarisch das Schicksal von Geschwistern, die Opfer struktureller Ungeborgenheit geworden sind. Sie fühlen sich elend, weil sie das erlittene Elend verinnerlicht haben; ihre destruktiven Erfahrungen werden innerlich zu Gefühlen von Depression, Neid, Misstrauen und Hass verwandelt, von denen die Geschwisterbeziehung nicht verschont bleibt. Auf der langen Reise mit Antonio streiten die Geschwister ständig miteinander, missachten und prügeln sich und liegen in einem Krieg, von dem Rosetta sagt: »Eines Tages wird mich mein Bruder umbringen.«

Eine ergreifende Wende nimmt der Film, als sich die strukturelle Ungeborgenheit langsam auflöst und in strukturelle Geborgenheit verwandelt. Was der Mutter in ihrem zerstörten Milieu nicht mehr gelang, baut Antonio schrittweise wieder auf, indem er den Kindern Vertrauen schenkt, ihre Bosheit besänftigt, ihr inneres Chaos beruhigt, indem er sie aus der Unwirtlichkeit der Vorstadt befreit und durch heile Natur begleitet, indem er für ihre Rechte kämpft und ihnen vermittelt, dass er sie nie aufgeben wird. Mit diesen Erfahrungen überwinden die Geschwister die Hindernisse, die sie trennen. Sie finden zu wechselseitiger Anteilnahme, Fürsorge und Mit-Leid zurück und damit zu dem, was sie verloren hatten – ihrer Geschwisterliebe.

Dass der Film nicht nur eine poetische Vision ausmalt, wurde mir unlängst während einer Supervisionssitzung in einer psychiatrischen Klinik deutlich. Das Stationsteam berichtete über eine 26-jährige Spanierin, die vor zwei Jahren nach Deutschland gekommen war. Durch ihre Drogensucht hatte sie jeden sozialen Halt verloren; sie hatte keine Berufsausbildung, wohnte in einem Obdachlosenheim und hielt sich mit Prostitution über Wasser. Die Klinik war ratlos, wie man der Patientin helfen könne, alle Pläne erschienen wenig erfolgversprechend.

Dem Team war aufgefallen, wie häufig die Frau von ihrer vier Jahre jüngeren Schwester sprach, konnte mit dieser Tatsache aber wenig anfangen, zumal daraus keine therapeutischen Perspektiven ableitbar schienen. In der Supervision ließ sich nun folgender realer und psychologischer Hintergrund klären: In der Pubertätszeit hatten beide Schwestern die Mutter verlassen, nachdem sie deren Alkoholismus und Prostitution nicht mehr ertrugen; der Vater war ihnen nicht bekannt. Sie zogen aus der Provinz in die Großstadt, erlitten dort aber das gleiche Schicksal wie die Mutter. Die Patientin war während der letzten Wochen ihres Klinikaufenthaltes von der Idee erfüllt, ihre Schwester in Spanien wiederzufinden, deren jetzigen Wohnort sie nicht mehr kannte. Sie wollte ihr zu einer Therapie ihrer Heroinsucht verhelfen, um sich erst anschließend um ihren eigenen Entzug zu kümmern. In der Teamdiskussion ließ sich der Sinn dieser scheinbar paradoxen Absicht klären: Die strukturelle Ungeborgenheit, in der beide Schwestern groß geworden waren, hatte auch ihre Geschwisterliebe zerbrochen. Die ältere Schwester hatte die jüngere nicht vor ihrem eigenen Schicksal bewahrt, sondern sie sogar, wenn auch unabsichtlich, in die Drogensucht und Prostitution mit hineingezogen. In den Monaten ihres Klinikaufenthaltes hatte sie offenbar eine strukturelle Geborgenheit erfahren, die sie vorher noch nicht erlebt hatte: Viele Therapeuten bemühten sich um sie im Gespräch, in der Gestaltungs-, Ergo- und Musiktherapie und in der ärztlichen und fürsorgerischen Betreuung. Sie lebte, gut versorgt, im Schutz der Klinik, und das gesamte Team war der sympathischen Patientin emotional zugetan. In dieser Situation wurden die Gedanken an die Schwester aus folgenden Gründen vorherrschend: Die Schwester war das einzige Mitglied der Familie, zu dem früher ein positiver Gefühlskontakt bestanden hatte. Daher blieb sie als gutes inneres Objekt weiter in der Patientin präsent. Entsprechend ausgeprägt mussten ihre Schuldgefühle sein, weil sie die Schwester nicht gerettet, sondern im Gegenteil mit in das Chaos gezogen hatte. Dies bedeutete einen schweren Verrat an ihren Loyalitätsverpflichtungen als ältere Schwester. Die Sehnsucht nach der jüngeren Schwester und ihr Wunsch, ihr zu einer Therapie zu verhelfen, entsprangen also einem starken Wiedergutmachungswunsch, den sie erfüllen musste, bevor sie sich selbst heilen durfte. Die Erfahrung der strukturellen Geborgenheit in der Klinik hatte die Patientin offenbar so weit stabilisiert, dass sie ihre bisher verdrängten Schuldgefühle und ihre Wiedergutmachungsschuld zulassen konnte. Ganz gesund konnte sie erst werden, wenn sie ihre Sühne geleistet und sich mit der Schwester versöhnt hatte.

Erst nach Aufklärung dieser Hintergründe in der Teamrunde wurde erkennbar, wie lebensnotwendig, ja wie lebensrettend beide Schwestern füreinander waren, wenn man ihre hinter der Sucht verborgenen Selbstzerstörungstendenzen berücksichtigte. Danach ließen sich auch die nächsten Therapieschritte klarer umreißen. Die Idee der Patientin, ihre Schwester wiederfinden zu müssen, wurde in ihrer Tragweite erkannt und sollte mit allen Mitteln unterstützt werden. Dazu gehörte die Begleitung der Patientin nach Spanien durch einen hiesigen Therapeuten, die Hilfe bei der Suche nach der Schwester und für beide die Klärung weiterer therapeutischer Maßnahmen in ihrem angestammten Kulturraum. Für den letzteren Gesichtspunkt war ausschlaggebend, dass die sprachliche und kulturelle Entwurzelung durch den Umzug nach Deutschland die Destabilisierung der Patientin beschleunigt hatte.

Die Folgen struktureller Ungeborgenheit werden nicht erst in der Jugend, sondern bereits in der Kindheit sichtbar. Geschwister aus sozial schwierigen und benachteiligten Verhältnissen oder aus broken-home-Situationen, Geschwister, die Opfer eines jahrelangen Machtkampfes ihrer Eltern in Scheidungskonflikten geworden sind oder die in anderer Weise einem sozialpathologischen Familienmilieu entstammen, werden immer vor großen Schwierigkeiten stehen, in den Wirren des äußeren Chaos an ihrer Liebe festzuhalten. Das Zusammenwirken individueller und gesellschaftlicher Faktoren bei solchen Entgleisungen des familiären Gleichgewichts ist mit einem doppelten Verlust verbunden, dem Verlust innerer wie äußerer Sicherheit. Der kindliche Reifungsprozess wird somit auf zwei wichtigen Ebenen erschüttert und führt zur schweren Desorientierung auf der Suche nach der eigenen Identität. Die Entwicklung der Geschwisterliebe kann davon schwer betroffen sein, da die Liebesfähigkeit, wie wir bereits an früherer Stelle sahen, von Kindheit an von der Stabilität beziehungsweise der Instabilität des eigenen Selbstwertes abhängt.

Ich habe jedoch den Begriff der strukturellen Ungeborgenheit erst in diesem Kapitel eingeführt, weil die Entzweiung der Geschwister ab der Pubertät dramatische Formen annehmen kann und unter dem Einfluss des pubertären Triebschubs die Geschwisterkämpfe härter ausgetragen werden. Aus der Vielzahl der Ursachen für die wachsenden Auseinandersetzungen möchte ich einige beschreiben, die mir besonders repräsentativ erscheinen. Grundsätzlich gilt: Je struktureller ungeborgener ein Familienmilieu ist, umso mehr neigen Eltern dazu, eins der Geschwister in besonderer Weise an sich zu binden, um dadurch ein Stück innerer Stabilität zu erhalten. Erst ab der Pubertät und der erreichten Geschlechtsreife eignen sich Kinder bevorzugt für zwei Rollen, die wegen ihrer Verbreitung schon früh von der Familienforschung erkannt wurden: den Partnerersatz und die Parentifizierung. Beide Rollenzuschreibungen kommen auch in äußerlich intakten Familien vor, werden dort jedoch im Allgemeinen weniger intensiv ausgelebt und wirken sich daher auch nicht so zerstörend auf die Geschwisterbeziehung aus.

Die Hintergründe für die erste Rollenzuschreibung sind leicht verständlich und recht bekannt. Bei Ausfall eines Partners durch Tod, Trennung oder die innere Zerrüttung der Paarbeziehung erweist sich häufig ein gegengeschlechtliches Kind als idealer Partnerersatz mit einer hohen emotionalen Bindungskraft. Es kann umso mehr mit idealisierenden Erwartungen besetzt werden, als es für die reale Rolle eines Partners ausscheidet. Die Überschreitung der Grenzen, wie sie zum Beispiel beim Inzest geschieht, ist deswegen meistens mit einer anschließenden Entwertung verbunden, weil der Widerspruch zwischen der Sehnsucht nach einem realen Partner und dem Kind als Partnerersatz sich als unlösbar erweist.

Es sind die idealisierenden Erwartungen an den Partnerersatz, die die Geschwisterbeziehung auseinandertreiben. Denn in ihnen wird festgeschrieben, wer der eigentliche »Liebling« unter den Kindern ist. Besonders unter der Bedingung struktureller Ungeborgenheit nimmt das auserwählte Kind die Rolle an, weil sie alle Vorteile des Favoritentums garantiert und Defizite in anderen Bereichen ausgleichen hilft. Aus der emotionalen Verklammerung zwischen einem Elternteil und dem Partnerersatz folgt fast automatisch die Nichtbeachtung oder sogar die Ausstoßung der übrigen Geschwister, weil sie das »Liebesverhältnis« stören. Eifersucht, Neid, Rivalität und Hass werden durch solche Konstellationen verständlicherweise besonders geschürt und können sich vehement zwischen den Geschwistern entladen.

In vollständigen Familien mit einem Bruder-Schwester-Paar kommt es bei einer gestörten Partnerbeziehung zwischen den Eltern nicht selten zu Über-Kreuz-Bindungen. Nachdem ein Elternteil sein Partnersubstitut »erwählt« hat, zieht der andere Elternteil nach, indem er sich an das verbleibende Kind klammert, um seine Liebesdefizite auszugleichen. Die Über-Kreuz-Bindung erfüllt die klassischen Voraussetzungen des Ödipus- und Elektrakomplexes. Die Mutter-Sohn- und Vater-Tochter-Liebe zerstört das familiäre Gleichgewicht, weil aus systemischer Sicht eine Regelverletzung stattfindet, wenn das Subsystem der Eltern das der Kinder zu stark diffundiert. Psychologisch zerbricht das Gesamtsystem an dem Ausmaß der entfesselten destruktiven Kräfte, weil, bis auf die Ersatzpaare, jeder vergeblich um die Gunst des anderen rivalisieren muss und sich ausgestoßen fühlt. Dabei ist für die Kinder die übermäßige Bindung an ein Elternteil immer mit einem Verrat an der Geschwisterliebe verbunden. In gescheiterten Ehen tritt der Missbrauch der Scheidungskinder als Partnersubstitut oft unverhüllt zutage. Durch ein solches Schicksal werden die Geschwister auch entscheidend daran gehindert, das Trennungstrauma gemeinsam zu bewältigen.

Im Vergleich zum Partnerersatz handelt es sich bei der Parentifizierung um einen subtilen Mechanismus, bei dem ein Kind die Rolle eines Elternteils einnehmen muss. Dabei kommt es leicht zu einer Rollenumkehr, bei der ein Elternteil die Kindrolle übernimmt und an das Kind die Erwartung richtet, die früher von den eigenen Eltern nicht erfüllt wurde. Auch hier bildet strukturelle Ungeborgenheit oft einen wichtigen Hintergrund, ebenso wie die Nichtanwesenheit eines stützenden Partners. Erfahrungsgemäß können schon Kinder in den unbewussten Fantasien der Eltern zum Elternsubstitut werden; aber konkreten Schutz, Hilfe, Fürsorge, Verständnis, Austausch und Trost können Kinder ihren Eltern erst ab dem Jugendalter geben. Die tragische Hypothek der Parentifizierung besteht in dem erzwungenen Verzicht des betroffenen Kindes auf eine eigene Kindheit und Jugend und in einer dauerhaften Überforderung. Der unbewusste Gewinn liegt jedoch in seiner Unentbehrlichkeit und in seiner herausgehobenen Stellung in der Geschwisterreihe. Diese Machtposition wird es zur Dominanz über die Geschwister verführen und dadurch heftige Rivalitätskämpfe auslösen.

Neben den bisher beschriebenen bewussten wie unbewussten psychologischen Manipulationen der Kinder durch die Eltern und den überwiegend gesellschaftlich bedingten Auswirkungen struktureller Ungeborgenheit gibt es eine dritte wichtige Quelle für destruktive Geschwistergefühle. Sie liegt in gravierenden Wesensunterschieden der Geschwister selbst.

Je ausgeprägter sie sind und je mehr ein Kind dadurch benachteiligt wird, umso schärfer wird der Rivalitätskampf. Die Unterschiede beziehen sich auf körperliche Merkmale wie Aussehen, Größe und Stärke ebenso wie auf geistige und gesellschaftliche Bereiche wie Intelligenz, Begabung, Erfolg oder soziale Beliebtheit und Anerkennung. Eindeutig benachteiligte Geschwister durchlaufen in der Regel ein Stadium starker Ambivalenz, bevor es zum Durchbruch destruktiver Gefühle kommt. Einerseits sind sie selbst fasziniert und hängen in bewundernder Liebe an dem idealisierten Geschwister, andererseits wächst ihre Wut in dem Maße, wie sich dieses in seinen Vorzügen sonnt.

Eine besonders tragische Variante hat Shakespeare in seinem Schauspiel »Die Tragödie von König Richard III.« gestaltet, indem er die Bedeutung einer körperlichen Behinderung als Wurzel für rasendes Machtstreben, für Intrige, Hinterlist und schließlich für den Brudermord ins Zentrum dieses psychologischen Beziehungsdramas stellt. Bereits im Eingangsmonolog wird das Motiv für Richards vernichtenden Hass auf seinen Bruder George, Herzog von Clarence, aus seinem Schicksal als körperliche Missgestalt abgeleitet.

Richard, Herzog von Gloucester:
Ich, um dies schöne Ebenmaß verkürzt,
Von der Natur um Bildung falsch betrogen,
Entstellt, verwahrlost, vor der Zeit gesandt
In diese Welt des Atmens, halb kaum fertig
Gemacht, und zwar so lahm und ungeziemend,
Dass Hunde bellen, hink' ich wo vorbei;
...
Und darum, weil ich nicht als ein Verliebter
Kann kürzen diese fein beredten Tage,
Bin ich gewillt ein Bösewicht zu werden,
Und Feind den eitlen Freuden dieser Tage.
Anschläge macht' ich, schlimme Einleitungen,
Durch trunkne Weissagungen, Schriften, Träume,
Um meinen Bruder Clarence und den König
In Todfeindschaft einander zu verhetzen.[37]

Da seine körperliche Missgestalt ihn von der Liebe ausschließt, greift Richard als der jüngste Bruder nach der königlichen Macht, indem er seinen Bruder George als den rechtmäßigen Thronfolger umbringt. In äußerster Konsequenz hat Skakespeare in »Richard III.« ein Bruderdrama dargestellt, das sich allein aus der Ungleichheit der Anlagen entwickelt – aus einer von niemandem verschuldeten Ungerechtigkeit und ihrer tiefen Verletzung des eigenen Selbst-Gefühls. Mord und Totschlag werden hier nur zu Chiffren der Vergeltung und des Hasses, die aus einem solchen Schicksal geboren werden.

Es scheint mir nicht zufällig, dass Shakespeare in seinem Schauspiel die körperliche Benachteiligung als Wurzel für geschwisterliche Zwietracht entdeckt und nicht stärkere Unterschiede in der Intelligenz und Begabung. Auch sie belasten natürlich jede Geschwisterbeziehung und sind Anlass für Missgunst und Feindschaft. Aber Merkmale äußerer Attraktivität scheinen für die Regulation des narzisstischen Gleichgewichts oft ungleich wichtiger zu sein, weil sie in starkem Maße die Reaktionen der Umwelt mitbestimmen. Schönheit befriedigt ästhetische Bedürfnisse und wird deswegen mit hohen Gratifikationen belohnt, während beim Anblick von Hässlichkeit selbst die »Hunde bellen«. Dagegen lassen sich intellektuelle und Begabungsunterschiede besser kompensieren und ausgleichen. Jedes Geschwister kann hierbei den ihm gemäßen Weg suchen, seine individuellen Möglichkeiten optimal zu nutzen und darin die notwendige Befriedigung zu finden. Wenn ein Geschwister dank seiner Anlagen ein Gelehrter oder Künstler wird und das andere Kaufmann oder Handwerker, ist, gemessen am Verlauf des Lebens und an der Summe erfahrenen Glücks, keineswegs gesichert, wer von beiden die besseren Karten gezogen hat.

Betrachtet man die drei bisher geschilderten Bereiche, die zur Ursache destruktiver Geschwisterrivalität werden können, noch einmal zusammenfassend – die Beziehungspathologie im Eltern-Kind-Verhältnis, den gesellschaftlich-strukturellen Einfluss und die Unterschiede in den persönlichen Anlagen –, so trifft man auf folgenden gemeinsamen Nenner: die Ungerechtigkeit, die ungerechte Verteilung von Chancen und die Benachteiligung im lebensgeschichtlichen Zusammenhang. Die Begriffe sind zwar im Verlauf der bisherigen Darstellung bereits des Öfteren aufgetaucht; an dieser Stelle scheint mir aber wegen ihrer grundsätzlichen Bedeutung für das Verständnis von Geschwisterproblemen wie auch anderer zwischenmenschlicher Konflikte eine Vertiefung notwendig. Dabei lautet die Kardinalfrage: Warum führt die Verletzung des Gerechtigkeits- und Gleichheitsprinzips zu so destruktiven Gefühlen, dass durch sie die Geschwisterliebe und andere menschliche Beziehungen und ganze soziale Gemeinschaften zerstört werden können? Aus Letzteren ist uns die Forderung nach Gleichheit und Gerechtigkeit am geläufigsten, wie sie als unveräußerbares Menschenrecht im Rahmen von sozialen Revolutionen formuliert wird. Aber auch der Einzelne kämpft »erbittert« um sein Recht, wenn es bedroht wird. Es muss sich also beim Gerechtigkeitsgefühl um ein fundamentales Bedürfnis handeln, das es zu verstehen gilt.

Der große Menschenkenner Freud hat sich erstaunlicherweise nur in einigen Sätzen zum Begriff der Gerechtigkeit geäußert. Nach allen bisherigen Überlegungen sind wir nicht sonderlich überrascht, dass er die Wurzel des Gerechtigkeitssinns in der Geschwisterbeziehung vermutet. Das ältere Kind wolle das nachkommende aus Eifersucht verdrängen, müsse aber auf seine feindlichen Gefühle verzichten, um die Liebe der Eltern nicht zu verlieren. Aus diesen Abwehrreaktionen, so Freud, entwickele sich unter den Geschwistern und später im Kindergarten und in der Schule unter den Kindern ein Gemeinschaftsgefühl, dessen erste Forderung zur Eindämmung des Neides die nach Gerechtigkeit und nach gleicher Behandlung für alle laute. »Soziale Gerechtigkeit will bedeuten, dass man sich selbst vieles versagt, damit auch die anderen darauf verzichten müssen oder, was dasselbe ist, es nicht fordern können. Diese Gleichheitsforderung ist die Wurzel des sozialen Gewissens und des Pflichtgefühls.«[38]

Also steht doch am Anfang aller sozialen Ordnung der Neid und die Eifersucht auf die Geschwister, und der Gerechtigkeitssinn ist lediglich eine Reaktionsbildung, das heißt eine Abwehr, gegen diese destruktiven Gefühle? Diese Deutung entspricht der allgemeinen psychoanalytischen Auffassung, dass die soziale Funktion des Ich, die soziale Verantwortung, keine ursprüngliche, sondern eine im Kulturprozess erzwungene menschliche Eigenschaft ist, die der Abwehr primär asozialer Antriebe dient. Nach diesem Modell wäre auch die Geschwisterliebe nur als eine Reaktionsbildung, eine Art Umkehrung, gegen den Geschwisterhass aufzufassen, oder in der Formulierung Freuds: »… die zärtlichen wie die sozialen Identifizierungsgefühle entstehen als Reaktionsbildungen gegen die verdrängten Aggressionsimpulse.«[39]

Dieser Deutungsansatz von Freud wird allerdings durch seine dualistische Theorie über die zwei großen Widersacher im Menschen überholt, den Eros und die Destruktion. Liebe und Zerstörung sind die beiden autonomen Kräfte, deren Antinomie in einem lebenslangen Prozess versöhnt werden muss.

Nach diesem dualistischen Prinzip erscheint es unlogisch, das Gefühl der Gerechtigkeit als sekundären Abkömmling des Destruktionstriebes und nicht als primären Anteil des Lebenstriebes aufzufassen.

Dies holt Fromm nach, der sich ausführlicher als Freud mit dem Begriff der Gerechtigkeit beschäftigt hat und ihn aus einem gesellschaftlichen Entwicklungsprozess ableitet. Nach seiner Auffassung sind Gefühle wie Liebe, Gerechtigkeit, Wahrheit, Freiheit und Gleichheit in der Charakterstruktur jedes Menschen verwurzelt. Sie wurden im Laufe der menschlichen Evolution erworben und bilden neben der biologischen Triebausstattung angeborene psychologische Wesensmerkmale. Die Verletzung dieser historisch gewachsenen und in der menschlichen Natur verankerten Bedürfnisse beziehungsweise ihre mangelnde Befriedigung führe zu gleichen Reaktionen wie die Frustrierung biologischer Antriebe.[40]

Die Ausformulierung von Fromms Gerechtigkeitsbegriff verdanken wir jedoch erst den bekannten amerikanischen Familienforschern Boszormenyi-Nagy und Spark. Die fundamentale Bedeutung des Begriffs sehen die Autoren in der Tatsache begründet, dass Gerechtigkeit einen generationenübergreifenden »ererbten« Bestandteil sozialer Systeme darstellt. Gerechtigkeit ist für sie das entscheidende und tief verwurzelte Gefühl, das menschliche Beziehungen reguliert und soziale Systeme in

Balance hält. Immer dann, wenn diese Gefühle durch Ungerechtigkeit verletzt werden, entstehen Racheimpulse und Vergeltungsaggressionen, um das System mit Gewalt auf seine Loyalitätsverpflichtungen und Gerechtigkeitsforderungen einzuschwören.

Im letzten Kapitel ist bereits deutlich geworden, wie wichtig das Konzept der »menschlichen Gerechtigkeitsordnung« für das Verständnis von Geschwisterbeziehungen ist. Geschwister bilden, wie wir sahen, ein Subsystem innerhalb des Gesamtsystems Familie. Insofern ist es naheliegend, die aus systemischer Sicht entwickelte Theorie über Gerechtigkeit von Boszormenyi-Nagy und Spark auf Geschwister zu übertragen. Dadurch wird noch deutlicher die Wechselwirkung erkennbar, die bei der Verletzung des Gerechtigkeitssinns zwischen dem System und seinen Mitgliedern besteht. So richtet sich beispielsweise die Bevorzugung eines Geschwisters und die dadurch bedingte Benachteiligung eines anderen gegen das Gerechtigkeitsgefüge des Geschwistersubsystems und gleichzeitig gegen den im Selbstgefühl verankerten Gerechtigkeitssinn des benachteiligten Geschwisters.

In der Pubertät, Adoleszenz und im frühen Erwachsenenalter haben solche Verletzungen in der Regel nachhaltigere Folgen als in der Kindheit, weil die Betroffenen sich mit größerer Vehemenz gegen die Zerstörung des Gerechtigkeitsgefüges wehren. Deswegen spielen auch die berühmten Geschwisterdramen, wie sie die Literatur überliefert, jenseits des Kindesalters. Richard III. beschließt, »ein Bösewicht zu werden«, als ihm auch die entsprechenden Mittel dafür zur Verfügung stehen.

Man kann nicht über Ungerechtigkeit in Geschwisterbeziehungen schreiben, ohne das bekannteste, in die Anfänge der abendländischen Kulturgeschichte zurückreichende Bruderdrama zu erwähnen, den Mord von Kain an Abel. Evas erstgeborener Sohn Kain war Ackermann; ihr zweiter Sohn Abel wurde Schäfer. »Es begab sich aber nach etlicher Zeit, dass Kain dem Herrn Opfer brachte von den Früchten des Feldes; und Abel brachte auch von den Erstlingen seiner Herde und von ihrem Fett. Und der Herr sah gnädiglich an Abel und sein Opfer; aber Kain und sein Opfer sah er nicht gnädiglich an. Da ergrimmte Kain sehr, und seine Gebärde verstellte sich … Und es begab sich, als sie auf dem Felde waren, erhub sich Kain wider seinen Bruder Abel und schlug ihn tot.«[41]

Die Geschichte über das, nach biblischer Auffassung, erste Geschwisterpaar der Menschheit wird immer wieder als Nachweis der primär bösartigen Natur des Menschen zitiert. Dabei scheint sie etwas ganz anderes lehren zu wollen, die Dialektik von Recht und Unrecht. Ursprünglich scheinen die Brüder in ihrer Verschiedenartigkeit ein ideal funktionierendes, komplementäres System aus Ackerbau und Viehzucht gebildet zu haben, eine harmonische Einheit aus Sesshaftigkeit und Nomadentum. Erst Gott, als Symbolfigur des übermächtigen Vaters, zerstört das brüderliche Subsystem, indem er durch die Bevorzugung Abels das familiäre Gerechtigkeitsprinzip verletzt. Der Mord an dem Bruder steht als Metapher für die Intensität der Vergeltungsaggression, die durch den Umschlag der Gerechtigkeit in Ungerechtigkeit bewirkt wird.

Diese Dialektik zieht sich durch die gesamte Genesis des Alten Testamentes. So will Isaak seinem älteren Sohn Esau durch seinen Segen die Herrschaft über die anderen Söhne vererben. Seine Frau Rebekka stiftet daraufhin den zweiten Sohn Jakob gegen dessen Willen zum Betrug an seinem Vater und Bruder an, indem er sich, als Esau verkleidet, von Isaak segnen lässt. Esau beschließt deswegen, seinen Bruder zu töten. Aber die Dialektik von Recht und Unrecht wird in diesem Bruderkonflikt reifer gelöst als zwischen Kain und Abel. Jakob flieht im Bewusstsein seiner Schuld vor dem berechtigten Zorn des

Bruders. Nach langer Zeit des Getrenntseins begegnen sie sich wieder. Jakob zieht Esau mit einer großen Herde entgegen, um sie ihm als Wiedergutmachung zu schenken. Erst dadurch wird das Gerechtigkeitsgefüge wiederhergestellt. Der Widerspruch von Recht und Unrecht wird in der Versöhnung gelöst. Jakob »neigte sich siebenmal auf die Erde, bis er zu seinem Bruder kam, Esau aber lief ihm entgegen, und herzte ihn, und fiel ihm um den Hals, und küsste ihn; und sie weineten.«[42] Beide beschließen, an einem gemeinsamen Ort zu leben. Ihre Bruderliebe siegt über den fremdverschuldeten Hass und stellt das geschwisterliche Subsystem in seinen Regeln von Gleichheit und Gerechtigkeit wieder her.

Aber die Bibel ist große Literatur, sie ist psychologisch genau und lässt sich durch einen Glücksfall nicht täuschen. Jakob wird das tragische Opfer eines Mechanismus, den Freud als Wiederholungszwang beschrieben hat. Durch ihn bringt er das gleiche Leid über seine eigenen Kinder wie sein Vater Isaak über ihn und Esau. Jakobs Wiederholungszwang leitet die vielschichtigste und episch am breitesten angelegte Bibelgeschichte über Geschwisterbeziehungen ein – die Geschichte von Joseph und seinen Brüdern. »Israel (Jakob, H. P.) aber hatte Joseph lieber denn alle seine Kinder, darum dass er ihn im Alter gezeugt hatte; und er machte ihm einen bunten Rock. Da nun seine Brüder sahen, dass ihn ihr Vater lieber hatte denn alle seine Brüder, waren sie ihm feind und konnten ihm kein freundlich Wort zusprechen.«[43]

Wie unter einem Zwang wiederholt Jakob den gleichen Fehler wie sein Vater, obwohl er selbst genügend unter dem Konflikt mit dem Bruder gelitten hat. Der tiefenpsychologische Sinn der Wiederholung liegt darin, dass er als der ursprünglich von seinem Vater Benachteiligte seinen geliebten Sohn Joseph als Favoriten auswählt, weil er durch die Identifizierung mit ihm nachträglich seinen Wunsch, selbst ein Lieblingssohn des

Vaters zu sein, erfüllen kann. Indem er die Erfüllung dieses Wunsches an Joseph delegiert, zerbricht auch er das familiäre Gerechtigkeitsgefüge. Bekanntlich rächen sich die Brüder auf grausame Weise. Nachdem sie ihren ursprünglichen Mordplan aufgegeben haben, verkaufen sie Joseph für teures Geld als Sklaven nach Ägypten. Joseph macht dort nach harten Entbehrungen zwar eine glänzende Karriere als Kämmerer des Pharao und errettet schließlich seine eigene Familie während der »sieben mageren Jahre« vor dem Hungertod; aber der Preis, den er für seine Rolle als Liebling des Vaters zahlen muss, ist sehr hoch. In seiner Bereitschaft, sich mit den Brüdern zu versöhnen, statt sich seinerseits zu rächen, wird seine lebenslange Sehnsucht nach familiärer Integration und Geschwisterliebe deutlich.

Ich habe die drei Bibelgeschichten zitiert, weil sie beispielhaft die komplexen Folgen aufzeigen, die die Verletzung des Gerechtigkeitsprinzips innerhalb eines Systems nach sich zieht. Das gängige Verständnis, wonach das bevorzugte Kind die besseren Karten für das weitere Leben gezogen hat, erfasst nicht die tiefen Gesetze von Regelverletzungen. Abel muss für seine Bevorzugung durch Gott-Vater mit dem Leben büßen, während Kain mit dem Schicksal versöhnt wird, vermutlich, weil er – so paradox es auch erscheinen mag – das Gerechtigkeitsprinzip verteidigt. Jakob unterläuft die Ungerechtigkeit seines Vaters Isaak, indem er in die Rolle des bevorzugten Esau schlüpft. Dieser erkennt offenbar die tiefere Bedeutung dieses Rollentausches und anerkennt das Prinzip der Gerechtigkeit; sonst wäre ihm die Versöhnung mit dem Bruder nicht so leichtgefallen. Auch Joseph zieht als Lieblingssohn großes Leiden auf sich. In der Versöhnungsszene mit den Brüdern bestätigt er sogar die Rechtmäßigkeit ihres Handelns und stellt damit die Forderung nach Gerechtigkeit innerhalb eines Systems über persönliche Interessen.

Alle Brüder stehen für das Schicksal von Geschwistern, deren ursprüngliche Liebe durch störende individuelle, intrafamiliäre oder familiär bedingte sozialstrukturelle Einflüsse zerbricht. Ob es sich dabei um Bevorzugung oder Benachteiligung, um Ausstoßung und Delegation, um Geschwisterübertragung, Partnerersatz, Parentifizierung oder viele andere Mechanismen pathologischer Bindungen handelt, um die Benachteiligung und Ungleichheit in den persönlichen Anlagen oder schließlich um die Folgen sozialstruktureller Ungeborgenheit – immer scheint das Zerbrechen des Gerechtigkeitsgefüges der zentrale Grund zu sein, warum der Kern der Geschwisterliebe gespalten wird. Das Prinzip der ausgleichenden Gerechtigkeit, das der Überwindung der Dialektik von Recht und Unrecht entspricht, erfüllt sich unter der Bedingung, dass letztlich keiner von Leiden verschont bleibt und dass eine Versöhnung möglich wird. Nicht immer ist dies in der Realität der Fall. Wo Ungleichheit, Benachteiligung und Ungerechtigkeit die Geschwisterbeziehung dauerhaft bestimmen, wird auch die destruktive Rivalität nicht enden und eine Reparation der verletzten Geschwisterliebe nicht stattfinden.

Die konkreten Anlässe für Geschwisterkonflikte zwischen Pubertät und frühem Erwachsenenalter sind so zahlreich und variabel wie die realen und psychologischen Aufgaben, die in dieser Zeit bewältigt werden müssen: Schulleistungen, Berufsausbildung, der Grad von erreichter Identität und Selbstbewusstsein, Anerkennung durch die soziale Gruppe, sexuelle Attraktivität und Chancen in Partnerbeziehungen, Berufserfolg, Einkommen, Heirat und Kinder. Diese Grundbedingungen des Existenzaufbaus bilden die Oberfläche der Matrize, in die bereits die tiefer liegenden und frühen Gründe für Affekte von Neid, Rivalität und Hass eingeprägt sind. Sie sind oft nicht Ursache, sondern nur Auslöser für solche destruktiven Gefühle, und dies umso mehr, je ausgeprägter die objektiven

Nachteile in einzelnen Bereichen sind und je weniger sie durch Vorteile in anderen ausgeglichen werden können.

Mit diesen Hinweisen kommt der vierte und letzte Bereich ins Spiel, der zunehmend ab der Pubertät mit der Gefahr heftiger Rivalitätskämpfe verbunden ist – der Einfluss des außerfamiliären Umfeldes. Neben den drei bisher genannten – der Eltern-Kind-Beziehung, dem Unterschied in den individuellen Entwicklungsvoraussetzungen und dem Stellenwert sozialstruktureller Faktoren – berücksichtigt der vierte Bereich die Vielzahl der persönlichen und gesellschaftlichen Einflüsse außerhalb der Familie: Erzieher, Lehrer, Lehrmeister, Vorgesetzte, Kollegen, Freunde, Freundinnen, Institutionen, politische Ereignisse, gesellschaftliche Ideologien und vieles mehr. Die Soziologie unterscheidet zwischen dieser »sekundären Sozialisation« und der in der Familie erfolgenden »primären Sozialisation«. Mit ihr greifen fast unübersehbar viele und neue Bedingungen unkalkulierbar in die Charakterbildung und Lebensgeschichte jedes Einzelnen ein.

Diese Modifikationen der Persönlichkeitsstruktur können nicht ohne Auswirkungen auf die Geschwisterbeziehungen bleiben. Ob die Geschwister sich jetzt »fremd« werden oder sich weiterhin »verwandt« fühlen, hängt davon ab, wie ähnlich oder verschieden die sekundären Sozialisationserfahrungen sind. Aber zum Konflikt, zum Anlass für destruktive Gefühle werden Letztere erst, wenn sie einzelne Geschwister in besonderer Weise fördern, andere in ihrer Entwicklung behindern, sie mit Reichtum oder mit Armut ausstatten, mit einem großen Freundeskreis umgeben oder in die Isolation treiben und sie schließlich mit Glück oder Unglück in Partnerschaften beschenken.

Wir sehen, auch der vierte Einflussbereich auf die Geschwisterbeziehung steht unter der Dialektik von Recht und Unrecht. Dass alle Geschwister im Rahmen der sekundären Sozialisation die gleichen und gerechten Entwicklungschancen bekommen, hängt nur teilweise von ihnen selbst ab. Gesellschaftliche Kräfte und ihre jeweiligen Repräsentanten haben einen nicht zu unterschätzenden Machteinfluss auf ihr Schicksal. Wie die tägliche Erfahrung zeigt, kommt es dabei nicht selten zu einer von den Geschwistern selbst nicht verschuldeten Ungleichheit und Ungerechtigkeit, die die daraus abgeleitete Geschwisterrivalität leicht erklären.

Ich möchte diesen Zusammenhang abschließend an einem Märchen verdeutlichen, bei dem ein Eingriff von außen die Geschwisterbeziehung destruktiv verändert und das den vierten Einflussbereich, den der sekundären Sozialisation, auf einer symbolischen Ebene beleuchtet. Wir erinnern uns, dass in den bisher zitierten Märchen die primäre Sozialisation, das heißt die innerfamiliäre Beziehungsstruktur, ob in ihrer positiven oder negativen Form, im Vordergrund stand.

Zu den Hauptpersonen der vielschichtigen Erzählung von Scheherezade »Die neidischen Schwestern« aus »1001 Nacht« zählen drei arme Schwestern, die eines Abends »fröhlich miteinander plauderten« und sich ihren geheimsten Wunsch erzählten. Die Älteste wünscht sich den Hofbäcker des Sultans zum Mann und die Mittlere seinen Oberkoch. Die Jüngste schließlich, »die ein wunderschönes Mädchen und auch weit klüger als ihre Schwestern war«, übertrumpft diese mit ihrer Fantasie, den Sultan selbst heiraten zu wollen und mit ihm einen Prinzen zu zeugen, dessen Schönheit und Lieblichkeit alles übertreffen sollte, was je unter der Sonne geboren wurde. Mit solchen unrealistischen Fantasien können die Schwestern in ihrer unbelasteten Geschwisterliebe unbekümmert und gefahrlos miteinander konkurrieren. Die Komposition des Märchens könnte man in die Frage kleiden: »Was geschieht, wenn sich die kindlichen Wünsche und die spielerische Konkurrenz in der erwachsenen Realität erfüllen?« Tatsächlich hat der junge Sultan, wie sich mancher Leser erinnern wird, das Mädchengeplauder belauscht, sich natürlich in die schönste Tochter verliebt und deswegen allen drei Schwestern ihren Wunsch erfüllt. Durch diesen Eingriff von außen verwandelt sich plötzlich das Lustprinzip kindlicher Fantasietätigkeit in das Realitätsprinzip. Der Sultan repräsentiert die von außen in das Geschwistersystem einbrechenden Gesellschaftskräfte und zeigt, dass die sekundäre Sozialisation keineswegs nach gerechten Kriterien verfährt. Im vorliegenden Beispiel heißt das konkret: Schönheit und Klugheit werden besonders honoriert und gefördert, durchschnittliche Begabung muss sich mit dem Notwendigsten zufriedengeben.

Dieses Gesetz gilt rein theoretisch völlig unabhängig von den Vorerfahrungen, die in der Familie gemacht wurden. Aber die Realität ist grausamer. Sie zeigt, wie häufig sich familiäre und außerfamiliäre Erfahrungen wechselseitig ergänzen und die destruktive Gefühlsspirale zwischen den Geschwistern hochschrauben: Die Anerkennung und Liebe, die ein hübsches und intelligentes Kind in der Familie erfährt, setzt sich später in aller Regel im gesellschaftlichen Kontext fort. Dabei wirkt die außerfamiliäre Resonanz im Sinne einer narzisstischen Gratifikation auf die Familie zurück, wodurch die dortige Belohnung des Kindes noch einmal verstärkt wird. Umgekehrt ziehen Kinder, die sich durch nichts »Besonderes« auszeichnen, innerhalb der Familie weniger Zuwendung auf sich, was ihre außerfamiliären Erfolgschancen primär einschränkt. Sekundär bedingt dann die geringere Resonanz in der Außenwelt sowohl subjektive Gefühle von Durchschnittlichkeit und Versagen als auch objektiv eine Minderung von Erfolg, wodurch die familiäre Anerkennung weiter abnimmt. Durch solche Kreisläufe kann die Schere zwischen Beliebtheit, Anerkennung, Erfolg und Belohnung zwischen den Geschwistern immer weiter auseinanderklaffen und ihre dramatischen Folgen unausweichlich machen.

Geschwister als Schicksal. Chronisches Unrecht und chronische Benachteiligung erzeugen auf Dauer destruktive Gefühlsstrudel, in denen man schließlich selbst umkommen kann. Diese Zusammenhänge zeichnet das Märchen in realistischer Härte nach: »Die Vermählung der jüngsten Schwester mit dem Sultan Chosru Schah war von einem glanzvollen Fest begleitet; die Hochzeiten der beiden anderen Mädchen aber fanden in aller Stille statt, wie es dem niedrigen Rang ihrer Männer gebührte.« Aus ihrer Schönheit und Klugheit zieht die jüngste Schwester gleich mehrere Vorteile: Sie bekommt den begehrtesten Mann, erreicht dadurch einen hohen Sozialstatus, der mit Reichtum, Luxus und Bewunderung durch das weitere soziale Umfeld verbunden ist (das Volk liebt sie), lässt sich »Ehrerbietung« ihrer älteren Schwestern gerne gefallen, und, als wenn das alles noch nicht reichte, bringt sie schon bald einen »wunderlieben Knaben« zur Welt. Damit ist ihr Glück auf die Spitze getrieben und hat die Ungerechtigkeit grenzenlos gemacht. Nicht zufällig, wie wir aus früheren Überlegungen wissen, kennt auch der Neid der benachteiligten Schwestern in dem Moment keine Grenzen mehr, als das Kind geboren wird. An ihm lassen sie ihre Rache aus, weil sie damit die Schwester am tiefsten verletzen können. Als Hebammen in Dienst genommen, setzen sie den Knaben aus und legen der Schwester stattdessen »einen jungen toten Hund ins Bett«. Ebenso verfahren sie beim zweiten und dritten Kind, das sie jeweils durch »eine tote Katze« und durch »eine tote Maus« ersetzen. Natürlich hat der Sultan jetzt die Faxen dicke, verstößt die Frau als »Ungeheuer«, lässt sie einmauern und vom Volk bespucken. Damit feiert die Rache der Schwestern ihren höchsten Triumph. Sie »hatten es sich nun einmal in den Kopf gesetzt, nicht eher zu ruhen, als bis sie ihre jüngste Schwester vernichtet sehen würden«.

Der Sturz aus der Höhe der Allmacht in die tiefste Demütigung und Verelendung zeigt auch hier wieder die Dialektik von

Recht und Unrecht am Werk. Die in diesem Fall von außen in das Geschwistersystem einbrechende Ungerechtigkeit hat die gleichen Folgen wie innerfamiliäre Benachteiligung. Die jüngste Schwester wird durch die übermäßige Stimulierung ihres Narzissmus durch Außenkräfte zum Opfer ihrer eigenen Hybris. Indem sie sich dazu verführen lässt, die Sozialschranken ihres Familiensystems zu durchbrechen und etwas Besonderes zu werden, verletzt sie den Gerechtigkeitssinn ihrer Schwestern.

Das Prinzip der ausgleichenden Gerechtigkeit durchzieht das Märchen auch in seinem weiteren Verlauf. Die ausgesetzten Kinder erkennen nach vielen Jahren ihre wahre Identität und befreien die Mutter aus ihrem Gefängnis; durch ihr langes Leiden ist ihre Schuld gesühnt. Die neidischen Schwestern werden mit dem Tod bestraft.

Wenn man im Alltag den Verlauf von Geschwisterbeziehungen verfolgt oder sie im Rahmen psychoanalytischer Behandlung in einer tieferen Schicht aufhellt, kann man die Gesetze von Schuld und Sühne, von Versöhnung und dem alles umfassenden Prinzip ausgleichender Gerechtigkeit mit großer Regelmäßigkeit wiederfinden. Ungleichheit und Ungerechtigkeit, so sahen wir, lassen sich nicht abschaffen. Und so mag es vielen Menschen bei oberflächlicher Betrachtung scheinen, dass sie vom Leben benachteiligt worden sind. Im Vergleich mit den eigenen Geschwistern wiegt eine solche Benachteiligung aus den ausführlich erörterten Gründen schwer. Erst wenn man die Perspektive umdreht, können sich die offensichtlichen Vorzüge der Geschwister als von schweren Konflikten belastet erweisen, während die eigenen als Nachteil erlebten Lebensvoraussetzungen auch in ihren positiven Aspekten sichtbar werden. Schönheit, Intelligenz und Reichtum als die von vielen Menschen als höchste Güter ersehnten Vorteile sind keineswegs Garanten des Glücks; oft sind sie im

Gegenteil mit schwerem Leiden verbunden. Das Maß der Dinge liegt in einem selbst. So muss auch ein mittleres oder geringeres Maß kein Unglück sein, wenn man es nicht dazu macht, sondern kann Frieden bedeuten mit sich und den anderen und die Chancen der Liebe erhöhen.

13. Geschwisterkonflikte im mittleren und späten Lebensalter

Der Einfluss gesellschaftlicher Kräfte auf die Gestaltung der Geschwisterbeziehung und ihre Konflikte bekommt im mittleren und späten Erwachsenenalter noch einmal ein besonderes Gewicht. Bis zu dieser Zeit hat das Leben aller Geschwister eine relativ festgelegte Struktur angenommen, die der Ausschöpfung ihrer inneren und äußeren Möglichkeiten in Abhängigkeit von der Resonanz ihres jeweiligen sozialen Umfeldes entspricht. Es ist die Zeit, in der, wie es die Familienforschung nennt, die »Aufstellung von Bilanzen« eine wichtige Bedeutung bekommt. Folgende Fragen werden dabei von jedem Menschen immer wieder nach allen Seiten hin durchgespielt: Was habe ich aus meinem Leben gemacht? Wie habe ich meine Möglichkeiten genutzt? Wie weit habe ich es beruflich gebracht? Worin steckte bisher der Sinn des Lebens, und wie möchte ich ihn in der Zukunft gestalten? Was ist aus meinen Kindern geworden? Was habe ich richtig gemacht, was habe ich an ihnen versäumt? Wie weit reicht mein Einfluss und meine Macht? Wie groß ist mein Besitz, und wie viel Sicherheit garantiert er mir und der Familie? Wie groß ist meine soziale Anerkennung und Beliebtheit? Welche Erfahrungen habe ich mit Freundschaften gemacht? Was habe ich in meinem Leben auf menschlicher, fachlicher und politischer Ebene zum Positiven hin verändert? Wie glücklich ist mein Leben in Bezug auf Ehe und Partnerschaften? Liebe, was ist das überhaupt? Wie ist das Verhältnis zu meinen Eltern und Geschwistern?

Die Fragen umkreisen das eigene Selbstbild, die Selbsteinschätzung und den eigenen Selbstwert und sind gleichzeitig auf andere Personen und ein soziales Wertesystem hin orientiert. Spätestens im mittleren und späten Lebensalter übernimmt das gesellschaftliche Bezugssystem die Aufgaben, die vorher weitgehend von familiären Erwartungen ausgingen. Die Abweichungen sind in der Regel nur deswegen nicht besonders auffällig, da die Familie als Agentur gesellschaftlicher Vermittlungsprozesse deren Codes weitgehend übernommen und an die Kinder vermittelt hat. So besteht noch heute eine durchschnittlich hohe soziale Schichtkonstanz zwischen Eltern- und Kindergeneration, bei der die Kinder später in verwandten Berufen arbeiten wie die Eltern. Aber diese Regel ist in einer von schnellen Veränderungen und hoher Mobilität gekennzeichneten Gesellschaft brüchig geworden. Umso mehr wächst die Wahrscheinlichkeit, dass die Lebensverläufe von Geschwistern immer weiter auseinanderlaufen.

Dieser Zusammenhang verdeutlicht noch einmal die Notwendigkeit, das Verständnis von Geschwisterbeziehungen und von Geschwisterkonflikten über den familiären Rahmen hinaus zu erweitern. Spätestens ab dem mittleren Erwachsenenalter haben die formenden Kräfte des gesellschaftlichen Umfeldes eine Eigendynamik entwickelt, die die ursprünglich familiär definierte Geschwistereinheit aufbrechen und neu organisieren kann. Dabei ist es oft schwer bis unmöglich, die einzelnen familiären und gesellschaftlichen Einflussfaktoren zu isolieren, die die Persönlichkeitsstruktur und den Lebensverlauf jedes Geschwisters bestimmt haben. Letztlich gilt auch hier das Prinzip einer engen Wechselseitigkeit familiärer und gesellschaftlicher Bedingungen. Die Fragen zur Lebensbilanz spiegeln diese Einheit historischer Erfahrungen wider. In ihnen findet der lebendige und lebenslange Wechselbezug zwischen dem eigenen Selbst und seinem sozialen Umfeld seinen Niederschlag.

Ich halte diese Erweiterung der Perspektive für dringend notwendig, weil sie Geschwistern die Möglichkeit gibt, den Vergleich ihrer Bilanzen unter neuen Kriterien anzustellen. Ausgeprägtere Unterschiede und Benachteiligungen allein auf familiäre Ursachen zurückzuführen birgt die Gefahr, dass angebliche kindliche Traumatisierungen durch die Eltern verewigt werden und einen destruktiven Geschwisterkonflikt dauerhaft unterhalten. Denn die Erfahrung von Ungerechtigkeit ist dann besonders schmerzhaft und schwer korrigierbar, wenn man davon überzeugt ist, sie als Kind in der eigenen Familie gemacht zu haben. Wie viele Möglichkeiten der Erinnerungstäuschung und Realitätsverzerrung dabei allerdings bestehen, wurde an früherer Stelle ausführlich erörtert. Die Einsicht dagegen, dass auch das spätere Leben die Chancen jedes Einzelnen ungleich verteilt, ist vergleichsweise leichter zu verarbeiten, weil damit erstens nicht das tief verinnerlichte familiäre Loyalitätsprinzip verletzt wurde und weil es sich zweitens um ein kollektives Schicksal handelt, das jeder auf seine Weise erfährt und bewältigen muss. Außerdem erfolgen solche gesellschaftlich bedingten Verletzungen in der Regel erst dann, wenn das Selbst ausreichend erwachsen und stabil ist, um die durch sie verursachten persönlichen Kränkungen und Geschwisterrivalitäten angemessener verarbeiten zu können.

Ein geradezu harmloses und amüsantes Beispiel für die Frage, wie sich unterschiedliche gesellschaftliche Biografien auf Geschwister auswirken können, lieferte mir vor einiger

Zeit ein Klempner, der eine Wasserleitung in meinem Bad reparierte. Ich sah ihm bei der Arbeit zu und sagte nach einiger Zeit: »Ein gutes Gefühl, immer sofort zu sehen, was man mit den eigenen Händen gemacht hat.« »Ja, ist es auch«, bestätigte er in perfektem Berliner Dialekt, und nach langer Pause fragte er: »Worauf haben Sie sich denn spezialisiert?« »Ich bin Seelenklempner.« »Ach, herrje, da tun Sie mir aber Leid!« Mit einer großen Rohrzange verschraubte er gerade einen verwinkelten Anschluss. »Mein Bruder ist auch Arzt«, fügte er beiläufig hinzu, »aber'n richtiger.« Ich wurde neugierig: »Sie sind Installateur, Ihr Bruder Arzt, das findet man nicht häufig.« »Nein, aber bei uns klappt's prima. Wenn meine Tochter Masern hat, kommt er, und wenn bei ihm der Wasserhahn tropft, muss ich hin.« »Aber wie kam's dazu, dass Sie so unterschiedliche Berufe ergriffen haben?«, wollte ich wissen. »Mein Vater hat immer gesagt: ›Verstand habt ihr beide, aber der Toni hat zwei linke und der Micha – das bin ich – hat zwei rechte Hände. Seht zu, was ihr daraus macht.‹ Ich habe mit Kumpels immer an einem schrottreifen Motorrad rumgebastelt, während die Freunde meines Bruders lauter Leseratten waren. So kam's dann auch. Alle seine Freunde haben studiert, meine sind was Ordentliches geworden, nämlich Handwerker.« »Und Sie haben ihn nie um seinen Beruf beneidet?« Der Mann lachte. »Nee, nie; ich hab meinen Betrieb und verdiene gut. Mein Bruder verdient vielleicht etwas mehr, aber glücklicher ist er deswegen auch nicht.«

Später habe ich mich gefragt, ob nicht meine letzte Frage Ausdruck eines typischen Klassenvorurteils war, wonach Menschen umso mehr zu beneiden sind, je weiter sie es in der sozialen Hierarchie gebracht haben. Aber beneiden, worum eigentlich? Ganz offensichtlich verfügte der Installateur über ein recht gesundes Selbstvertrauen, das in seiner Identität als Handwerker begründet lag. Vielleicht hatte er es deswegen nie als Kränkung erlebt, dass sein Bruder einer im Kollektivbewusstsein höheren sozialen Schicht angehörte. Damit könnte der Mann für einen nicht unerheblichen Teil der Angehörigen der mittleren Sozialschichten stehen, die nicht nur keinen Anlass zum Neid haben, sondern die im Gegenteil über ein stabileres Selbstwertgefühl zu verfügen scheinen als so mancher Angehöriger höherer Schichten. Viele Erfahrungen sprechen dafür, dass der Dauerstress von Erfolgsdenken, Konkurrenz, gesellschaftlichem Prestige, Macht und Reichtum zu den oberen Sozialschichten hin anwächst und die damit verbundenen Anstrengungen und Konflikte die Selbstwertregulation erheblich beeinträchtigen können.

Möglicherweise liefern diese Erfahrungen eine Teilerklärung für den Befund vieler wissenschaftlicher Untersuchungen, wonach der familiäre und geschwisterliche Zusammenhalt in den unteren und mittleren Sozialschichten größer ist als in den oberen. Dabei scheint der Grad der Entfremdung von sich selbst und dem sozialen Umfeld eine wesentliche Rolle zu spielen. Dieser Befund deckt sich mit Erfahrungen, nach denen Kinder aus intakten unteren und mittleren Sozialschichten, bei aller vergleichsweisen Härte der Erziehung, oftmals mehr an emotionaler Wärme und gefühlsmäßiger Spontaneität in den familiären Beziehungen erleben als Kinder aus höheren Schichten.

Vielleicht meinte das mein Klempner. Er konnte nicht neidisch sein auf seinen Bruder, weil er sehr deutlich den Preis sah, den dieser für seinen sozialen Aufstieg und Erfolg zahlte und durch den er »nicht glücklicher« war. Die Bilanz zwischen den Brüdern schien recht ausgeglichen zu sein, auch wenn der soziale Schichtunterschied ins Auge sprang.

Hier liegt der psychologische Gewinn bei der zwischenzeitlichen Aufstellung von Bilanzen. Gerade in Geschwisterbeziehungen spielen sie eine wichtige Rolle. Dabei können im Vergleich einzelne Posten schlechter abschneiden – entscheidend ist, »was unter dem Strich« herauskommt. Die Summe ist wichtig, und sie ist mehr als die Einzelposten; diese lassen sich gegenseitig aufrechnen und kompensieren. Diese etwas mathematische Sprache, die die Familienforschung für solche Innenvorgänge gefunden hat, entspricht in der Realität oft sogar wörtlich der »Buchführung«, mit der Menschen im Kopf oder auf dem Papier ihr Leben bilanzieren. Sie ist ein normaler Vorgang im Rahmen der vielen Wege der Selbstreflexion, die der Selbstvergewisserung des Subjekts über seinen persönlichen und zwischenmenschlichen Wert dient.

In der Praxis führt die Aufstellung einer Bilanz zu der verbreiteten Erfahrung, dass die meisten Menschen, so sehr sie auch in vielen äußeren Merkmalen gegenüber anderen benachteiligt zu sein scheinen, sich nicht vorstellen können und auch nicht wünschen, die Rolle mit einem anderen zu tauschen. Es gibt, bis auf Ausnahmen, in jedem einen Kern von Selbstachtung, Selbstidentität und Selbstbewahrung, der als unverwechselbarer und unaustauschbarer Bestandteil die eigene Existenz schützt. Diese in der Fachsprache als »Selbstkohärenz« bezeichnete Sicherheit dient der notwendigen Abgrenzung von den anderen, dem Fremden, durch Selbstvergewisserung. Ohne sie käme es zu einer bedrohlichen Rollendiffusion mit der Gefahr der Selbst-Auflösung, wie sie im Extremfall in der psychotischen Persönlichkeitsspaltung und -entfremdung auftritt. In der Vorstellung oder gar Gewissheit, Jesus Christus, die Jungfrau Maria oder irgendjemand anderes zu sein, hat das Selbst jeden Bezug zur Realität und zur eigenen Person aufgegeben und sich in das fantasierte Fremde verwandelt.

Der Zusammenhang beleuchtet Geschwisterkonflikte aus einer ungewohnten Perspektive. Man kann mit einem Bruder um den großen Erfolg rivalisieren oder ihm seinen Reichtum missgönnen, man kann die Schwester um ihren attraktiven

Mann beneiden oder für die Art hassen, mit der sie sich bei anderen beliebt macht. Wirklich gefährlich werden solche destruktiven Gefühle aber erst dann, wenn die Bilanzen im Vergleich so stark auseinanderdriften, dass sie das Selbstgefüge des Benachteiligten aufzulösen drohen. Die vielen Bruder- und Schwesternmorde in Mythologie, Märchen und Dichtung thematisieren diesen Grenzbereich geschwisterlicher Erfahrung in einer bisher noch nicht aufgetauchten symbolischen Bedeutung: Erst durch die Vernichtung des anderen kann man sich an seine Stelle setzen, die Rolle tauschen und damit die Negation der eigenen Person und den mit ihr verbundenen Selbsthass aufheben. Danach ist der Mord eine Art psychotischer Prozess, bei dem die Realitätszusammenhänge umgekehrt (»verrückt«) werden: Nur die Zerstörung macht den Tausch des eigenen Selbst gegen die Person des Opfers möglich. Auf diese Weise kann man selbst König sein, den schönsten Prinzen heiraten oder unvorstellbare Reichtümer erwerben. Der Versuch zum Rollentausch endet im Märchen wie in der Realität aber meist doppelt tragisch, weil er auch einen Verrat am eigenen Selbst bedeutet – er ist Selbst-mörderisch.

Zum Glück zählen solche Grenzerfahrungen von Geschwisterkonflikten im Alltag zur Ausnahme. Mord und Selbstmord im Zusammenhang einer unversöhnlichen Geschwisterfeindschaft sind, im Unterschied zu Partnerschaften, statistisch extrem selten. Häufiger ist eine mildere Variante – der endgültige Kontaktabbruch oder langjährige Trennungen. Mit ihnen kann man den potenziell »mörderischen« Konflikten am besten ausweichen – und damit der Aufgabe, sie zu bewältigen. Allerdings ist auch diese Variante nicht typisch für die Lösung von Geschwisterkonflikten. Im Gegenteil erfolgt, nach Auswertung verschiedener Studien über den lebenslangen Verlauf von Geschwisterbeziehungen, »nur höchst selten eine vollständige Einstellung des Kontaktes«.[45] Offenbar wirkt hier die Bilanzierung des Lebens nach dem Prinzip der ausgleichenden Gerechtigkeit dem Zerbrechen der Bindung durch unkontrollierbar gewordene destruktive Affekte entgegen.

Die Auslöser für Geschwisterkonflikte im mittleren und späten Erwachsenenalter gruppieren sich um die zentralen inneren und äußeren Aufgaben dieser Zeit, wie sie in den Fragen zur Lebensbilanz bereits anklangen. Ich beschränke mich hier auf die Erörterung eines für diesen Lebensabschnitt besonders typischen und markanten Problemkreises, und zwar auf die Konstellation, bei der ein Geschwister seinen Lebensentwurf verfehlt hat.

Die Ursachen mögen in die Kindheit zurückreichen und die Brüche in der Lebensentwicklung bereits dort, in der Jugend oder erst im frühen Erwachsenenalter sichtbar geworden sein. In jedem Fall führt das Scheitern am eigenen Lebensentwurf im mittleren und verstärkt im späten Lebensalter noch einmal zu einer verschärften Krise, weil es jetzt durch keine Illusionen und falschen Hoffnungen auf zukünftige Veränderungen mehr verdeckt werden kann. Häufig wird erst dadurch die neurotische Disposition manifest. Es kommt zum Ausbruch seelischer oder psychosomatischer Erkrankungen oder zur Entwicklung einer Sucht. Ein solcher Verlauf verschlimmert und chronifiziert das Scheitern und lässt unentrinnbare Zirkel entstehen. Durch sie wird der Betreffende in der Regel zum »Problemfall« für seine Umwelt. Gewollt oder ungewollt wird er zunehmend vom Verständnis, von der Zuwendung und von der konkreten fürsorgerischen und materiellen Hilfe anderer abhängig.

In dieser Situation entwickelt sich ein nahezu ausweisloser Geschwisterkonflikt. Einerseits verlangt die frühe Geschwisterliebe und familiäre Loyalität von den gesunden Geschwistern, sich intensiv um das unglückliche Geschwister zu kümmern und es bei sozialen Schwierigkeiten zu unterstützen.

Andererseits spüren die Geschwister deutlich auch den Widerstand gegen jedes Hilfsangebot. Ich habe an früherer Stelle auf die Besonderheit der Geschwisterliebe hingewiesen, dass sie es erlaubt, Hilfe ohne Angst und Scham annehmen zu können. Dies gilt nach aller Erfahrung in der Regel jedoch nur für ausreichend ausgeglichene und stabile Geschwisterbeziehungen. In unausgeglichenen Beziehungen wird dagegen die Hilfe häufig aus Schuld- und Schamgefühlen abgewehrt: Erstens käme ihre Annahme dem Eingeständnis des Versagens gleich und würde es öffentlich machen; zweitens könnte mit der Annahme von Hilfe eine Abhängigkeit erneut hergestellt oder offiziell dokumentiert werden, aus der man sich sein ganzes Leben lang versucht hat zu befreien.

Da das Thema der Hilfe in Geschwisterbeziehungen grundsätzlich Bedeutung hat und es besonders zum Problem werden kann, wenn es zu ungleichen Bilanzen im Lebensaufbau gekommen ist, beschreibe ich in der notwendigen Kürze die traurige Geschichte eines Geschwisterpaares, das ich, einschließlich der Eltern, mit größeren Abständen über Jahrzehnte therapeutisch begleitet habe.

Familie O. lernte ich auf Bitten des Vaters im Rahmen eines Familiengesprächs kennen, nachdem der Sohn zum ersten Mal mit dem Gesetz in Konflikt geraten war. Die Eltern, ein Lehrerehepaar, verhielten sich recht distanziert zueinander. Marina, damals 14 Jahre alt, eine hübsche, schick gekleidete und, wie der Vater betonte, sehr gute Gymnasialschülerin, beteiligte sich kaum an dem Gespräch. Thomas, 16 Jahre alt, hatte gerade mit Mühe die Mittlere Reife auf einer Realschule geschafft. Auf die Vorwürfe des Vaters, er sei faul, habe keine Berufspläne und sich stattdessen anscheinend für eine kriminelle Laufbahn entschieden, leugnete er jede Teilnahme an dem ihm vorgeworfenen Gruppendiebstahl. Seiner sehr viel jüngeren Frau warf Herr O. vor, sie habe Thomas von Kindheit an so stark verhätschelt, dass deswegen »nichts Anständiges« aus ihm werde. Frau O. wirkte in dem Gespräch merkwürdig eingeschüchtert.

Bereits am folgenden Tag rief sie mich an und bat um einen persönlichen Termin. In dem Gespräch bedauerte sie, beim ersten Mal nicht offen gewesen zu sein. Sie könne sich nicht gegen ihren Mann wehren, obwohl sie seine beherrschende und autoritäre Art oft nur schwer ertrage. Besonders tue ihr Thomas leid. Ihr Mann ließe kein gutes Haar an ihm, mache ihn ständig herunter und blamiere ihn öffentlich bei jeder Gelegenheit. Sie versuche dagegenzusteuern, indem sie Thomas in Schutz nehme und ihm helfe, wo immer sie könne. Aber der Konflikt mit dem Vater treibe ihn immer mehr in die Verweigerung. »Eines Tages wird er tatsächlich kriminell werden, das ist meine schlimmste Sorge«, sagte Frau O.

»Wie erklären Sie sich, dass Marina sich so ganz anders entwickelt hat als Ihr Sohn?«, wollte ich wissen.

»Seit sie mit zwölf Jahren ihr erstes Gedicht in einer Schülerzeitung unterbringen konnte, hält mein Mann sie für eine begnadete Dichterin. Ständig treibt er sie an, gute Literatur zu lesen und täglich ein Gedicht zu schreiben. Marina fühlt sich natürlich sehr geschmeichelt, aber ob das gut geht, wage ich zu bezweifeln. Und Thomas entfernt sich dadurch auch immer mehr von seiner Schwester, obwohl sie als Kinder unzertrennlich waren.«

Thomas brach nach drei Sitzungen die Familiengespräche ab, weil der Vater entgegen allen therapeutischen Bemühungen seine starre Vorwurfshaltung gegen den Sohn und seine blinde Idealisierung der Tochter nicht aufgeben konnte. Danach endeten die gemeinsamen Gespräche. In den folgenden Jahren kam Frau O. zu vereinzelten Terminen oder rief mich verzweifelt an, wenn sie nicht mehr weiterwusste. Dadurch war ich über die weitere Entwicklung der Geschwister informiert. Marina durchlitt während der Pubertät eine Anorexie, weswegen sie für längere Zeit zu mir in Behandlung kam. Angetrieben von ihrem Ehrgeiz bestand sie ein glänzendes Abitur, studierte Sprachen und arbeitete erfolgreich in einem Spracheninstitut. Ihre schriftstellerischen Ambitionen gab sie nach einigen erfolglosen Publikationsversuchen auf.

Thomas zog mit 18 Jahren aus der Familie aus und bezog eine düstere Hinterhofwohnung. Er brach mehrere Ausbildungen nach kurzer Zeit ab, jobbte zwischendurch, lebte aber hauptsächlich von der Unterstützung der Eltern. Schlimmer als sein Drogenkonsum, der eine Phase der Beschaffungskriminalität zur Folge hatte, nahm mit den Jahren sein Alkoholabusus zu, der schließlich in einem manifesten Alkoholismus mündete. In dieser Zeit machte auch er bei mir einen Therapieversuch, den er aber nach wenigen Stunden beendete. Auch andere Therapiemöglichkeiten lehnte er kategorisch ab.

Marina ließ sich von ihrer Mutter immer stärker in die Verantwortung für ihren Bruder einbinden. Verzweifelt bemühte sie sich wegen seiner zunehmenden Verwahrlosung in seiner Wohnung und in seinem Äußeren und aus Sorge um seine Gesundheit, ihn aus seiner hoffnungslosen Lage zu retten. Vergeblich. Im Gegenteil reagierte er auf die Hilfsangebote mit Vorwürfen, üblen Beschimpfungen und im trunkenen Zustand mit Rausschmissen aus seiner Wohnung.

Eines Tages, es waren nach dem frühzeitigen Tod beider Eltern wieder einige Jahre verstrichen, in denen Marina alleine die Verantwortung und die Fürsorge für ihren Bruder hatte und gegen seinen Widerstand das Erbe vernünftig verwalten musste, rief sie mich an.

»Was soll ich tun? Ich bin gescheitert! Ich kann nicht mehr!«

Weinend betrat sie zum verabredeten Termin das Zimmer. Auf meine Frage, was geschehen sei, erzählte sie, dass Thomas mit einem schweren Alkoholdelir in die Klinik eingeliefert worden sei.

»Gibt es noch irgendetwas, was ich für ihn tun kann?«, fragte sie erschöpft.

»Ich glaube, wenn du ihn öfter im Krankenhaus besuchst, einfach nur da bist, und wenn du nach seiner Rückkehr regelmäßig seinen Kühlschrank mit ausreichenden Lebensmitteln versorgst und gelegentlich seine Wäsche wäschst, tust du alles, was noch möglich ist.«

Bei dem »Du« waren wir seit ihrer Behandlung während der Pubertätsjahre geblieben. Sie wollte es so. Jetzt schaffte es eine Nähe, die sie dringend brauchte. Ich versuchte, sie zu trösten, indem ich ihr am Beispiel ihres Bruders etwas über den Selbsterhaltungs-, Selbstheilungs- und Selbstrettungstrieb erklärte, die hinter jeder Hilfeverweigerung stehen. Und ich ermutigte sie, ihrem Bruder bei aller Tragik nicht die Anerkennung und den Respekt für seine Haltung zu verweigern.

Zwei Wochen später schickte sie mir mit der Bemerkung »Danke für das letzte Gespräch« die Todesanzeige. Thomas war an den Folgen des Delirs gestorben.

Die Fallskizze veranschaulicht die komplizierte wechselseitige Dynamik von Hilfeleistungen. Von ihr ist nicht nur der Hilfsbedürftige betroffen, sondern auch der zur Hilfe Geforderte. Auf Seiten des Hilfsbedürftigen sind Schuldgefühle und Scham über die eigene Krankheit und Schwäche, das eigene Scheitern und die dadurch bedingte Verletzung von familiären Wertnormen und Erwartungen die eine Ursache für die Ablehnung von Hilfe; die andere Ursache ist die panische Angst vor Abhängigkeit, die einen noch wehrloser und ohnmächtiger macht und die einen darüber hinaus noch zur Dankbarkeit verpflichtet. Die Abwehr von Hilfe nimmt dabei häufig die Form einer starren und wütenden Verweigerung an. Nur in der stolzen Verneinung kann die Kränkung erträglich gemacht und das brüchige Selbstgefühl zusammengehalten werden. So eindeutig diese Haltung nach außen hin erscheint, so wenig entspricht sie der inneren Erwartung. Denn je ausgeprägter das Scheitern, umso tiefer reicht die Ambivalenz. So steht neben der wütenden Verweigerung die Sehnsucht nach Verständnis und Unterstützung. Sie ist mit der Erwartung verknüpft, die Geschwister möchten das Manöver durchschauen und sich nicht von ihren Hilfsangeboten abbringen lassen. Tun sie dies doch, ist die Enttäuschung umso größer. Neuerlicher Rückzug und Verstärkung der kämpferischen Abwehr sind die Folge. Der masochistische Kreislauf mündet in eine zunehmende Verhärtung der Geschwisterbeziehung.

Entsprechend kompliziert ist die innere Situation des stabilen Geschwisters. Es steht ratlos vor den Fragen, wie sie in der Fallskizze anklingen: Wie soll ich helfen, womit kann ich helfen, wird meine Hilfe überhaupt erwünscht, nützt meine Hilfe etwas, kenne ich den anderen gut genug, um zu wissen, was er braucht? Die Frage »Will ich überhaupt helfen?« stellt sich in der Regel erst dann, wenn Hilfsangebote wiederholt zurückgewiesen wurden. Zurückweisung reduziert nicht nur die Hilfsbereitschaft, sondern führt zur gekränkten und wütenden Abgrenzung. Dadurch wird aber die Hilflosigkeit, die Ohnmacht und das Schuldgefühl verstärkt, helfen zu wollen, auch helfen zu müssen, aber nicht helfen zu können. Am Schnittpunkt der beiden Kreisläufe, in die das hilfsbedürftige und das sorgende Geschwister jedes auf seine Weise eingeschleust sind, kann sich der sado-masochistische Konflikt explosionsartig entladen. Es ist wie ein funkensprühender Kurzschluss, bei dem die aufgestauten Gefühle in Form von wechselseitigen Vorwürfen, Anklagen, Schuldzuweisungen, Entwertungen und anderen aggressiven Äußerungen bis hin zu körperlich gewalttätigen Handlungen zum Ausbruch kommen. Es ist das Drama einer tiefen Verzweiflung auf beiden Seiten, das das Gefühl des

Scheiterns bei dem einen und das Schuldgefühl bei dem anderen Geschwister lebenslang verfestigen kann. Ein solcher Verlauf ist typisch für Geschwisterbeziehungen, die im vollständigen Kontaktabbruch enden. Aber da dieser nichts löst, bindet er die Geschwister umso fester, wenn auch unsichtbar, in Schuld und Einsamkeit zusammen. Erst der Tod, so scheint es, kann sie davon befreien.

Der tragische Tod von Thomas in dem beschriebenen Fall wird im Kontext der Geschichte zur Chiffre für die ausweglose Konsequenz eines unbewältigten Hilfeproblems nicht nur zwischen Eltern und Kindern sondern auch zwischen Geschwistern – der Tod als Symbol des endgültigen Kontaktverlustes und des Verlassenseins.

14. Das Leben mit Stief- und Halbgeschwistern

Ein Buch über Geschwister kommt heute nicht mehr ohne die Berücksichtigung von Stief- und Halbgeschwistern aus. Auch wenn verlässliche Zahlen fehlen, dürfte deren Anteil an der Gesamtgeschwisterzahl durch den Umbau der traditionellen Kernfamilie in den letzten Jahrzehnten erheblich zugenommen haben. Nach allen demografischen Prognosen setzt sich dieser Trend fort, so dass die beiden Geschwistergruppen in der immer unübersichtlicher werdenden Familienlandschaft eine wachsende Rolle einnehmen werden.

Es liegt an dieser Unübersichtlichkeit, dass Untersuchungen über Stief- und Halbgeschwister bisher sehr spärlich und in ihren Ergebnissen kaum vergleichbar sind. Es scheint ein fast aussichtsloses Unterfangen, allein die Vielfalt familiärer Konstellationen zu definieren und zu beschreiben, in denen leibliche Kinder auf Stief- und Halbgeschwister treffen, ob zusammen oder getrennt bei verschiedenen Elternteilen lebend.

Eine dieser Konstellationen, die in den letzten Jahren unter dem Begriff Patchwork-Familie bekannt geworden ist und in der Öffentlichkeit große Aufmerksamkeit erfahren hat, wird auch im Alltag von einer zunehmenden Zahl getrennter Familien praktiziert. Von den einen als Zukunftsmodell und ideale Alternative zur Kernfamilie hochgelobt, sind andere nach anfänglicher Euphorie durch die inzwischen vorliegenden Erfahrungen kritischer geworden. Die vorhandene Literatur über Patchwork-Familien unterstreicht die eher vorsichtige Sichtweise, da die Komplexität familiärer und geschwisterlicher Beziehungsgefüge und die damit verbundenen Risiken in dieser Familienform gegenüber der Normalfamilie um ein Vielfaches potenziert ist.

Hier liegt auch der Grund, warum ich dieses Kapitel erst im zweiten Teil des Buches aufgenommen habe. Damit soll keineswegs geleugnet werden, dass es gelungene, liebevolle und sich wechselseitig ergänzende und fördernde Bindungen zwischen leiblichen und Stief- oder Halbgeschwistern gibt. Diese können auch dauerhafter und verlässlicher sein als zwischen leiblichen Geschwistern und bilden dann im gemeinsamen Erleben eine Einheit, die alle Gegensätze aufhebt. Aber solche günstigen Entwicklungen sind von zahlreichen Bedingungen abhängig, zum Beispiel vom Einzelkind- beziehungsweise Geschwisterstatus der leiblichen Kinder, oder vom Geschlecht der Geschwister, von ihrem Altersunterschied, von ihren vergleichbaren Temperamenten, intellektuellen Begabungen und sozialen Voraussetzungen. Aber vor allem sind sie das Ergebnis eines wechselseitig akzeptierenden und kooperativen Bündnisses zwischen allen beteiligten Elternteilen und Partnern. Solche Bündnisse hängen nicht von der Form oder den Begriffen ab, ob man sie als Ein-Eltern-, Nachscheidungs-, Fortsetzungs- oder Patchwork-Familie bezeichnet oder ob man nicht verheiratete oder neu verheiratete Eltern mit Kindern aus früheren Ehen oder Lebensgemeinschaften als Stiefmutter und Stiefvater oder als Ersatzmutter und Ersatzvater oder als soziale Mutter und sozialer Vater bezeichnet.

Die neueste Version, das Dilemma der Begriffe aufzulösen, stammt von dem bekannten dänischen Pädagogen und Familientherapeuten Jesper Juul. Da die Begriffe Patchwork-Familie und Stiefeltern so belastet seien, schlägt er stattdessen »Bonusfamilie« und »Bonuseltern« vor, Bezeichnungen, die er auf alle Beteiligten überträgt: »Bonusvater«, »Bonusmutter«, »Bonusoma«, »Bonuskind« usw. Abgesehen davon, dass man bei diesen Wortbildungen eher an Rabattmarken oder sonstige Geschäftsvorteile statt an positive Eltern-Kind-Bindungen denkt, liegt ihr Denkfehler in der Nichtberücksichtigung des dynamischen Wandels von Beziehungen. Denn in der Realität kann sich zwar eine anfänglich eher ambivalente bis ablehnend eingestellte Stiefmutter zur sogenannten »Bonusmutter« entwickeln, was auch für alle anderen Mitglieder der neu gegründeten Familie zutreffen mag. Aber was geschieht, wenn der umgekehrte Fall eintritt? Dies dürfte eher häufiger zu erwarten sein, weil stärkere Konflikte in solchen Systemen erst mit der Zeit auftreten, wenn das Leben alle Beteiligten voll im Griff hat. Dann verwandelt sich die Bonusmutter wie im Märchen in die Stiefmutter zurück, oder sollte man dafür den Begriff der »Malusmutter« kreieren?

Insgesamt erwecken der »Bonus«-Begriff wie alle anderen genannten und weitere Definitionen den Eindruck, als wollten sie die Tatsache verdecken, dass jede Trennung einer Familie und die anschließenden Reorganisationsbemühungen Flickwerk bleiben und konsequenterweise als Flickenteppichfamilien angesehen werden müssen. In jedem Fall erfordert die Lösung der durch sie aufgeworfenen Probleme von allen betroffenen Erwachsenen ein Höchstmaß an Konfliktfähigkeit, Flexibilität, Toleranz und innerer Reife. Da diese Fähigkeiten nicht von allen Beteiligten in gleicher Weise vorausgesetzt werden können, ist der Spielraum für Konflikte beliebig groß. Aus ihnen stammt hauptsächlich die belastende Hypothek, die Stief- und Halbgeschwistern häufig aufgebürdet wird und die sich als destruktive Affekte zwischen ihnen und den leiblichen Kindern entlädt.

Wie komplex diese Zusammenhänge aus tiefenpsychologischer Sicht sind, lässt sich am ehesten an einer konkreten Behandlung beschreiben. Anna war 16 Jahre alt, als sie von ihrem Hausarzt zu mir überwiesen wurde. Sie klagte über unklare Magenbeschwerden mit Essstörungen, über Kopfschmerzen, depressive Verstimmungen und einen Leistungsabfall in der Schule, der ihre Versetzung gefährdete. Sie war ein aufgeschlossenes, lebhaftes Mädchen, dem man sein Leiden zunächst kaum anmerkte.

Aus der Vorgeschichte erfuhr ich von ihr, dass sie als Fünfjährige mit ihrem Vater Franz zu dessen Freundin Rose und deren gleichaltriger Tochter Jenny gezogen war. Ihre Mutter Dagmar war mit dieser Entscheidung einverstanden, da sie noch eine zeitaufwendige Ausbildung machen wollte und sich von ihrem Mann einvernehmlich getrennt hatte. Sie konnte sich darauf verlassen, dass ihre Tochter regelmäßige Zeiten bei ihr verbrachte. Sie verstand sich gut mit der Freundin ihres Mannes und war als gern gesehener Gast bei allen Feierlichkeiten der neuen Familie dabei. »Wir sind eine richtig gute Patchwork-Familie«, strahlte Franz des Öfteren gegenüber Freunden.

Die Tatsache, dass sich die beiden Mädchen als ehemalige Einzelkinder nach anfänglicher Fremdheit und Anpassungsschwierigkeiten wie »richtige« Schwestern fühlten und dass sie den jeweiligen Stiefelternteil bald voll akzeptieren konnten, schien seinen Optimismus zu rechtfertigen. Das gemeinsame Glück täuschte jedoch darüber hinweg, dass Jenny die ersten fünf Lebensjahre vaterlos aufgewachsen war. Sie kannte ihren Vater nicht, da er kurz nach der Geburt die Mutter verlassen und sich nie mehr gemeldet hatte. Auch Anna trug eine heimliche Last mit sich, da sie trotz des guten Verhältnisses zwischen der neuen Familie und ihrer Mutter deren Einsamkeit spürte und vergeblich hoffte, dass auch sie einen neuen Partner finden würde. Der Gedanke, ihre Mutter trotz deren Einverständnis verlassen zu haben, verband sich für sie auf Dauer mit einem untergründigen Gefühl von Schuld.

Trotzdem war mir nach dieser Vorgeschichte noch unklar, warum Anna unter einer so vielfältigen und sie offenbar quälenden Symptomatik litt. Sie selbst hatte auch keinerlei Erklärung dafür. Auf meine Frage »Wann fing das alles an?«, entspann sich folgender Dialog:

»Das ist schon ziemlich lange her, etwa fünf bis sechs Jahre.«

»Vielleicht gab es damals irgendetwas Wichtiges, was sich ereignet hat.«

Nach längerem Nachdenken fällt ihr die Einschulung aufs Gymnasium ein, wo sie mit Jenny in die gleiche Klasse kam. Sie sei anfänglich eine recht gute Schülerin gewesen.

»Besser als Jenny?«

»Nein, wir waren gleich gut und haben uns bei den Schulaufgaben gegenseitig viel geholfen.«

»Bis heute?«

Anna macht eine Pause und schaut mich mit großen Augen an. »Nein«, sagt sie dann, »aber das fällt mir erst jetzt auf. Wir arbeiten eigentlich schon lange nicht mehr zusammen.«

»Wie lange?«

»Schon lange. Wir sind auch nicht mehr in der gleichen Schule. Jenny wollte auf ein besseres Gymnasium.«

»Ich vermute, dass es einen Grund gibt, warum ihr die frühere Gemeinsamkeit aufgegeben habt.«

Anna überlegt lange. Plötzlich bricht es aus ihr heraus: »Mein Bruder! Meine Güte, ich habe ihn ja völlig vergessen! Es könnte durch meinen Bruder gekommen sein.«

Natürlich lag an dieser Stelle die Frage nahe, warum Anna in ihrer Vorgeschichte ihren Bruder »vergessen« hatte und welche mögliche Rolle er beim Zustandekommen ihrer Symptomatik spielte.

Die Beantwortung ergab sich erst in langsamen Schritten im Verlauf einer eineinhalbjährigen, 50 Stunden umfassenden Behandlung. Ich fasse hier die wichtigsten Punkte zusammen, die zur Klärung der Krankheitsursachen und zur weiteren Lösung von Annas Problemen beitrugen.

Fünf Jahre nach Gründung der neuen Familie kam der Halbbruder Hanno zur Welt. Die beiden Stiefschwestern waren damals zehn Jahre alt. Wie häufig in solchen Konstellationen, konnte sich das weiterhin unverheiratete Paar Franz und Rose erst zu diesem späten Zeitpunkt zu einem gemeinsamen Kind entscheiden. Der Einschnitt durch dieses Ereignis muss für alle Beteiligten so dramatisch gewesen sein, dass Anna im Laufe der nächsten Jahre die Einzelheiten verdrängt hatte. Erst durch ihre therapeutische Rekonstruktion kamen sie wieder ans Tageslicht und ergaben folgendes Bild:

Dagmar, Annas Mutter, brach nach der Geburt den Kontakt zu der Familie abrupt und für immer ab. Sie hatte sich in ihrer Ehe sehnlichst ein zweites Kind gewünscht, was von ihrem Mann kategorisch abgelehnt wurde. Dass er jetzt doch mit Rose noch mal ein Kind gezeugt hatte, erlebte sie als einen tiefen Verrat und als Kränkung, die sie nicht überwinden konnte. Anna geriet dadurch in einen schweren Loyalitätskonflikt, zu wem sie halten sollte, und ihre Schuldgefühle der Mutter gegenüber verstärkten sich. Sie besuchte sie jetzt häufiger als früher, wodurch sie sich von ihrer neuen Familie entfernte. Auf diese Veränderung reagierten jetzt ihr Vater und ihre Stiefmutter Dagmar gegenüber mit ablehnenden Bemerkungen und luden ihre Enttäuschung über ihr Verhalten auf Anna ab.

»Allmählich fühle ich mich in der Familie immer mehr ausgegrenzt«, sagte sie. »Aber noch schlimmer waren die Reaktionen von Jenny.«

Nach der Geburt von Hanno, so ließ sich aus Annas Rückerinnerung schließen, stürzte sich Jenny geradezu eifersüchtig auf das Baby und schloss ihre Stiefschwester so gut sie konnte aus der Versorgung und später aus dem gemeinsamen Spiel aus. Sie schien sich als die eigentlich zugehörige Tochter zur Familie zu fühlen, da Anna ja tatsächlich immer noch einen Fuß im Haushalt der Mutter hatte. So machte sie sich mit der Zeit bei ihrem Halbbruder immer beliebter und wurde folgerichtig seine »Lieblingsschwester«. Aber ihre Fürsorge war nicht nur uneigennützig, da sie sich damit, so kam es Anna vor, auch bei den Eltern als »Lieblingstochter« einschmeichelte.[46]

Eine Steigerung dieses Konkurrenzverhaltens um die Liebe der Eltern fiel mit Beginn der Pubertät zusammen. Jenny entwickelte als vaterlose Tochter eine auffällige Zuneigung zu ihrem Stiefvater und versuchte, ihn in kokettierender, oft auch provozierender Weise für sich zu gewinnen. Da sie ein hübsches und schulisch erfolgreiches Mädchen war, blieben ihre Versuche nicht ganz erfolglos, während Franz zu seiner eigenen Tochter wegen ihrer guten Beziehung zur Mutter, aber auch wegen ihrer nachlassenden Schulleistungen und persönlichen Schwierigkeiten auf größere Distanz ging.

»Ich wurde immer neidischer auf Jenny und fühle mich in der Familie isoliert, habe das alles aber runtergeschluckt und mir nichts anmerken lassen, weil ich dadurch die Ablehnung der anderen nur vergrößert hätte«, klagte Anna in einer Behandlungsstunde, nachdem ihr eine schlimme Szene mit Jenny und ihrem Halbbruder einfiel. Es war vor knapp einem Jahr, als Jenny anlässlich eines banalen Streits zu ihr sagte:

»Was willst du eigentlich noch hier? Geh doch für immer zu deiner Mutter. Du bist doch noch ein Baby, hast keinen richtigen Busen und keinen Freund, und das Abitur wirst du auch niemals schaffen.«

Der anwesende, etwa fünfjährige Bruder rannte daraufhin im Kreis um sie herum, bewarf sie mit herumliegendem Spielzeug und schrie immerzu:

»Hau ab, blöde Anna, hau endlich ab!«

»Ich stand wie erstarrt in der Mitte und konnte nichts mehr sagen«, fuhr Anna fort. Seitdem hätten sich ihre Symptome und Probleme akut verschärft. Kurze Zeit später sei sie tatsächlich endgültig zur Mutter gezogen, während Jenny die Schule wechselte. Das Paradies der Patchwork-Familie war zerbrochen. Anna litt auch darunter, dass sie ihren Vater seit der Zeit nur noch zu seltenen Anlässen traf und ihre Gespräche unpersönlich und oberflächlich blieben.

Und Hanno? Wie ging es ihm mit den beiden älteren und dominierenden Halbschwestern? Ich habe Anna etwa ein Jahr nach Beginn der Therapie danach gefragt.

»Ich weiß nicht«, sagte sie, »nach meinem Auszug verstehen wir uns wieder besser, wenn wir uns mal sehen. Aber glücklich scheint er auch nicht zu sein.«

Für seine erst sieben Jahre sei er sehr aufsässig, aggressiv und launisch. Er habe keine Freunde und sei ein schlechter Schüler.

»Ich glaube, Franz und Rose«, sie nannte ihren Vater und ihre Stiefmutter beim Vornamen, »und später auch Jenny haben ihn viel zu sehr verwöhnt. Er war nicht nur das Nesthäkchen, sondern auch der ersehnte gemeinsame Sohn, während es mit uns Schwestern doch immer etwas schwierig war.«

Ich bekam den Eindruck, bei Hanno braute sich etwas zusammen, was erst in der Pubertät als schwere Identitätskrise zum Ausbruch kommen könnte. Seine gesicherte Position als leiblicher Sohn verhinderte nicht die Beschäftigung mit den Geheimnissen um die beiden Schwestern, die eine für ihn undurchschaubare Geschichte als ebenfalls leibliche Töchter jeweils eines Elternteils mit sich herumtrugen. Welchen Platz nahm er selbst in der Unübersichtlichkeit der anwesenden Personen und der irgendwo außerhalb der Familie lebenden, aber offenbar bedeutungsvollen Elternteile und deren Verwandtschaft ein? Wie erwünscht war er wirklich auf dem Hintergrund dieser verworren wirkenden Vergangenheit?

Familien sind dynamische Systeme, in denen sich alle Mitglieder auf sich ständig verändernde Bedingungen des Zusammenlebens neu einstellen müssen, wie die Natur auf den Wandel der Jahreszeiten. Je mehr Faktoren auf diesen Prozess einwirken und je schneller die Abfolge der Veränderungen eintritt, umso stärker wird der Anpassungsdruck für jeden Einzelnen. Entsprechend ausgeprägt können die dabei auftretenden Spannungen und Konflikte zwischen den Familienmitgliedern sein. Wie das Beispiel von Anna und Jenny zeigt, wachsen in einem zusammengesetzten System aus leiblichen, Stief- und Halbgeschwistern die Gefahren solcher diskontinuierlichen Entwicklungen deswegen so stark an, weil sich in ihm nicht nur jeder Einzelne im Laufe seiner Entwicklung verändert und die Lebensbedingungen für alle gemeinsam einem Wandel unterliegen; entscheidend ist, dass jedes der Geschwister ein psychisch mehr oder weniger belastetes Schicksal in die neuen Beziehungen mit einbringt. Sicher sind einem Großteil heutiger Eltern, die eine Schicksalsgemeinschaft mit einer gemischten Geschwistergruppe eingehen, solche Gefahren bewusst. Deswegen nehmen sie ihre Verantwortung an und bemühen sich um einen gerechten Ausgleich divergierender Interessen und Bedürfnisse und um eine liebevolle Beziehung zu allen Kindern. Aber viele Eltern sind noch zu konflikthaft in ihre eigene Vergangenheit und Geschichte mit dem Expartner verwickelt oder werden von diesem in dauernder Spannung gehalten. Unter diesen Bedingungen fehlt ihnen oft die notwendige Empathie. Dann verstehen sie die tieferen Gründe für geschwisterliche Zerwürfnisse nicht und negieren die Unvereinbarkeiten zwischen den Geschwistern, die solche Konstellationen häufig mit sich bringen. Stattdessen wollen sie ein friedliches Einvernehmen erzwingen. Dadurch kann der Widerstand einzelner Geschwister gegen die neue Lebensform und ihre beteiligten Personen erheblich geschürt werden. Hier sind mehr Aufklärung, mehr Beratungen und in Einzelfällen mehr Therapien die Mittel der Wahl, um das schwierige Los vieler Stief- und Halbgeschwister, ihrer leiblichen Geschwister und auch ihrer Eltern zu mildern.

15. Der Streit um das Erbe

Sein 17-jähriger Sohn hatte sich nachts heimlich die Wagenschlüssel genommen. Auf einer Landstraße unweit des Hauses verunglückte er tödlich, als er wegen überhöhter Geschwindigkeit aus der Kurve getragen wurde. Der Vater, der für einige Stunden zur Krisenintervention in meine Beratung kam, weinte während des Berichtes. An späterer Stelle schilderte er eine Begebenheit, die mich erst recht bestürzte. Bei der Beerdigung habe ihn sein eigener Bruder nicht gegrüßt, geschweige denn ein Wort oder eine Geste des Trostes gefunden. Als Grund für das zunächst völlig unverständliche Verhalten nannte er eine Erbauseinandersetzung einige Jahre zuvor. Sein vier Jahre älterer Bruder habe das Geschäft seines Vaters geerbt und zusätzlich seinen Pflichtanteil an dem verbliebenen Vermögen eingeklagt, das die Eltern für ihn, den Patienten, bestimmt hatten. Deswegen habe er sich auch gerichtlich gegen die Forderung des Bruders gewehrt. Seit der Zeit hätten sie nicht mehr miteinander gesprochen.

Da sich der Mann in einer schweren suizidalen Krise befand, schrieb ich dem Bruder ein paar Zeilen über die Bedeutung der Versöhnung zwischen zerstrittenen Geschwistern angesichts eines existenziellen Unglücks, wie es der Tod eines Kindes darstelle. Der Bruder rief mich sofort an. Den Erbstreit erwähnte er nicht. Als Erklärung für sein Verhalten sprach er dagegen über seine tiefe Enttäuschung über den jüngeren Bruder. Dieser habe zeit seines Lebens die Hilfe der Eltern in Anspruch genommen, sei aber nur unwillig und kurz zu einem Besuch bei ihnen im Altenheim erschienen, als er einige Zeit vor ihrem Tod zufällig in der Gegend war. Er selbst habe sich, nicht nur bedingt durch die Wohnnähe, in den letzten schwierigen Jahren intensiv um die alten Eltern gekümmert, während sie seinem verwöhnten Bruder fast gleichgültig waren.

Diese Beobachtung bildet den entscheidenden Grund für meine Annahme, dass es einen engen Zusammenhang zwischen der Pflege der Eltern, ihrem Tod und dem Erbe geben muss. Alle drei Ereignisse werden in der Literatur als gesonderte Tatsachen behandelt. Da sie aber besonders häufig zum Anlass meist heftiger Geschwisterkonflikte werden, erscheint es mir sinnvoll, der Frage des inneren Zusammenhangs zwischen ihnen genauer nachzugehen.

Wer sorgt sich um die Eltern, wenn sie krank und hinfällig werden? Wer nimmt sie in die eigene Familie auf und pflegt sie dort? Wer kümmert sich um ihre anderweitige Unterbringung, wenn eine Aufnahme in der Familie der Kinder nicht möglich ist? Wer unterstützt sie finanziell am stärksten, wenn sie auf diese Hilfe angewiesen sind? Wer besucht sie am häufigsten, schreibt ihnen, tröstet sie und begleitet sie in den letzten Stunden des Lebens? Grundfragen menschlicher Erfahrung. In der Vorbereitung auf den letzten Abschied von den Eltern verdichtet sich noch einmal die lebensgeschichtliche Beziehung zu ihnen. Deswegen besitzt diese Lebensphase einen so hohen emotionalen Stellenwert für alle Geschwister. Entsprechend erreicht in dieser Zeit das Konfliktpotenzial zwischen ihnen einen letzten und, wie wir sehen werden, dramatischen Höhepunkt. Dabei bilden die drei Hauptanlässe für jetzt aufbrechende Geschwisterkonflikte, die Pflege der Eltern, ihr Tod und das Erbe, nur die Oberfläche des affektiven Geschehens. In dem Beispiel der zitierten Brüder geben beide eine plausible Erklärung für ihre wechselseitige Enttäuschung: Der Jüngere fühlt sich um den ihm zustehenden Erbanteil geprellt, der Ältere wirft dem anderen Undankbarkeit und Eigennutz vor. Diese Gründe können schwerwiegend sein und einen heftigen Streit durchaus rechtfertigen. Aber reichen sie aus, die Tiefe des Zerwürfnisses zu erklären? Die Reaktion des älteren Bruders, dem jüngeren am Grab seines Sohnes jedes Mitleid, jeden Trost und jede Versöhnung zu verweigern, stellt eine Grenzüberschreitung dar, bei der ein ehernes Gesetz, eine »heilige Pflicht« brüderlicher Liebe und familiärer Verantwortung verraten wird. Es handelt sich um eine geradezu tragische Bruderkonstellation, die an den bekannten Tragödienstoff der Antigone denken lässt, diesen allerdings umkehrt. Nach Sophokles begräbt Antigone ihren Bruder Polyneikes gegen das ausdrückliche Verbot König Kreons, weil sie ihre Geschwisterliebe und das Gesetz familiärer Loyalität höher stellt als alle Staatsräson – eine Überzeugung, für die sie ihr eigenes Leben opfert.

Wie lässt sich die Umkehrung bei den beiden Brüdern erklären? Der Tod eines Kindes, so sahen wir früher, ist der wohl aufwühlendste Schmerz, den man einem Menschen zufügen kann. Mit dem Kind trägt man auch einen Teil von sich selbst zu Grabe. In dieser Situation dem Bruder die Hand zu verweigern und die Bruderliebe endgültig zu opfern drückt eine Versteinerung aus, die auf eigene ungeheilte und tiefe Wunden schließen lässt. Sie sind es, die jenseits der Oberfläche die schweren Geschwisterentzweiungen erklären, zu denen es im Zusammenhang mit den drei genannten Anlässen kommen kann. In unserem Fall hat daher der tote Sohn und Neffe den Grad der Unversöhnlichkeit und das Ausmaß der Verletzungen zwischen den Brüdern lediglich erst erkennbar werden lassen.

Nur ein Blick hinter die oberflächliche Streitfassade wird also die Frage klären können, wie es zu einer solchen Zuspitzung des Bruderkonfliktes kommen konnte. Zur Rekonstruktion ihrer Geschichte dienen mir die ausführlichen Berichte des jüngeren Bruders während der Beratungsstunden, die ich durch theoretische und praktische Erfahrungen ergänze, wie sie ins Repertoire jedes Psychotherapeuten gehören. Nach dieser Rekonstruktion lässt sich die Dynamik des Bruderkonfliktes etwa folgendermaßen verstehen: Der ältere Bruder wurde schon sehr früh in die Rolle des Nachfolgers im väterlichen Betrieb gedrängt. Mit viel Fleiß, Anstrengung und Erfolg richtet er alle Bemühungen darauf, den Auftrag der Eltern zu erfüllen, wofür er besonders vom Vater die ersehnte Anerkennung bekommt. Eines Tages schlägt er dem Vater vor, eine moderne Maschine anzuschaffen, die zwar teuer, auf Dauer aber produktiver sei. Der Vater scheut das Risiko der Investition. Von dieser Zeit an wird aus der Kooperation und konstruktiven Konkurrenz zwischen Vater und Sohn eine destruktive Rivalität, die in einen langen und aufreibenden Machtkampf einmündet. Die Anerkennung des Vaters kehrt sich in beleidigte Ablehnung um, der sich die Mutter anschließt, weil sie ihren Mann leiden sieht, mit ihm loyal ist und den Sohn jetzt zu rücksichtslos in seiner unternehmerischen Expansion findet. Dieser hat nichts anderes getan, als die ursprünglichen und ehrgeizigen Pläne seiner Eltern zu realisieren, hat den Betrieb durch Krisen gebracht, den alten Eltern ein gutes Einkommen gesichert – und erntet jetzt am Schluss nur Missbilligung. Er fühlt sich missbraucht. Ihn lässt die Frage nicht mehr los, wen die Eltern geliebt haben, ihn als eigene Person oder ihn als willigen Erfüllungsgehilfen ihrer Lebensziele. Diese ihn offenbar sehr quälende Frage bleibt bis zum Tod der Eltern unbeantwortet und begleitet ihn sein weiteres Leben. Noch im Altenheim besucht er sie fast täglich, um sie seiner Liebe zu versichern, um seine Rivalität mit dem Vater wieder gutzumachen und um durch ihre Liebe versöhnt zu werden.

Und da gibt es noch den jüngeren Bruder, das Hätschelkind. Nachdem klar ist, wer die Hauptaufgabe der Familie – den Erhalt und die Fortführung des Betriebes – tragen wird, kann er sich frei entwickeln, gewöhnt sich an die Verwöhnung und absichtslose Liebe der Eltern, erlernt einen Beruf, bei dem es immer etwas knapp ist; immer wieder greifen die Eltern ihm unter die Arme, auf sie ist Verlass. Ihre Liebe, Zuwendung und materielle Hilfe werden umso größer, je hilfloser ihnen der »Kleine« vorkommt. Er muss nichts dafür tun. Erst als er erwachsen ist und die Eltern schon alt, merkt er, wie unselbstständig er geblieben ist. Jetzt will er sich abgrenzen, stößt die Eltern von sich; im Geheimen weiß er, dass er so schnell nicht ihre Liebe verlieren wird. Den älteren Bruder beneidet er jetzt um seine Selbstständigkeit und das von ihm erwirtschaftete Kapital. Er besucht seine Eltern nur widerwillig im Altenheim, um seinem Bruder zu beweisen, dass er kein Muttersöhnchen mehr ist; außerdem ist es eine stille Rache für die überbehütende und ihn letztlich behindernde Liebe seiner Eltern.

Als diese kurz hintereinander sterben, trauert der ältere Bruder sehr intensiv, weil er nun die Hoffnung aufgeben muss, noch jemals eine Liebe zu bekommen, die nicht an eine Delegation gebunden ist, eine uneigennützige Liebe, die nur ihm gilt. Der jüngere Bruder trauert auch stark, aber aus einem anderen Grund: Er merkt, dass er doch seine Selbstständigkeit noch zu Lebzeiten der Eltern nicht erreicht hat und sie ihm jetzt als hilfreiche und stützende Objekte fehlen.

Im Testament werden die 40 bis 50 Jahre lang bestehenden Familienregeln noch ein letztes Mal als Dokument festgeschrieben: Der ältere Bruder bekommt nun auch rechtlich den gesamten Betrieb überschrieben. Dass dieser überhaupt noch existiert und das Kapital in den letzten Jahrzehnten hauptsächlich durch seinen unternehmerischen Mut und Einsatz gewonnen wurde, wird dabei übersehen; ebenso, dass die jahrelangen Zuwendungen an den Bruder letztlich von ihm erwirtschaftet wurden. Im Testament wird er vom Restvermögen der Eltern ausgeschlossen – aus rational sogar einsehbaren Gründen: Er ist leistungsstark und besitzt mit dem Betrieb genügend Grundwerte, während der Jüngere finanziell relativ ungesichert ist. Es liegt daher auch auf der Hand, dass der ältere Bruder seinen Pflichtanteil nicht deshalb einklagt, weil er noch mehr Geld benötigt. Er klagt gegen das Unrecht, das im Testament die ungleiche Behandlung der beiden Brüder seit ihrer Kindheit besiegelt. Es ist ein letzter Kampf um Gerechtigkeit, die das Gericht sprechen soll, wenn die Eltern es schon nicht vermochten. Aber wie immer das Urteil ausfällt – das Testament wurde von den Eltern erstellt, und mit ihm wird Recht oder Unrecht gesprochen, vor jeder Entscheidung des Gerichts, und das Testament enthüllt in seiner Rechtsprechung, ob die Liebe zu den Kindern gleichmäßig verteilt war. Wenigstens das Testament soll dies beweisen, auch wenn die Realität eine andere war. Der Streit um das Erbe, so lässt sich formulieren, ist, wie der Streit um die Pflege und wie die unterschiedliche Trauer um den Tod, eine Frage der Liebe. Das verbindet die drei Ereignisse in der letzten Lebensphase. Wo der Streit um die Pflege entbrennt, ist der Streit um das Erbe nicht weit. »Wer ist am meisten geliebt worden?« steht auf der einen und »Wer hat die Liebe am meisten verdient?« auf der anderen Seite der Medaillen, die beim Tod der Eltern ein letztes Mal unter den Geschwistern verteilt werden. Dabei kann sich erweisen, dass diejenigen, die sich am meisten angestrengt haben, am wenigsten bekommen, und die anderen, die »verlorenen Söhne«, die sich um nichts kümmern, zum Schluss die Geliebtesten sind. Diese im Neuen Testament im Stil eines harten Realismus beschriebene Ungerechtigkeit wird im Erbtestament noch einmal zur schmerzhaften Wahrheit. Die »Testamentseröffnung« als Ritual des »letzten Willens« und als die Aufdeckung eines lange gehüteten Geheimnisses bringt endlich an den Tag, was mit Angst, Bangen, Sehnsucht, Neugier, Ungeduld und guten oder bösen Ahnungen lange erwartet wurde – die Antwort auf die Frage: »Wer wurde am meisten geliebt?« Dabei verwandelt sich das Testament in ein sprechendes Spieglein: »Dich, Tochter, habe ich sehr geliebt, aber deine Schwester, die mit den blonden Haaren und den blauen Augen und dem fröhlichen Lachen, die habe ich tausendmal mehr geliebt als dich.«

So wird es dem älteren Bruder ergangen sein, als er das Spieglein sprechen hörte. Und er versteinerte. Egal, welches Unglück den jüngeren Bruder treffen würde – es war kein Gefühl mehr für ihn da. Zu tief ging der Schmerz, nach Jahrzehnten harter Arbeit die Wahrheit zu erfahren. Kain und Abel. Der Fluch des einseitigen Segens.

Wir verstehen. Es geht nicht um Teetassen, alte Möbel, Teppiche und Schmuck, auch nicht um 10, 20 oder 100 000 Euro, wenigstens nicht in der tiefsten Schicht unserer Wünsche, auch wenn es schön ist, dies alles zu besitzen. In der tiefsten Schicht geht es bei der Erbschaft ein letztes Mal um die Gretchenfrage jeder Eltern-Kind-Beziehung: »Wie sehr wurde ich geliebt?« Wenn es darüber keine innere Gewissheit gibt, und die gibt es relativ selten, dann können nur die Geschwister den Vergleichsmaßstab für diese Liebe bilden: »Wer wurde am meisten geliebt?« Dabei können Testamente ungerecht und gerecht sein. Im ersten Fall sind Geschwisterkonflikte geradezu vorprogrammiert. Aber auch im zweiten Fall sind leider, aus Gründen subjektiver Verzerrung, Falschinterpretationen möglich, weil der Abschied von den Eltern hoch emotionalisiert und mit langer Geschichte befrachtet ist. Ihr Tod und ihr Testament schmelzen zu einem letzten Zeugnis ihrer Liebe zusammen.

Im Stadium der Pflegebedürftigkeit der Eltern glauben viele Kinder, ihre Bilanzen noch verbessern zu können. Deswegen entbrennt um sie häufig so viel Eifer, Rivalität und Neid, die sich in den seltsamsten Verkleidungen zeigen. Erfahrungsgemäß haben jedoch die Eltern ihre unbewussten Gefühlsentscheidungen schon Jahrzehnte davor getroffen. Umso ernüchternder kann dann der »letzte Wille« sein.

Eine Funktion der Gegenstände und sonstigen Werte, die bei der Erbschaft zur Verteilung kommen, darf hier nicht unerwähnt bleiben. Über ihre schöne Nützlichkeit hinaus werden sie nach dem Tod der Eltern zu Partialobjekten umgewandelt. Dabei werden jedes Service, jedes Silberbesteck, jedes Ölbild wie auch jede Geldanlage zu Teilen der Eltern, insofern, als diese die Dinge erworben und mit ihnen gelebt haben, in denen also die elterlichen Eigenschaften in quasi materialisierter Form überleben. In der Erwerbung einzelner dieser Gegenstände geht es um mehr als um Erinnerungen, die einen mit dem Toten verbinden sollen; es geht in einer tieferen Schicht um die Aneignung und Aufbewahrung von elterlichen Anteilen, die als gute innere Partialobjekte verinnerlicht werden. In diesem Sinne verwandelt sich die Erbschaft zur inneren Objektrepräsentanz, die eine gewisse Verwandtschaft zu sogenannten

Übergangsobjekten hat. Wie in der Kindheit Kuscheltiere, Bettzipfel oder andere weiche Gegenstände zu ständigen Begleitern, Schützern und Tröstern werden, um den Übergang von der Mutter-Kind-Symbiose in die Autonomie zu erleichtern, garantieren auch die äußerlich besonders behüteten und als Partialobjekt verinnerlichten Erbschaftsstücke die Kontinuität der inneren Beziehung zu den Eltern, wenn diese einen mit dem Tod verlassen haben. Sie lassen ihren Besitz symbolisch als »Liebespfand« zurück, als Teile von sich selbst, die sich die Kinder »einverleiben« sollen.

Mir scheint, dass der erbitterte und völlig irrational erscheinende Kampf, den Geschwister oft um scheinbar unbedeutende Erbschaftsstücke führen, sich aus dieser symbolischen Bedeutung von elterlichem Besitz erklärt. Selbst für die Beteiligten ist in der Regel der hohe emotionale Stellenwert einzelner Gegenstände unerklärlich. Sie sind zu gefühlsbeladenen Kristallisationspunkten geworden, deren Spuren sich in der weiten Landschaft der familiären Vorgeschichte verlieren. Im Erbschaftsstreit kommt es zur Manifestation verschütteter Beziehungskonflikte, die sich an den umstrittenen Gegenstand fixiert haben; insofern verweist ein solcher Konflikt immer auch in die Vergangenheit. Zugleich ist er ein Zeichen für eine nicht bewältigte Trennungsproblematik von den Eltern. Wenn deren Erbe den überwertigen Charakter von Partial- und Übergangsobjekten behält und zur Ursache für einen geschwisterlichen Besitzkampf wird, dürfte der Loslösungs- und Individuationsprozess der betroffenen Geschwister nur unvollständig gelungen sein. Je stärker die ungelöste Bindung, umso größer ist die Lücke, die die Eltern hinterlassen, und umso unersättlicher kann der Wunsch nach ihrem Ersatz durch das Erbe werden. Ungelöste Bindungen sind regelhaft ein Hinweis auf Defizite in Bezug auf gute verinnerlichte Elternbilder und somit Ausdruck mangelhaft erfahrener Liebe. So schließt sich der Kreis, der die Unersättlichkeit und Kompromisslosigkeit bei Erbschaftskonflikten erklärt.

Der hier dargelegte tiefenpsychologische Erklärungsansatz für Erbschaftskonflikte zwischen Geschwistern erweitert das gängige Verständnis, das vom Egoismus und der Besitzgier des Einzelnen ausgeht. Dass es auch diese Variante feindlicher Erbauseinandersetzungen gibt, zeigt La Fontaine im Gewande einer Fabel. »Der Greis und seine Kinder« schildert das Zerbrechen geschwisterlicher Einigkeit und Liebe nach dem Tod eines Vaters, der seine Kinder in gleicher Weise geliebt hat und sie vor diesem Schicksal bewahren wollte:

»Ein Greis, dem wenig Zeit zu leben noch geblieben,
Sprach zu den Söhnen: ›O ihr Kinder, meine Lieben,
Seht, ob zerbrechen ihr dies Bündel könnt von Pfeilen,
Den Knoten, der sie hält, zeig ich euch ohn Verweilen.‹
Es müht der Älteste sich mit Aufwand aller Kräfte
Und spricht darauf: ›Ich geb dem Stärkeren die Schäfte.‹
Der zweite folgt ihm, versuchet sich daran,
Allein umsonst; der Jüngste es nicht besser kann.
›Ihr Schwachen‹, spricht darauf der Vater, ›lasst euch zeigen,
Dass meine Kräfte noch die euren übersteigen.‹
Sie halten es für Spott und lachen, aber sieh,
Er knüpft die Pfeile auf und bricht sie ohne Müh.
›Ihr seht‹, spricht er darauf, ›die Kraft der Einigkeit.
O Kinder, drum in Lieb vereinigt immer seid.‹
Und als sein Ende nah er fühlte, sagte er:
›Bald zu der Väter Schar nun werd ich mich begeben.
Lebt wohl, versprechet mir, wie Brüder stets zu leben.‹
Die Söhne alle drei versprachen es mit Weinen.
Sie reichten ihm die Hand; er stirbt, es finden nun
Die Brüder reiches Gut, doch viel damit zu tun.
Kurz ist die Freundschaft nur, die man so selten findet,

Der Eigennutz zerstört das Band, das sie verbindet.
Mit mannigfachem Rat schleicht sich zur gleichen Zeit
Der Ehrgeiz und der Neid in ihren Erbschaftsstreit.
Als all ihr Gut dahin, sahn sie zu spät erst ein,
Welch eine Lehre sollt im Bündel Pfeile sein.«[47]

Durch Eigennutz, Ehrgeiz und Neid geht letztlich auch die Substanz verloren, auf der alle drei Brüder ihr weiteres Leben hätten aufbauen können: Nach dem Gleichnis der Fabel lässt sich das »reiche Gut« nicht nur als materieller Besitz deuten, es verkörpert auch die immateriellen Werte wie Zusammengehörigkeit, Einigkeit und Liebe. Zweifellos spielen in vielen Erbschaftskonflikten egoistische Interessen eine zentrale Rolle, sosehr die Eltern auch für Ausgleich und Gerechtigkeit gesorgt haben mögen. In diesen Fällen scheinen mir aber die Chancen für eine gütliche Regelung und Versöhnung günstiger zu sein als in Streitsituationen, die ihre Ursache in frühen Beziehungsstörungen im Eltern-Kind- oder Geschwisterverhältnis haben.

Ich möchte das Kapitel mit einer ganz persönlichen Erfahrung abschließen, die zeigt, dass Erbschaftskonflikte kein unvermeidbares Schicksal sind, das im Sinne eines Wiederholungszwangs von Generation zu Generation weitergegeben wird; die Geschwistergeneration kann auch Fehler vermeiden, die aus der Elterngeneration nachwirken.

Während ich dieses Kapitel schrieb, wurde mir immer bewusster, warum mich das Bruderschicksal meines Vaters bis heute beschäftigt hat. Ich hatte es nicht verstanden. Er war der ältere von zwei Brüdern, galt als der intelligentere von beiden, durfte studieren und wurde Brückenbauingenieur. Er setzte damit den sozialen Aufstieg seines Vaters fort, der sich autodidaktisch als Brunnenbauer spezialisiert hatte. Mein Vater sah immer mit leichter Verachtung auf seinen beruflich wenig erfolgreichen Bruder herab, was uns als Kinder sehr störte, da wir den Onkel wegen seiner Herzlichkeit und Wärme alle mochten. Nach dem Tod der Eltern kam es zu einer nicht endenden Erbschaftsauseinandersetzung zwischen den Brüdern, die zu einem totalen Kontaktabbruch führte. Wir Geschwister waren damals fassungslos. Wie konnte man sich wegen einer Erbschaft so endgültig entzweien? Wir redeten auf unseren Vater ein, aber er war völlig verhärtet und sprach nie darüber. Selbst in den Jahren, in denen sein Bruder nach einem Schlaganfall schwer behindert sein Leben in einem Rollstuhl verbrachte, hat er ihn nie besucht.

Heute wird mir klar, dass ich offenbar die Verletzungen unterschätzt hatte, die mein Vater als Delegierter der Familie erlitten hat. Er sollte den beruflichen Erfolg und gesellschaftlichen Aufstieg der Familie garantieren. Als schlagender Corpsstudent entwickelte er einen entsprechenden Ehrgeiz und eine eiserne Disziplin, für die er viel Anerkennung von der Familie bekam. Aber die einfache Liebe und elterliche Wärme bekam der Jüngere. Wie auch immer das Testament ausgesehen haben mag – im Tod der Eltern und in ihrem »letzten Willen« muss sich meinem Vater das lebenslange und letztlich erfolglose Ringen um Liebe als entsetzliche Wahrheit enthüllt haben. Der verlorene Kampf ließ dann seinen kompensatorischen Dünkel gegenüber dem Bruder in einer scheinbaren Gefühlskälte erstarren. Kain und Abel.

Als meine beiden Schwestern und ich viele Jahre später in drei Tagen und Nächten den Hausstand unserer Eltern auflösten, verbrachten wir die meiste Zeit im Gespräch, sahen uns alte Fotos an, tauschten Erinnerungen aus, trauerten, weinten, aber lachten auch viel, weil viele Erlebnisse in einer Familie, aus größerem Abstand betrachtet, nur noch komisch sind. Über die Gegenstände, die jeder behalten wollte, gab es keine Diskussion; jeder wusste vom anderen, was ihm wichtig war.

Nach diesem so erfahrenen Abschied von den Eltern entstand eine neue Dimension der Nähe und Zusammengehörigkeit zwischen uns, die jetzt wohl durch kein Ereignis mehr gefährdet werden kann. Das Testament unserer Eltern war gerecht. Auch das erfüllt mich mit Dankbarkeit.

16. Wege der Versöhnung

Der Kältetod der Geschwisterliebe, ihre Verhärtung und Versteinerung bis zum endgültigen Kontaktabbruch gehören zu den besonders traurigen Erfahrungen im Leben von Geschwistern. Da die Beziehung durch keine andere ersetzt werden kann, erzeugt ihr Verlust eine schmerzhafte Lücke, die, besonders im fortschreitenden Alter, die Einsamkeit vermehrt. Solange Geschwister miteinander streiten, existiert ein Kontakt. Der Streit mag noch so verletzend und zermürbend sein – immer drückt er auch einen Wunsch nach Beziehung aus. Manche Geschwister erwecken den Eindruck, als würde ihre Beziehung durch nichts anderes als durch Streit zusammengehalten. Ihre Streitrituale sind Teil ihres Lebens geworden, wobei die raffiniertesten Methoden im Kampf um Vormacht und höheres Recht zum Einsatz kommen. In Familien- und Paartherapien kennt man solche anal-sadistischen Kollusionen besonders gut. Das Geheimnis ihrer Dennoch-Zusammengehörigkeit liegt in der heimlichen Lust am eigenen Leiden wie an der Zufügung von fremdem Leiden. Auch zänkische Geschwister können darin wahre Weltmeister sein, weil ihnen in ihrer langen Gemeinschaft keine noch so kleine Schwäche des anderen verborgen geblieben ist, die sich nicht lustvoll aufspießen ließe. Es ist eine Liebe der besonderen Art. So erbarmungslos und fremd sie Außenstehenden erscheinen mag, und besonders solchen, die nicht über eine angemessene Streitkultur verfügen, so erstaunlich stabil kann in diesen Geschwisterbeziehungen das Gefühl der Zusammengehörigkeit und Verbundenheit sein.

Geschwister zu haben ist ein unvermeidbares Lebensschicksal. Wir haben genügend Gründe kennen gelernt, warum die ursprüngliche Geschwisterliebe schon von früher Zeit an durch eine Beimischung destruktiver Gefühle getrübt und im Extremfall zerstört werden kann. Das damit verbundene Leiden und der Verzicht auf eine lebendig gelebte Beziehung sind Anlass genug, nach Wegen der Versöhnung zu suchen. Wenn man unterstellt, dass in jedem Menschen entgegen allen Verdrängungsversuchen die Sehnsucht nach ursprünglicher Nähe und Vertrautheit erhalten bleibt, ist es bei Durchsicht der Geschwisterliteratur erstaunlich, wie wenig bisher die Frage nach Möglichkeiten einer neuen Verständigung diskutiert wurde. Die Lücke ist auch deswegen zu bedauern, weil hinlänglich bekannt ist, wie wenig unsere Sozialisation innerhalb und außerhalb der Familie daran orientiert ist, den Umgang mit zwischenmenschlichen Konflikten zu »erlernen«. Wo immer sich Menschen begegnen, ob in der Schule, in der Arbeitswelt, in Freundschaften, in Paarbeziehungen oder bei Geschwistern, stößt man immer wieder auf den Widerspruch zwischen dem Wunsch nach einem möglichst harmonischen Einverständnis und der oft totalen Unfähigkeit, Meinungsverschiedenheiten auszutragen und Spannungen zu lösen. Was sich häufig als mangelnde Bereitschaft oder gar als Weigerung zur Klärung von Differenzen tarnt, verbirgt ebenso oft lediglich die Unsicherheit und das Unvermögen dahinter. Wenn sich solche defensiven Haltungen über einen langen Lebenszeitraum eingeschliffen haben, folgt daraus eine resignative Einstellung, die jeden Versuch zu einer Konfliktlösung schon im Ansatz verhindert. Es handelt sich dabei um einen negativen Lernprozess, der zur Unflexibilität und zu wachsenden Anpassungsschwierigkeiten führt. Da jedoch das meiste menschliche Leiden aus unbewältigten zwischenmenschlichen Konflikten resultiert, gehört die Forderung nach einer »Konfliktpädagogik« im weitesten Sinne seit Langem in den Bestand humanistischer Sozialisationsbemühungen. In ihrem Rahmen ist eine Aufklärung wichtig geworden, die nicht nur kognitive Lernschritte anleitet, sondern die auch eine emotionale korrigierende Erfahrung ermöglicht, wie sie zum Beispiel in den verschiedenen Formen der Selbsterfahrung oder im Rahmen psychologischer Beratungen und psychotherapeutischer Behandlung erlebbar wird.

Ich möchte als Beispiel etwas ausführlicher auf eine eindrucksvolle Erfahrung aus einer Gestalttherapiegruppe eingehen, die ich selber eine Zeit lang als Teilnehmer besucht habe. Ingrid war eine 40-jährige, beruflich erfolgreiche Frau; sie lebte seit mehreren Jahren alleine mit ihren beiden Kindern und war seit ihrer Scheidung keine Beziehung zu einem Mann mehr eingegangen. Der Gruppe war schon des Öfteren aufgefallen, dass sie bei vordergründiger Freundlichkeit keine Gelegenheit ausließ, um gegen Renate zu sticheln, die mit ihrer Situation als Hausfrau in einer stabilen Ehe mit ebenfalls zwei Kindern recht zufrieden war. In einer Sitzung forderte die Therapeutin nach einer erneuten bissigen Bemerkung von Ingrid die beiden Frauen auf, sich in der Mitte des Kreises auf zwei Kissen gegenüberzusetzen und sich gegenseitig mitzuteilen, was sie voneinander hielten. Renate war die Jüngere, aber sie wirkte gelassener und abwartend. Ingrid kritisierte zunächst an ihrem Äußeren herum, sie ziehe sich ungeschickt an, sei zu dick und ihre Frisur geradezu »bescheuert«. Bei der letzten Bemerkung machte sie eine fast unmerkliche Bewegung mit beiden Händen, bei der sie die Finger leicht krümmte. Die Therapeutin bat sie, die Bewegung zu wiederholen, sie zu verstärken und zu beschleunigen. Was dann geschah, hatte niemand vorhergesehen. Ingrid schaute zunächst etwas ratlos auf ihre Hände; die Bewegung war ihr nicht bewusst gewesen. Sie versuchte sie zu imitieren, und während sie sie immer mehr übertrieb, schienen die Finger zu langen Tentakeln auszuwachsen. Ingrid geriet in heftige Erregung; sie hob die Arme, und die Finger wirbelten jetzt wie packende und reißende Furien durch die Luft. Hasserfüllt schaute sie Renate an, und während der Rhythmus ihrer Hände immer schneller wurde, richtete sie die Arme bedrohlich auf Renates Kopf und schrie plötzlich heraus: »Ich hasse dich!« Mit Mühe konnte sie ihre Hände bremsen, bevor sie sich in Renates Haaren verkrallten. Sie erschrak. Dann ließ sie sich auf den Boden sinken und fing bitterlich an zu schluchzen. Die Therapeutin legte eine Hand auf ihre Schulter, ohne den Gefühlsstrom zu unterbrechen.

Der Leser vermutet längst, was die Szene an den Tag brachte. Die Gruppe saß lange schweigend im Kreis und schmolz zu einem Körper zusammen, der durch seine emotionale Bewegung und Anteilnahme jede Angst vergessen ließ, sich so zu erleben, zu fühlen und anderen zu zeigen, wie man es in dieser Offenheit bisher in seinem Leben vielleicht noch nie getan hatte. In solchen Augenblicken kann eine Gruppe tatsächlich eine Art uteriner Schutzraum sein, der alle Kleinheit und Schwäche auffängt. Ein solches Erlebnis bedeutet eine »korrigierende emotionale Erfahrung«, die neue Weichenstellungen im Leben ermöglicht.[48]

Als sich Ingrid wieder aufrichtete, war sie sehr erschöpft, aber in ihrer Gelöstheit wirkte sie völlig verändert. In ruhigen Worten konnte sie jetzt von ihrem Schwesternschicksal erzählen, von ihrer Liebe und ihrem Hass und vor allem von ihrer Traurigkeit, dass die Beziehung seit Jahren unterbrochen war. Am Schluss der Sitzung nahm sie Renate in den Arm: »Du bist doch gar nicht meine Schwester. Entschuldige!« »Ist schon gut.« Gemeinsam verließen die beiden den Gruppenraum.

In der nächsten Stunde dankte Ingrid der Gruppe für die Hilfe in der letzten Sitzung und bat sie, den Brief vorlesen zu dürfen, den sie inzwischen ihrer Schwester geschrieben hatte.

»Liebe Elli! Nach langer Zeit des Schweigens schreibe ich dir heute in dem Wunsch, endlich den Eisberg aufzutauen, der sich zwischen uns getürmt hat. Gestern hätte ich dir beinahe sämtliche Haare ausgerissen. Das war in einer Gestalttherapiegruppe, in der eine Teilnehmerin mich sehr an dich erinnerte, ohne dass es mir bewusst war. Der Hass, der plötzlich in mir aufstieg, war schrecklich. Als er heraus war, musste ich nur noch weinen. Wir haben uns doch früher so geliebt! Warum muss das Leben das zerstören?

Nach den Enttäuschungen, die wir uns beide bereitet haben, glaubte ich, du seist mir völlig gleichgültig geworden. Erst jetzt weiß ich wieder, wie viel an Gefühl für dich in mir ist. Mein Hochmut wird dich gekränkt haben. Dabei war er nur ein Schutz gegen deine Verletzungen. Ich habe damals nicht verstanden, warum du meine Scheidung nicht akzeptieren konntest und warum du dich danach so stark von den Kindern zurückgezogen hast, mit denen ich plötzlich allein dasaß (ein Grund für mich, in die Gruppe zu gehen). Ich fühlte mich durch deine Vorwürfe schuldig und wollte dir nicht auch noch meine ›selbstverschuldete‹ Einsamkeit zeigen. Ich glaube, ältere Geschwister sind besonders dazu verdammt, sich nach außen durch Stolz zu wappnen. Wenn ich an deinem Hausfrauendasein, deinem Mann und deinen Kindern herumkritisiert habe, so war es doch sicher nur der Neid auf die Dinge, die ich bei allem beruflichen Erfolg nicht erreicht habe.

Es ist furchtbar, wenn zwei Menschen, die so tief verbunden waren wie wir, in solche Fallen laufen. Bitte, lass uns einen Versuch machen! Ich kann dir nicht alles schreiben, was mich bewegt, aber ich möchte es dir erzählen, wie damals – weißt du noch? – wenn wir abends im Bett lagen und uns von unseren ›Froschkönigen‹ erzählt haben.

Schreib mir oder ruf mich an, wenn auch du die Vergangenheit begraben und die Vorvergangenheit wieder leben lassen willst. Dornröschen waren wir lange genug. In alter schwesterlicher Liebe, deine Ingrid.«

Ohne die Gruppenerfahrung hätte Ingrid diesen Schritt nicht tun können. Wie nach dem Brief zu vermuten war, meldete sich die Schwester schon kurze Zeit danach.

Die Erwartung, dass zerstrittene Geschwister gleichzeitig die Hand ausstrecken, ist wenig realistisch. Im Gegenteil erwartet jeder vom anderen, er müsse den ersten Schritt tun; dann sei man ja grundsätzlich zur Verständigung bereit. Auf diese Weise können leicht 100 Jahre ins Land gehen. Jeder verschanzt sich hinter seiner Gekränktheit, seinem Trotz, seinem Stolz und hinter seinem angeblichen Recht und erwartet im Entgegenkommen des anderen insgeheim dessen Unterwerfung und den Genuss des eigenen Triumphes. Aber je tiefer die Sonne sich neigt, umso breiter werden die Schatten, die schließlich keiner mehr zu überspringen vermag. Ingrid hatte Glück. Durch eine einzige Gestaltübung war sie in einen Gefühlsstrudel hineingezogen worden, der die Fassade ihrer Abwehr zerbrechen ließ. Hinter allen Rationalisierungen für ihre Kontaktverweigerung und hinter allem Aufrechnen von Schuld und einseitigen Schuldzuweisungen traten mit Macht ihre verdrängten Gefühle hervor, zuerst der Hass über den Verrat und dann aus einer tieferen Schicht ihre Trauer über den Verlust der Schwester und schließlich ihre Sehnsucht nach Versöhnung. Ohne diese Gefühlsanteile, ohne das Bedürfnis nach Nähe wird ein Versuch zur Verständigung nur selten gelingen, weil eine nur auf Vernunft basierende Einsicht sich immer wieder in den Fallstricken der Abwehr verfangen wird. Ingrid hatte keine Angst mehr vor ihren Gefühlen, sie konnte ihren Stolz aufgeben und empfand es nicht mehr als Unterwerfung und Schwäche, ihre jüngere Schwester um einen neuen Anfang »zu bitten«. Jemanden um etwas bitten. Wie schwer das oft ist! Der Bittende erlebt sich häufig als hilflos und schwach; indem er seine Bitte in das Gewand einer Forderung kleidet, sichert er sich seine scheinbare Überlegenheit. Eine Forderung kommt aber einer Herausforderung gleich, die den anderen hart macht statt weich. Das Paradox eines falsch verstandenen Stolzes liegt in der Schwächung der eigenen Stärke; je mehr man sich mit ihm rüstet, umso unweigerlicher wird man sein Gefangener. Denn der falsche Stolz stellt keine Beziehung her, sondern zerstört sie und vermehrt damit das Leid.

Wie lässt sich ein solcher Kreislauf aufbrechen? Im Zusammenhang von Trennungskonflikten in Paarbeziehungen habe ich mich an anderer Stelle ausführlich mit den psychologischen Facetten der Versöhnung auseinandergesetzt.[49] Ohne die dortigen Überlegungen im Einzelnen zu rekapitulieren, möchte ich hier nur kurz benennen, was mir als das Wichtigste erscheint: Die Versöhnung mit den anderen setzt zuallererst die Versöhnung mit sich selbst voraus. Bezogen auf Geschwisterkonflikte bedeutet dies vor jeder konkreten Wiederannäherung eine gründliche Innenansicht, bei der man die eigenen Schattenseiten ausleuchtet. Dabei tauchen zahlreiche Fragen auf, die eine offene Antwort verlangen: Was habe ich meiner Schwester/meinem Bruder angetan? Wodurch habe ich sie/ihn beleidigt oder gekränkt? Was habe ich in der Beziehung versäumt? Wie habe ich meine Dankbarkeit und Zuneigung und mein eigenes Bedürfnis nach Nähe gezeigt? Habe ich immer nur meine Stärke betont und meine Schwäche verheimlicht, oder umgekehrt? Wie oft habe ich Hilfe angeboten; wie oft habe ich sie wirklich geleistet; wie oft habe ich sie verweigert? Konnte ich die Erfolge des anderen anerkennen und meine

Mit-Freude ausdrücken? Habe ich die Partner meiner Geschwister auch innerlich angenommen? Und ihre Kinder? Wurde ich von meinen Eltern, und von wem besonders, bevorzugt? Wie habe ich das gegen die Geschwister ausgespielt? Habe ich mich jemals für ihre Probleme interessiert, oder habe ich den Kontakt vernachlässigt? Bin ich jemand, dem man vertrauen kann, oder neige ich eher zum Verrat? Wie oft habe ich selbst um Hilfe gebeten und sie angenommen? Habe ich überhaupt gezeigt, wie wichtig der andere mir ist? Wie steht es um meine Gefühle von Neid, Rivalität, Ärger, Enttäuschung, Wut und Hass?

Fragen über Fragen. Das geduldige und ehrliche Suchen nach einer Antwort ist wie ein Blick in einen Spiegel, in dem man plötzlich neue Seiten in sich entdeckt und alte aus einem neuen Blickwinkel betrachtet. Es sind unsere Schattenseiten, die wir bisher nicht gesehen haben, weil sie erschreckend sind, nicht sehen wollten, weil sie unser heiles Selbstbild zerstören könnten. Bei diesem Prozess der Selbstreflexion ist es oft hilfreich, sich auch im Spiegel des anderen zu betrachten: Wie sieht meine Schwester/mein Bruder mich? Wie sehen mich andere Menschen?

Je konkreter man sich einzelne Personen seiner Umwelt dazu vorstellt, Geschwister, Eltern, Freunde, Verwandte, Arbeitskollegen, umso plastischer wird das Bild, das andere von einem haben. Auch dabei trifft man auf die Anteile in sich, die einem bisher fremd waren, die man in sich abgespalten und verleugnet hat, weil sie das eigene Selbstgefühl irritieren. Jeder Mensch ist in manchen Bereichen seiner Person sich selbst ein Fremder, einer, den man nicht versteht, dessen Eigenarten man ablehnt. Es sind meist die dunklen und negativen Seiten in uns, die durch Abwehrprozesse nicht integriert, sondern verfremdet wurden. Das Fremde kehrt dann nur in den anderen wieder und lässt sich dort umso besser verurteilen und verfolgen.

Die Aufgabe besteht also darin, das Fremde in sich aufzuspüren und es als zu sich gehörig anzunehmen und zu integrieren. Gut und Böse bilden eine Einheit in jedem von uns. Dies zu akzeptieren entschärft die Konflikte, die aus der Abwehr des Bösen und seiner Projektion auf andere entstehen. Plötzlich erkennt man, dass das Fremde am Bruder oder an der Schwester, das man immer so gehasst hat, ein Teil von einem selbst ist. Sich mit all seinen Schattenseiten und den fremden, bisher ausgegrenzten Anteilen von sich selbst zu versöhnen ist daher die Voraussetzung zur Versöhnung mit den anderen und zur Wiedergutmachung des an ihnen begangenen Unrechts.

Insofern war es verkürzt zu sagen, Ingrid habe durch eine einzige Gestaltübung zu ihren Gefühlen zurückgefunden, ihre Abwehr aufgeben und sich dadurch mit der Schwester versöhnen können. Schließlich war sie aus einem Leidensdruck in die Gruppe gegangen und bewies damit ihre Offenheit für neue, emotional gewonnene Einsichten über sich selbst. Erst diese Bereitschaft zur Innenansicht ermöglichte ihr die eruptive Gefühlserfahrung des Geschwisterkonfliktes und die Erkenntnis ihrer eigenen Mitbeteiligung.

Wenn man den eigentlichen Grund bedenkt, der Ingrid in die Gruppe geführt hatte, nämlich ihre Probleme als alleinerziehende Mutter, scheint die Aufdeckung des Zerwürfnisses mit der Schwester zunächst wie ein Zufallsergebnis. Tatsächlich bestätigte aber der weitere Verlauf eine häufige Erfahrung; nach ihr vollzieht sich die Art und Weise, wie Geschwister von früher Kindheit an ihre Konflikte auszutragen lernen, nach typischen Mustern, die sich in späteren Beziehungskonflikten mit anderen Menschen wiederholen. Deswegen gehören Geschwister, wie wir an früherer Stelle sahen, zu den wichtigsten Modellen, an denen der Umgang mit Konflikten eingeübt wird. Allerdings bilden die Eltern dabei wichtige Leitbilder.

Ingrid und ihre Schwester Elli hatten als Kinder die Erfahrung gemacht, dass ihre Eltern auf alle Fälle jeden Streit in der Familie vermeiden wollten. Bei entsprechenden Anlässen zogen sie sich zurück, sprachen oft tagelang nicht miteinander. Die Schwestern wurden bei jedem Zank ermahnt, ihn »sofort« einzustellen. Außer Kontaktabbruch und Liebesentzug boten die Eltern ihren Kindern aber keine konstruktiven Möglichkeiten zu Konfliktlösungen an. So hatten sich auch bei ihnen genau die Muster durchgesetzt, die ihnen in der Kindheit aufgezwungen wurden. Konflikte zwischen ihnen stauten sich an, weil sie nicht rechtzeitig angesprochen und ausgetragen werden konnten, sondern stattdessen in Gekränktheit, Rückzug und Schweigen einmündeten. Ingrid erkannte in der Gruppe, dass es genau diese Reaktionsweisen waren, die immer wieder ihren Umgang mit Menschen erschwerten und die in letzter Konsequenz auch für ihren Entschluss verantwortlich waren, nach der Scheidung mit ihren Kindern alleine zu leben. Wie sehr sie darunter litt, zeigte ihre Motivation zur Teilnahme an der Gruppe. Dass die Aufdeckung ihres Geschwisterkonfliktes erst den Schlüssel zum Verständnis der Probleme bot, die sie eigentlich in die Therapie geführt hatten, war das ebenso überraschende wie erfreuliche Ergebnis der Gruppenarbeit. Für den geschulten Leser ist es fast überflüssig zu erwähnen, dass Ingrid in den auslaufenden Stunden der Gestaltgruppe des Öfteren von ihrem neuen Freund sprach und nicht ausschloss, in einiger Zeit mit ihm zusammenzuziehen.

Wie kann die Versöhnung mit einem Geschwister in einer unlösbar erscheinenden Streitsituation aussehen, wenn man den ersten Schritt – die Versöhnung mit sich selbst – geleistet hat? Sicher ist dazu nicht immer eine Therapie oder eine andere Form angeleiteter Selbsterfahrung notwendig, auch wenn diese dabei eine große Hilfe sein können. Bei genügender Bereitschaft zur kritischen Selbstreflexion und bei einer inneren Motivation zur Verständigung gelingt es vielen Menschen auch aus eigener Kraft, neue Wege zu finden. Da uns aber die Erziehung innerhalb und außerhalb der Familie bei der konstruktiven Lösung von Konflikten in der Regel im Stich gelassen hat, fehlt es häufig an der ausreichenden Fantasie über das »Wie«. Deswegen möchte ich an dieser Stelle einige konkrete Anregungen geben, die mir hilfreich erscheinen, solange sie nicht als mechanische Rezepte oder als Aufforderung zu einem veränderten »Verhaltenstraining« verstanden werden. Ohne inneres Bedürfnis und eine tiefer liegende, wenn auch verdrängte Fähigkeit zur Geschwisterliebe werden solche Bemühungen scheitern. In diesen Fällen wird man realistisch einschätzen müssen, dass kein Mensch zu einer lebendigen Geschwisterbeziehung »gezwungen« werden kann und dass es auch zwischen Geschwistern Antinomien geben kann, die sich beim besten Willen nicht auflösen lassen. Allerdings fällt die Einschätzung darüber oft nicht leicht. Ein entscheidendes Kriterium bei der Frage, ob die Entzweiung der Geschwister auf einem verdrängten Konflikt oder auf einer unaufhebbaren Antinomie basiert, scheint mir das Vorhandensein oder das Fehlen eines Leidensgefühls zu sein. Solange man unter einer verlorenen Geschwisterbeziehung leidet, kann man von einem verdrängten Konflikt ausgehen. Hier würde schon die Aufhebung des eigenen Leidens den Versuch einer Verständigung rechtfertigen, um einer eventuellen seelischen Erkrankung vorzubeugen.

Wie können die konkreten Schritte zur Versöhnung aussehen?

Ingrid wählte die Briefform als ersten Schritt der Wiederannäherung. Wenn man den Brief genauer liest, entdeckt man, dass Ingrid mehr über sich als über die Schwester schreibt. Dabei gibt sie sich in all ihren negativen Gefühlen von »Hass«, »Hochmut«, »Stolz« und »Neid« zu erkennen. Sie klagt die Schwester nicht an, sondern nennt nur Gründe, mit denen sie ihre eigenen Gefühle erklärt. Aber sie spricht auch von ihrer Enttäuschung über die Entwicklung, von ihrer frühen Liebe, von den noch vorhandenen positiven Gefühlen und ihrem Wunsch nach Aussöhnung und Nähe. Und sie »bittet« Elli um einen neuen Anfang.

Briefe gehören zu den persönlichsten Botschaften, die Menschen aussenden und empfangen können. Deswegen waren sie in früherer Zeit ein wichtiger Bestandteil unserer Kultur, wovon die vielen veröffentlichten »Briefwechsel« berühmt gewordener Menschen zeugen. Leider sind sie im Zeitalter der neuen Medien stark außer Mode gekommen. Gerade aber in Zeiten von Krisen – und jede Geschwistertrennung stellt eine solche dar – überwinden viele Menschen ihr Vorurteil, »keine Briefeschreiber« zu sein. Spontan schreiben sie sich von der Seele, was sie bedrückt, ob an Eltern, Freunde oder, wie häufig, an Geschwister. Ob als Hilferuf oder nur als Mitteilung gedacht, erlauben solche Briefe eine Offenheit und Ehrlichkeit, wie sie im direkten Gespräch oft nicht gewagt werden. So wird der Brief zu einem einzigartigen Kommunikationsmittel, das beides in idealer Weise verbindet – die benötigte Distanz bei gleichzeitig größter Nähe.

Bei der Versöhnung von Geschwisterkonflikten sind Briefe erste Versuche der Verständigung, bei denen die eigene Verwundung und Schwäche nicht mehr zugedeckt werden müssen. Wenn der Briefeschreiber dagegen wieder in die alte Falle läuft, den anderen nur anzuklagen und durch Vorwürfe zu »Einsicht« und »Umkehr« bewegen zu wollen, hat er verspielt. Solches Vorgehen erzeugt nur Schuldgefühle und eine entsprechende Abwehr und verhindert geradezu, dass der andere sich öffnen kann. Diese Regel gilt ebenso für alle anderen Versuche zu einer neuen Verständigung. Denn wie die Versöhnung mit sich selbst das Annehmen der eigenen negativen Anteile voraussetzt, kann die Versöhnung mit dem andern nur durch Einfühlung und Verständnis auch für dessen Schwierigkeiten, Eigenarten und dunkle Seiten gelingen.

Versöhnungsbriefe müssen jedoch nicht zu masochistischen Selbstanklagen werden. Im Gegenteil sollten sie beim Lesenden auch Freude, Überraschung, Hoffnung und Lust auf eine neue Begegnung auslösen. In Briefen hat man die unvergleichliche Chance, sich dem anderen auch in seiner vitalen Freude, Leidenschaft und Fantasie zu zeigen – frei von Scham, die einen bisher hinderte, zu sagen, wer man wirklich ist. Jetzt braucht auch der andere sich nicht mehr zu schämen. Für zerstrittene Geschwister kann ein solcher in aller Offenheit erfolgender Austausch über die eigenen Schattenseiten ebenso wie über die eigene Lebendigkeit zu einer gänzlich neuen Dimension der Beziehung werden.

Neben den Briefeschreibern gibt es die große Zahl der Telefonierer, die aus diesem Medium eine hohe Kunst entwickelt haben. Nach dem Motto »Ruf doch mal an« oder »Ein Anruf genügt« greifen sie eines Tages zum Hörer und schütten dem anderen endlich ihr Herz aus. Das kann genauso befreiend, genauso offen sein und eine neue Brücke bauen. Jeder kennt seinen Weg am besten.

Briefe und Telefonate sind die direktesten Wege zum Neubeginn. Plötzlich bei dem anderen ins Haus zu schneien ist dagegen ein Risiko. Aber auch das ist eine Frage des Temperaments und der Erfahrung mit den Gewohnheiten des anderen.

Viele Menschen glauben, im Konfliktfall nicht selbst aktiv sein zu können oder zu dürfen. Sie brauchen Vermittler, Eltern, Freunde oder unparteiische dritte Geschwister. Nach der Devise: »Übrigens glaube ich, dass deine Schwester doch ganz gerne wieder Kontakt mit dir hätte« versucht der Vermittler, so neutral er erscheinen mag, einen unter Druck zu setzen. Jetzt müsste man reagieren. Wenn man es nicht tut, gilt dies als

Beweis mangelnder Bereitschaft. Aber wie verbindlich meint es die Schwester? Warum meldet sie sich nicht selbst?

Man nennt einen solchen komplexen Mechanismus eine »Kommunikation über Dritte«. In der Regel scheitert sie, weil es sich dabei um eine unoffene und sogar verdeckt feindselige Kommunikation handelt. Die angebliche Angst vor dem direkten Kontakt ist oft nur vorgeschoben. Dem anderen wird eine Entscheidung aufgezwungen, die man selbst, meist aus Gründen starker Ambivalenz, nicht treffen will. Aber kein Dritter kann sich einmischen oder gar Verantwortung übernehmen für das, was zwei erwachsene Menschen miteinander wollen.

Nach langer Zeit treffen sich die Geschwister zum ersten Mal wieder. Ingrid und Elli trafen sich in einem Café. Sie brauchten einen neutralen Boden. Anderen ist das zu unpersönlich, sie laden sich zu Hause ein. Ingrid brachte ihrer Schwester ein Geschenk mit, ein kleines Aquarell einer Malerin, die sie beide sehr mochten, eine farbenprächtige südliche Landschaft, in der sie vor vielen Jahren mit ihren Familien gewesen waren. Ein Versöhnungsgeschenk voller Gemeinsamkeit. Das Gespräch war schwierig am Anfang. Es bestand mehr aus höflichen Fragen und Antworten zu den aktuellen Dingen des Alltags, besonders zur beruflichen Situation und zu den Kindern. Persönliche Mitteilungen wurden ausgespart. Jeder ließ dem anderen Zeit und ertrug die anfängliche Distanz. Ingrid strahlte in der Gruppe, als sie erzählte, wie Elli ganz plötzlich eine Hand auf ihre gelegt und sie auf die Wange geküsst hatte. So kann ein Anfang aussehen.

Wenn das Eis nach dem langen Schweigen gebrochen ist, sind die Geschwister wieder frei, ihre Vergangenheit zu verarbeiten und ihre Gegenwart und Zukunft neu zu gestalten. Der gemeinsame Austausch von Erinnerungen an die Kindheit ist weit mehr als eine nostalgische Reminiszenz an die Vergangenheit. In der »Erinnerungsarbeit«, wie es die Psychoanalyse nennt, lassen sich die Spuren der eigenen Frühgeschichte zurückverfolgen. Dabei tauchen existenziell bedeutsame Fragen auf: Wer war ich damals? Wer bin ich heute? Warum bin ich so geworden, wie ich bin? Dazu die Rückblende auf die Familie: Wer waren meine Eltern? Wie sah ich sie damals? Wie sehe ich sie heute? Wie haben die Wandlungen des Lebens das Bild von meinen Geschwistern verändert? Im Gespräch mit ihnen über diese Fragen macht man die erstaunlichsten Erfahrungen. Vielleicht erkennt man in keiner anderen Situation so deutlich die Verzerrungen der Realität, die unser Bewusstsein im Laufe vieler Jahre vornimmt. Erinnerungsfälschungen, Erinnerungstäuschungen und Erinnerungslücken sind das Produkt komplizierter innerer Abwehrvorgänge, die unsere Erfahrungen in spezifischer Weise filtern und im Gedächtnis speichern. Im Gespräch über die Vergangenheit bekommt das Geschwister die Funktion eines Spiegels, wie ich es bereits an früherer Stelle beschrieben habe. In diesem Spiegel ist das Bild von der Person, die man einmal war, in vielen Details sehr viel genauer aufbewahrt als in unserer eigenen Erinnerung. Durch die spezifischen und individuell unterschiedlichen Verdrängungsleistungen weiß man zum Beispiel oft nicht mehr, ob man als Kind mehr fröhlich oder traurig, witzig oder ernst, abenteuerlustig oder ängstlich war. Das Geschwister dient hierbei der Objektivierung und Rekonstruktion der ursprünglichen Wahrheit. Diese wechselseitige Spiegelfunktion kommt auch bei den Fragen zur Geltung: Wie bin ich erzogen worden? Wie bist du erzogen worden? Da die Erinnerungsverzerrungen im Bereich der Eltern-Kind-Beziehungen besonders ausgedehnt sein können, sind Geschwister durch die lange Nähe und Vertrautheit fast unentbehrlich, wenn man die eigene Lebensgeschichte genauer ergründen und das Geschwisterschicksal besser verstehen will.

Ein häufiges und besonders krasses Beispiel ist die Erfahrung von Gewalt. Gewalt in der Erziehung löst im Kind schmerzliche Gefühle von Angst, Scham, Schuld, Wut und Hass aus. Um die Liebe zu den Eltern nicht zu gefährden und um der Unerträglichkeit dieser Gefühle zu entgehen, werden sie in der Regel verdrängt; in schweren Fällen von Gewalterfahrung führen sie sogar zu einer betonten Idealisierung der Eltern, um die eigene Vergeltungsaggression in Schach zu halten. Durch solche Abwehrvorgänge haben viele Erwachsene nicht nur ihre Gefühle verdrängt, sondern auch die Tatsachen »vergessen«. Sie wissen nicht mehr, welcher Gewalt sie als Kinder ausgeliefert waren. Geschwister dagegen können sich in der Regel ziemlich genau daran erinnern; ihre Distanz, ihr Mitleid, ihr Erschrecken, aber zuweilen auch ihre heimliche Schadenfreude sind in oft quälender Form in ihrem Gedächtnis haften geblieben. Wenn sie selbst ähnliche Erfahrungen gemacht haben, werden diese im Vergleich mit dem Geschwister häufig abgemildert erlebt. Das gemeinsame Gespräch kann die realen Erlebnisse jedes Einzelnen klären helfen und dient dadurch dem Verständnis von emotionalen Beziehungsstrukturen innerhalb der Familie in einem übergreifenden Zusammenhang.

Die »Erinnerungsarbeit« von Geschwistern ist für jeden Einzelnen wichtig, um sich im Spiegel des anderen seiner selbst und der gemeinsamen Beziehung klarer bewusst zu werden. Die vielschichtigen und subjektiv gebrochenen Facetten der Erinnerung können durch zusätzliche Möglichkeiten objektiviert werden. In den Schubladen lagert dichtes Material – Fotografien, der Briefwechsel mit den Eltern und Geschwistern, Aufzeichnungen der Eltern über die Entwicklung ihrer Kinder, alte Kinderzeichnungen, Schulzeugnisse, Tagebücher und andere Erinnerungsstücke aus einer Vergangenheit, die in vielen Gedächtniswinkeln dicke Staubschichten abgelagert hat. Den Staub aufwirbeln, die alten Stücke blankreiben, sie anschauen, Einfälle sammeln, Eindrücke mitteilen, Gefühle austauschen – all das dient der Wiederaneignung und Bewahrung gemeinsamer Geschichte. Die vereinte Suche löst auch alte Gegensätze auf und lässt die Einheit des geteilten Schicksals und die Dankbarkeit dafür zu einer befreienden Erfahrung werden.

Auch das Gespräch mit Dritten, mit den Eltern, mit weiteren Geschwistern, mit anderen Verwandten oder alten Freunden, kann dem erinnernden Dialog oft neue Impulse geben. Sie alle sind Zeugen der Zeit, die man gemeinsam durchmessen hat.

Die »Erinnerungsarbeit« erfüllt schließlich, wie an früherer Stelle beschrieben, die Funktion einer Bilanzierung. Im Gespräch lassen sich die Bilanzen austauschen und diskutieren, die jeder von seinem eigenen Leben und dem des Geschwisters aufgestellt hat. Dabei geht es nicht um berechenbare Punktwerte, sondern vielmehr um den emotionalen Stellenwert konkreter Erfahrungen. Wenn es zu einem scheinbar unlösbaren Geschwisterkonflikt gekommen ist, kann man in der Regel von starken Einseitigkeiten ausgehen, mit denen jeder der Beteiligten die eigene Bilanz überwiegend negativ, die des anderen dagegen besonders positiv eingeschätzt hat. Ingrid und Elli bieten dafür ein gutes Beispiel. Ingrid beneidete Elli um ihre Lebenssituation, weswegen diese sie einmal als »Neidhammel« beschimpfte; sie selbst betrachtete sich dagegen trotz ihrer beruflichen Erfolge als am Leben gescheitert. Elli ihrerseits erlebte ihre Schwester als selbstständig, finanziell unabhängig und in ihren Lebensentscheidungen als stark und emanzipiert, während sie sich selbst in ihrem behüteten Hausfrauendasein inkompetent und unwichtig vorkam. Diese für sie ungleiche Bilanz bildete den emotionalen Hintergrund dafür, warum sie aus Eifersucht und unterdrückter Rivalität in der Scheidung von Ingrid endlich einen wenn auch noch so irrationalen Grund hatte, ihre Schwester abzulehnen.

Erst in einem offenen Dialog lassen sich solche einseitigen Blickwinkel korrigieren. Denn bei näherem Hinsehen erweisen sich die Bilanzen als sehr viel ausgeglichener, als man vorher vermutet hat. Diese Klärung verhilft zu einer gerechteren Einschätzung der eigenen Person und des anderen. Dadurch wird das Prinzip der Gerechtigkeit wieder hergestellt und ein entscheidender Beitrag zur Versöhnung geleistet.

Ist die Vergangenheit erst einmal wieder zu einem lebendigen Teil der Gegenwart geworden, sind der Fantasie über ihre Gestaltung und ihren Entwurf in die Zukunft hinein keine Grenzen gesetzt. Wo lagen früher die gemeinsamen Interessen? Wo lassen sie sich heute wieder aufstöbern? Wie lässt sich die Neugier des anderen gewinnen, an den eigenen Aktivitäten teilzunehmen? Bei jedem Geschwister ist im Laufe der Zeit vieles verschüttet worden oder wurde durch anderes überlagert. Viele Erwachsene haben die Lust an Tätigkeiten verloren, die sie als Kinder begeistert haben; oft wurden sie durch mangelnden Erfolg oder durch die Abwertung von Dritten entmutigt. Aber die Versöhnung mit den eigenen Grenzen lässt die Frage des Erfolgs heute unbedeutend erscheinen – es kommt alleine auf die Freude an. Besonders Geschwister können einem Mut machen, an Altes anzuknüpfen oder Neues auszuprobieren, erstens, weil sie mit den früheren Neigungen am besten vertraut sind, und weil zweitens ihnen gegenüber die Scham geringer ist als gegenüber Außenstehenden. Es ist oft erschreckend zu beobachten, wie sehr das Leben Erwachsener, die man als Kinder und Jugendliche kannte, unter dem Zwang der Verhältnisse und unter selbst auferlegten Beschränkungen verarmt ist. Viele scheinen das Leben an sich vorbeiziehen zu lassen, ohne zu bemerken, welchen Raubbau sie an ihrer Lebensfreude und ihren ursprünglichen Talenten und Interessen begehen. Oft lässt man sich durch Geschwister noch am ehesten aufrütteln.

Gespräche sind anregend, fruchtbar und befriedigend, aber Spielen kann viel fröhlicher, heiterer und unbeschwerter sein.

Wer als Erwachsener das Spielen verlernt hat, musste das Kind in sich töten. Das Spiel von Erwachsenen ist mehr als Skat, Doppelkopf und Schach. Geschwister, die gemeinsam Sport treiben, die zusammen musizieren, singen, malen, kochen – Geschwister, die teilnehmen am Spiel von anderen, ob im Theater, im Konzert, im Kino, in der Oper, im Ballett, in einer Galerie, im Jazzkeller oder in einer Fabrik für Performance-Kunst – Geschwister, denen dieses gemeinsame Bereichern von Gegenwart und Zukunft gelungen ist, haben ein Stück ihrer Kindheit gerettet und ihr früheres Kinderspiel in ihr erwachsenes Leben integriert. Vielleicht zeigt sich in den reichhaltigen Transformationen des Spiels die reifste Form, wie Geschwisterliebe erneuert werden kann. Das Spiel ist die leichteste Form der Kommunikation und zugleich die höchste Kunst, weil sie den Ernst und die Konflikthaftigkeit der Beziehung überwunden und die Dialektik von Liebe und Hass zu einer schwerelosen Zusammengehörigkeit transzendiert hat. So mündet das Spiel zuletzt in das große befreiende Lachen, das die Geschwisterrivalität zu dem zurückführt, was sie ursprünglich war – eine Geschwisterliebe.

Ausblick:
Geschwisterliebe in einer lieblosen Zeit

Der Golf von Volos. Anja und Steppke. Die Leichtigkeit der Geschwisterliebe. Ich möchte dieses Bild aus der Einleitung hier noch einmal aufgreifen, um an die Tatsache zu erinnern, dass beide den gleichen Grund für ihr Leben in dem griechischen Fischerdorf hatten: die Entfremdung und Vereinzelung des Individuums in einer technokratisch organisierten Welt.

Ich verknüpfe das Bild mit einer persönlichen Geschwistererfahrung unmittelbar vor Niederschrift dieses letzten Kapitels. Es war der dritte Adventssonntag. Meine ältere Schwester, die seit 40 Jahren aus beruflichen Gründen in der Schweiz lebt und dort glücklich verheiratet ist, besuchte nach langer Zeit für einige Tage meine jüngere Schwester und mich in Berlin. Am Nachmittag besuchten wir gemeinsam ein Kirchenkonzert, bei dem die Jüngere im Chor mitwirkte. Zum Abendessen hatten meine Frau und ich die gesamte Familie zu uns eingeladen. Große Festtafel in der Küche. Crostini, gebratene Gambas, Rotwein und fröhliches Stimmengewirr. Mehr zufällig stand ich mit der älteren Schwester nach dem Essen im Berliner Zimmer vor dem Flügel. Ein Erbstück meiner Eltern. »Spielst du noch manchmal?«, fragte sie. »Selten. Aber sein Klang ist herrlich, deswegen fantasiere ich gelegentlich darauf rum.« »Ich möchte ihn noch einmal hören«, sagte sie, »seit ich aus dem Haus gegangen bin, weiß ich nicht mehr, wie er klingt.« Nach einigen Takten höre ich hinter mir ein stoßweises Atmen. Ich drehe mich um. Meine Schwester weint. Ich nehme sie in den Arm, und während wir uns lange festhalten, spricht sie in unzusammenhängenden Sätzen von unserer Kindheit, von den

Sonntagmorgen, an denen mein Vater auf dem Flügel spielte, von ihrem langen Aufenthalt im Ausland und der Trennung von uns Geschwistern und unseren Familien. Auch vorhin, als sie unsere »kleine Schwester« im Chor habe singen sehen, seien ihr schon die Tränen gekommen. Als wir in die Küche zurückgehen, nimmt keiner Notiz von unseren verweinten Gesichtern. Jeder scheint verstanden zu haben. Kein Grund, die Fröhlichkeit zu unterbrechen. Wirklich nicht.

Die Szene ging mir nicht aus dem Kopf, und ich überlegte, was wohl das Gemeinsame sein könnte an der Flucht von Anja und Steppke und der durch eine einfache Klaviermusik ausgelösten tränenreichen Umarmung zweier Geschwister. Ich vermute, es ist die Erfahrung der Fremdheit, oder umgekehrt: des Glücks, in der Geschwisterliebe die Fremdheit zu überwinden.

Oft erkennt man erst in Gegenbildern die Realität der eigenen Situation. Karnataka. Eine kleine Provinz im südlichen Teil des indischen Kontinents. Wir sitzen im Schatten auf den Marmorstufen eines Tempels in der Ruinenstadt von Hampi. Kindergruppen durchstreifen die Innenhöfe. Plötzlich kommt eins auf uns zugelaufen, bleibt lachend vor uns stehen, sagt »Hallo!« und schaut uns an, uns Weiße. Andere folgen ihm, und ehe wir uns versehen, sind wir umringt von einer dichten Schar von Kindern, die alle »Hallo!« sagen und uns anstrahlen aus ihren tiefdunklen Augen. Die Tempelwelt verschwindet, wir sehen nichts mehr vor uns als bunte Kleider, schwarze Haare, sich ausstreckende braune Arme und Kindergesichter. – »Indische Kinder – Gottes Geschenk an die Menschheit«, finde ich später als Notiz in meinem Tagebuch wieder.

Wo viele Kinder sind, gibt es viele Geschwister. Ob in Indien, Indonesien, Afrika, Südamerika – in vielen Teilen der Erde sind Kinder der einzige Reichtum breiter Bevölkerungsschichten. Was ihr Reichtum ist, ist unsere Armut, wie umgekehrt, ins Ökonomische gewendet, unser Reichtum ihre Armut ist. In Deutschland gibt es Kinderreichtum fast nur noch in ausländischen Familien. Wenn in Kreuzberg eine türkische Familie einen Notarzt anfordert, weiß man nie, ob der Opa oder die Oma, eine der Töchter oder der Söhne, eine der Schwiegertöchter oder Schwiegersöhne oder einer der etwa ein Dutzend Enkel krank ist. Oft legen sich gleich mehrere ins Bett, weil sie sich in der relativen Enge der Wohnung gegenseitig angesteckt haben. Sicher ist nur, dass sie alle besorgt sind. Während man sich den Gang zum Krankenzimmer bahnt, kommen aus jedem Zimmer immer neue Menschen hervor, groß und klein, und alle stehen um das Krankenbett, in dem der Patient schwitzend seine Krankheit zu genießen scheint. Kinder turnen auf dem Bett herum oder umlagern den geöffneten Arztkoffer, den man nicht eher schließen darf, bis jedes von ihnen einen Holzspatel oder eine Plastikspritze als Ersatz für eine Wasserpistole ergattert hat.

Wie trostlos dagegen der Hausbesuch in deutschen Haushalten. Alleinstehende Alte, immer mehr Singles im mittleren Alter, alte Ehepaare, um die sich keiner mehr kümmert, alleinerziehende Mütter mit einem, wenn es hoch kommt, mit zwei Kindern. Wenn man den Fernseher als Dauerunterhalter ausschalten lässt, um den Kranken untersuchen zu können, herrscht in der Wohnung meist eine bedrückende Stille. Das Jammern der Patienten, die Trauer um ihre Augen und ihr langer Händedruck sagen häufig mehr über ihre eigentliche Krankheit als die Symptome, über die sie offiziell klagen. Es ist die verbreitetste Krankheit der modernen Zivilisation – die Einsamkeit. Und sie lässt sich durch keine Tabletten heilen; sie lässt sich nur zeitweilig durch verschiedene Drogen betäuben.

Diese Beschreibung ist nicht repräsentativ. Aber sie weist auf die unstrittige Tatsache hin: Die Anzahl der Kinder sinkt, Geschwister sterben aus. Die drei Generationen übergreifende Clanfamilie wie in den kinderreichen Ländern oder in den türkischen Familien hierzulande gehört für den durchschnittlichen Mitteleuropäer der grauen Vorzeit an. Das bedeutet nicht, dass die Auflösung der Großfamilie als alleinige oder auch nur entscheidende Ursache für die moderne Zivilisationskrankheit der Einsamkeit verantwortlich ist. Aber die Umstrukturierung der Familie steht in engem Zusammenhang mit anderen Umwälzungen der Gesellschaft, die mit Beginn der Industrialisierung eingesetzt haben. Die technologische Entwicklung mit ihrer atemlosen Beschleunigung und der ihr zu verdankende historisch einzigartige Wohlstand in den hoch entwickelten Industrieländern sind nicht ohne tief greifende Folgen für die seelische Entwicklung des Individuums, für die Familie und für das Zusammenleben in der sozialen Gemeinschaft geblieben. Diese Tatsachen sind allgemein bekannt und finden sich in der sozialpsychologischen Literatur unter einer Vielzahl von Begriffen wieder: Entfremdung, Vereinzelung, Kommunikationsverlust, Beziehungsstörung, Als-ob-Persönlichkeit, Narzissmus, Gefühlsmechanisierung, Dehumanisierung, der automatisierte Mensch, der Mensch als Roboter, Verlust von Loyalität und sozialer Verantwortung und viele Begriffe mehr. Einsamkeit als deren Folge und als kollektive Krankheit ist das Symptom einer Entwurzelung, bei der elementare Grundbedürfnisse zerstört worden sind: Geborgenheit, Vertrauen, Verlässlichkeit, Zugehörigkeit, Hoffnung, Verständnis, Wärme und – Liebe.

Deswegen sind Anja und Steppke geflohen. Die Zeit für Heroen scheint vorbei zu sein. Die Macht der Verhältnisse ist zu undurchdringlich geworden. Vor nicht allzu langer Zeit gab es ein anderes Geschwisterpaar, das noch glaubte, sich durch das Eintreten für Humanität und Menschenrecht und durch gemeinsames Handeln dem Wahnsinn der Zeit entgegenstellen zu können – Hans und Sophie Scholl. Hans Scholl, geboren am 22. September 1918, trat mit 17 Jahren der vom Hitlerfaschismus verbotenen Bündischen Jungenschaft bei und gründete während seines Medizinstudiums in München die bekannte studentische Widerstandsgruppe »Die Weiße Rose«. Seine drei Jahre jüngere Schwester Sophie folgte zum Studium ihrem Bruder Ende 1942 nach München. Sie wusste nicht, dass Hans der Initiator der Flugblätter war, die seit einiger Zeit kursierten, und dass er der Gestapo bereits als Verdächtiger galt.

Das änderte sich im Laufe der nächsten Wochen. Als Sophie klar wurde, dass ihr Bruder schon länger im aktiven Widerstand arbeitete, stand für sie ihre Beteiligung fest. Jetzt vervielfältigte und verteilte sie selbst die Flugblätter, die zum Widerstand aufriefen. Bei einer gemeinsamen Aktion in der Universität wurden die beiden verhaftet und nach vier Tagen Haft, am 22. Februar 1943 hingerichtet.

Geschwister im politischen Widerstand. Es war nicht die bedingungslose Liebe zu ihrem Bruder allein – es war die gemeinsame Liebe zum Leben, die sie verband, und der gemeinsame Mut und die Empörung, sich gegen Unrecht, Gewalt und Fremdenhass zu wehren.[50]

Auch wenn dieses Beispiel eines Geschwisterpaares historisch etwas zurückgreift, so bleibt es doch ein zeitloses Zeugnis für eine Geschwisterliebe, die sich erst unter dem Druck gesellschaftlich zerstörerischer Prozesse ihrer selbst gewiss wird und daraus die Kraft zu gemeinsamem Handeln schöpft.

An den aktuellen Bezug des Themas anknüpfend, ist es auffallend, wie häufig seit Längerem in der öffentlichen und wissenschaftlichen Diskussion der Begriff des »Fremden« auftaucht. Ausgelöst wurde die Debatte durch die eskalierende Gewalt rechtsextremer Gruppen gegen Ausländer und gesellschaftliche Randgruppen. Die Psychologie bemüht sich dabei um ein Verständnis des »Fremden in uns«, um die bis zum Totschlag bereite Verfolgung des »Fremden um uns« überhaupt verstehbar zu machen. Nach meinem Eindruck klammert diese

Diskussion bisher noch zu stark die grundlegende Tatsache aus, dass Fremdheit schon viel früher zu einem Topos des modernen Menschen geworden ist. Dort, wo eine gesellschaftliche Entwicklung den ursprünglichen und umfassenden Sinn von »community«, von Gemeinwesen, zerstört hat und mithin das, was den Einzelnen in seiner sozialen Identität ausmacht, entwickelt sich das unbehauste Individuum, dem die Welt zur Fremde wird und das sich selbst fremd bleibt. Die neue Diskussion über das »Fremde« beschränkt sich nur auf äußere Symptome, solange sie den explodierenden Ausländerhass nicht als Ausdruck unerträglich gewordener Fremdheitsgefühle auffasst, für deren Projektion die aktuellen gesellschaftlichen Anlässe (etwa Asyldebatte, Migration, Arbeitslosigkeit, drohende Armut) lediglich zu Auslösern werden.

Bin ich zu weit vom Thema abgeschweift? Wenn man die Erkenntnis ernst nimmt, wonach alles Persönliche auch politisch ist und das Politische ins Persönliche zurückwirkt, wofür zum Beispiel die vorliegenden Dokumente über die Geschwister Scholl ein beredtes Zeugnis ablegen, kann man die gesellschaftliche Dimension jeder Geschwisterbeziehung nicht übergehen. Es scheint mir für den inneren Zustand eines Gesellschaftssystems nicht unerheblich zu sein, ob es durch eine wachsende Zahl von Einzelpersonen immer stärker atomisiert wird oder ob geschwisterliche Subsysteme an seinem Zusammenhalt mitwirken. Der Trend ist bekannt: immer mehr gewollt oder ungewollt kinderlose Paare, über 50 Prozent der Ehepaare mit nur einem Kind, knapp 40 Prozent mit zwei Kindern, die steigende Zahl alleinerziehender Mütter mit nur einem Kind. Geschwister, so steht zu befürchten, sterben aus. Mir scheint die Vermutung nicht abwegig, dass dieser Verlust an geschwisterlicher Kohärenz sowohl eine Folge wachsender gesellschaftlicher Entfremdungsprozesse ist als auch zur Ursache einer sich fortschreibenden individuellen wie kollektiven

Fremdheit wird. Mit dieser Erosion hat der zivilisatorische Fortschritt den Zerfall der Gesellschaft beschleunigt. Wo bisher Kinder – und das waren mehrheitlich Geschwister – den Bestand der sozialen Gemeinschaft sicherten, droht jetzt ein Verlust dieses tragenden Fundamentes.

Das Prinzip der Dialektik von Fortschritt und Zerfall gesellschaftlicher Systeme hat sich im Laufe der Geschichte im Untergang vieler Hochkulturen nach ihrer Blütezeit wiederholt bestätigt. Diese historische Dimension kann vielleicht am deutlichsten veranschaulichen, welche gesellschaftliche Bedeutung der Tradition von Geschwisterbeziehungen zukommt. Der kollektive Verlust von Geschwistern bedeutet letztlich das Ende einer Kultur.

In diesem Maßstab erscheint auch das Thema der Geschwisterliebe noch einmal in einem neuen Licht. Wir leben in einer lieblosen Zeit, und wir tragen alle die Trauer über das Verschwinden von Mitmenschlichkeit, Loyalität und wechselseitiger Verantwortung mit uns herum. In dieser Situation bilden Geschwister oft die letzten Garanten für Zusammengehörigkeit und Zuständigkeit, wenn das Erschrecken über die Kälte menschlicher Beziehungen wächst. Geschwister können daher nicht nur in persönlichen Krisen zum Rettungsanker werden, sondern sie dienen auch in unschätzbarer Weise der Abpufferung gesellschaftlich erlittener Fremdheit und Isolation. Keine Geschwister zu besitzen oder mit ihnen gebrochen zu haben dürfte daher mit einer höheren Stressbelastung durch diese Art der Entfremdung verbunden sein. Natürlich haben Freundschaften in diesem Zusammenhang ebenfalls eine wichtige Bedeutung. Bei allen Grenzen der Vergleichbarkeit wird gerade im gesellschaftlichen Kontext deutlich, wie sehr Freundschaften auch die Funktion von »Ersatzgeschwistern« bekommen können. Die Tradition der Blutsbrüderschaft oder anderer Formen von »Bruderschaften« belegt deutlich, wie durch Freundschaften die familiären Geschwisterbeziehungen nach außen hin erweitert, fortgeführt und teilweise auch ersetzt werden. Dennoch erreichen sie nur in Ausnahmefällen die Dauer, Verlässlichkeit und Tiefe, wie sie die Geschwisterbeziehung auszeichnen.

Auch die Flüchtigkeit, wie sie sich heute in vielen Partnerschaften findet, ist ein Spiegelbild gesellschaftlicher Entfremdung. In erschreckendem Maße sind sich Frauen und Männer gegenseitig Fremde geworden; so wie sie in einer unbehausten Gemeinschaft ihre eigene Mitte nicht finden, müssen sie sich wechselseitig ausgrenzen, weil unter dieser Bedingung Nähe und Miteinander zur unerträglichen Bedrohung werden. Was die Frauenbewegung als Selbstbewusstsein der Frauen etablieren wollte und was dadurch an neuem Bewusstsein bei den Männern angestrebt war, kehrt sich heute als teilweise panikartige Vermeidung gegen die Geschlechter um. Statt Verständigung und Versöhnung scheint sich die Kluft immer mehr zu vertiefen. Das ist nicht der Frauenbewegung anzulasten. Frauen und Männer, so scheint es eher, sind beide zu Opfern einer partikularisierten Gesellschaft geworden, deren extremer Individualismus durch den Verlust sozialer Bindung in letzter Konsequenz zur Selbstzerstörung des Subjektes führt. Was in der Gesellschaft als Dialektik von Fortschritt und Zerfall in Erscheinung tritt, kehrt auf tragische Weise im Einzelnen als Dialektik von Individualisierung und Selbstauflösung wieder. Dass unter dieser Voraussetzung einer Extremindividualisierung die Bereitschaft zu einem gemeinsamen Kind oder gar zu mehreren weiter abnehmen wird, wäre nicht verwunderlich, sondern zu erwarten. Vielleicht erklärt sich hieraus auch das heute so verbreitete und recht spezifische Stresssyndrom, das bei Müttern, aber auch bei Vätern, schon durch ein einziges Kind ausgelöst werden kann. Bis auf vereinzelte Analysen wurde das Syndrom bisher als zivilisatorisches Randphänomen behandelt und der individuellen Verantwortung der »gestressten Mütter« übergeben. Auf jeden Fall scheint mir die zusätzliche Berufstätigkeit, die als Grund meist ins Feld geführt wird, keine auch nur annähernd ausreichende Erklärung zu bieten. Immer häufiger findet man das Syndrom auch und gerade bei Müttern, die nicht berufstätig sind. Dagegen fiel mir bei Hausbesuchen in türkischen Familien immer wieder die ausgesprochene Gelassenheit, Ruhe und Geduld der Eltern gegenüber dem lautstarken Treiben der Geschwisterschar auf – trotz Wohnraumenge, trotz sozialem Stress, trotz zusätzlicher Berufsarbeit. Was sich in diesen Unterschieden manifestiert, sind die entgegengesetzten Gefühlsqualitäten von sozialer Integration beziehungsweise Desintegration und von persönlicher Identität beziehungsweise De-Identität.

Auf dem geschilderten Hintergrund wird verständlich, warum in unserer Zeit Geschwister eine immer größere emotionale und praktische Bedeutung zu bekommen scheinen. Über alle Altersstufen hinweg, so mein Eindruck, rücken Geschwister wieder enger zusammen. Besonders in Not- oder Krisensituationen wird eine Schwester oder ein Bruder zum rettenden Hafen. Theoretisch ist diese Entwicklung nicht schwer zu verstehen.

Die bis zur Geburt und frühen Kindheit zurückreichende Vertrautheit und Nähe – die ursprüngliche Geschwisterliebe – scheinen mit einer hohen Immunität gegen spätere lebensgeschichtliche Erfahrungen von Entfremdung und Vereinzelung verbunden zu sein. In Situationen, in denen das Gefühl der Fremdheit sich selbst, anderen Menschen und der Welt gegenüber zunimmt, erfolgt ein Rückgriff auf das »Verwandte«. In der frühkindlichen Symbiose wurde ein Teil des Geschwisters in die eigene Person integriert und später zu einem guten inneren Objekt umgebaut. Dieser verinnerlichten Objektrepräsentanz verdankt die Geschwisterliebe ihre Dauer, ihre Stabilität und Immunität gegen die endgültige Vereinzelung. Die Immunität gegen wechselseitige Entfremdung schafft die Gefühle von Schutz und Sicherheit durch ein Geschwister und setzt der Fremdheit Vertrautheit entgegen.

So etwa erkläre ich mir heute den Gefühlsausbruch meiner Schwester und von mir. Ein Vater, der an den Sonntagmorgen Klavier spielte, der uns Geschwistern durch seine historische Verwurzelung im Faschismus aber fremd geblieben war, ein Ausland, in dem man berufliche Erfüllung findet, in dem man jedoch ein Fremder bleibt, eine Welt schließlich, in der man lebt und zeitweilig glücklich ist, die einem aber Trauer und Fremdheit über ihren Zustand nicht erspart. Diese und andere Widersprüche mögen sich, beeinflusst durch die Musik, in dem Gefühl aufgelöst haben, in der Schwester, in dem Bruder das Vertraute wiederzufinden. Für diesen Augenblick wurde das Fremde überwunden in dem Trost, sich zu »berühren« und zu verstehen, wie damals, als in der frühen Einheit und vor jedem Wort die Geschwisterliebe geboren wurde.

Anmerkungen

1 Adler, A., 1928; Thoman, W., 1996; Sulloway, F.J., 1979; Kasten, H., 2003
2 Kasten, H., 1993, Bd. I, 2003; Frick, J., 2009
3 Bank, St. P., Kahn, M.D., 1991; Ley, K., 1995; Heenen-Wolff, S., 2007; Wellendorf, F., 1995; Sohni, H., 2011
4 Ich verzichte bei diesem Bereich auf die Angabe der inzwischen umfangreichen Literatur. Jeder an einem speziellen Thema interessierte Leser wird im Internet seine eigene Recherche anstellen.
5 Freud, S., 1973, S. 154
6 Grimm, H.
7 Schütze, V., 1986. Bei den zitierten Zahlen handelt es sich um Mittelwerte von Verhaltensäußerungen während eines Beobachtungszeitraums von 180 Videominuten pro Phase. F. Klagsbrun, 1993, S. 329 f., zitiert zwei Arbeiten von M. Lamb und B. Sutton-Smith (1982) und J. Dünn und C. Kendrick (1982), die zu vergleichbaren Ergebnissen kommen. Lamb beobachtete Geschwisterpaare, von denen ein Kind im Vorschul- und das andere im Säuglingsalter war. Abhängig von der Reaktionsbereitschaft und Freundlichkeit der Säuglinge, verstärkten sich die Geschwisterpaare gegenseitig in ihren positiven Gefühlen. Dünn und Kendrick fanden, dass ein zärtlicher Umgang älterer Kinder mit ihren neugeborenen Geschwistern sich noch Jahre später in einer positiven Geschwisterbeziehung auswirkte.
8 Alle im Folgenden zitierten Grimm-Märchen entstammen der in der Literatur angegebenen Ausgabe. Um den Anhang nicht zu überfrachten, wird auf die jeweilige Angabe von Seitenzahlen bei wörtlichen Zitaten verzichtet.
9 Kernberg, O., 1978, S. 365
10 Grossmann, K., Grossmann, K.E., 2004
11 Berger, M., 1985, S. 128
12 Bank, St. P., Kahn, M. D., 1991, S. 194–197
13 Die Begriffe »Ur-Vertrauen« und »Ur-Misstrauen« wurden von Erik H. Erikson (1965) in die psychoanalytische Theorie eingeführt.
14 USA 1983, Regie: Marshall Brickmann
15 Fromm, E.: Anatomie der menschlichen Destruktivität. GW Bd. 7, S. 341
16 Mann, Th.: Wälsungenblut, S. 305. Zum Geschwisterinzest vgl. auch St. P. Bank und M. D. Kahn, 1991, Kap. 7; F. Klagsbrun, 1993, Kap. 9; H. Kasten, 2003, S. 112
17 Mann, Th., a.a.O., S. 311

18 Ders., S. 320
19 Der Psychoanalytiker Michael Balint entwickelte die nach ihm benannte Gruppenmethode ursprünglich für Ärzte; sie dient aber heute vielen Berufsgruppen im Bereich der Erziehung und psychosozialen Versorgung als geeignetes Lerninstrument, um eigene unbewusste Gefühlsanteile und Einstellungen zu den jeweils zu betreuenden Personen zu ergründen.
20 Vgl. insbesondere die von F. Pusch herausgegebene kenntnis- und detailreiche Analyse »Schwestern berühmter Männer«, sowie F. Armbruster, 1988.
21 Vgl. die Biografie von E. Maletzke, 1992.
22 Jakob Grimm: Rede auf Wilhelm Grimm. In Nutt, H., Nutt, W. (Hg.), , 1991.
23 Patané, V.: Good morning, Paolo e Vittorio, 1991, S. 54–56
24 Goethe, J. W.: Iphigenie auf Tauris, S. 5
25 Ders., a.a.O., S. 34
26 Ders., a.a.O., S. 37
27 Klagsbrun, F., 1993, S. 358. Immerhin geht die Autorin in zwei Absätzen auf zwei Punkte kurz ein: »Erstens fördert nichts so stark die Nähe von verheirateten Geschwistern wie Kinder im selben Alter. Und zweitens hält nichts die latenten Rivalitäten von Geschwistern im Erwachsenenleben lebendiger als Kinder im selben Alter« (ebd. S. 358).
28 Der Große Duden. Etymologie, 1963, S. 477 und S. 700
29 Das wichtigste Dokument ist der »Briefwechsel« zwischen Heinrich und Thomas Mann und seine gründliche Kommentierung durch den Herausgeber H. Wysling, 1984. Vgl. auch J. Fest: »Die unwissenden Magier«, 1993.
30 Vgl. E. Frenzel, 1988, Stichwort »Die verfeindeten Brüder«, S. 80ff. Es ist bezeichnend, dass in den »Motiven der Weltliteratur« die gesamte Geschwisterthematik nur unter diesem einen Stichwort behandelt wird.
31 Kasten, H., 2003, S. 140 ff.
32 Goethe, J. W., a.a.O., S. 20 f.
33 Zitiert bei G.-K. Kaltenbrunner, 1988, S. 8.
34 Kasten, H., 1993, Bd. I, S. 161
35 Freud, S.: Trauer und Melancholie. GW Bd. X
36 »Gestohlene Kinder« (»Il ladro di Bambini«), Regie: Gianni Amelio, Italien, 1992
37 Shakespeare, W.: Richard III., Teil 4, S. 13f.
38 Freud, S.: Massenpsychologie und Ich-Analyse. GW Bd. XIII, S. 134
39 Ders.: Über einige Mechanismen bei Eifersucht, Paranoia und Homosexualität. GW. Bd. XIII, S. 206
40 Am ausführlichsten hat sich Fromm in der Schrift »Die Furcht vor der Freiheit« (1941) mit dem Begriff der Gerechtigkeit auseinanderge-

setzt (vgl. speziell die Seiten 380–387 im Anhangskapitel »Charakter und Gesellschaftsprozess«), GW Bd. I.
41 1. Mose 4, 3–8
42 1. Mose 33, 3–4
43 1. Mose 37, 3–4. Die gesamte Erzählung reicht von 1. Mose 37 bis 50. Die Geschichte hat Thomas Mann zu seinem monumentalen, psychologisch angelegten Roman »Joseph und seine Brüder« veranlasst, in dem besonders die Versöhnung der Brüder zu einer einzigartigen literarischen Gestaltung verdichtet wird; vgl. besonders im 6. Hauptstück die Kapitel »Ich bin's« und »Zanket nicht«.
44 Im Folgenden zitiert aus: »Die schönsten Geschichten aus 1001 Nacht«, S. 199–222.
45 Kasten, H., 1993, Bd. I, S. 173
46 Die Zeitschrift »stern« (Nr. 14 vom 29.3.2012) berichtete unter der Titelgeschichte »Ich bin ein Lieblingskind« von einer in jüngster Zeit in den USA ausgebrochenen Debatte zu diesem Thema. Ausgelöst wurde sie unter dem Begriff »Favoritism« von dem Wissenschaftsjournalisten Jeffrey Kluger. Da der Tatbestand und die Folgen von Bevorzugung und Benachteiligung im Eltern-Geschwister-Verhältnis das Buch als roter Faden durchziehen, habe ich auf eine gesonderte Vertiefung der Debatte verzichtet.
47 La Fontaine, J. de: Die Fabeln, »Der Greis und seine Kinder«, S. 109–110 (vom Autor gekürzte Fassung)
48 Der Begriff »korrigierende emotionale Erfahrung« wurde von F. Alexander und T. M. French in die psychoanalytische Theorie und Behandlungstechnik eingeführt.
49 Petri, H.: Verlassen und verlassen werden, 2006. Vgl. besonders das Kapitel »Die Versöhnung«.
50 Scholl, I.: Die Weiße Rose, 1993.

Literatur

Adler, A.: Characteristics of the first, second and third child. Children 3, 14–52, 1928.

Alexander, F., French, T.M.: Psychoanalytic Therapy: Principles and Applications, Ronald Press, NY, 1946.

Armbruster, F.: Cornelia, Nannerl, Elisabeth und ihre Brüder. In: Kaltenbrunner, G.-K., a.a.O.

Bank, St. P., Kahn, M. D.: Geschwisterbindung. Junfermann Verlag, Paderborn, 1991.

Berger, M.: Zur psychodynamischen Relevanz der Geschwisterbeziehung, Z. Kinder-Jugendpsychiat. 13, 123–137, 1985.

Bethke-Brenken, I., Brenken, G.: Mut zur Patchwork-Familie. Reinhardt, München, Basel, 2011.

Bliersbach, G.: Leben in Patchwork-Familien. Psychosozial Verlag, Gießen, 2010.

Boszormenyi-Nagy, L., Spark, G. M.: Unsichtbare Bindungen, Klett-Cotta Verlag, Stuttgart, 1981.

Bowlby, J.: Trennung. Psychische Schäden als Folge der Trennung von Mutter und Kind. Kindler Verlag, München, 1973.

Die schönsten Märchen aus 1001 Nacht, Pawlak Verlag, Herrsching, o. J.

Döring, D.: Familienglück im zweiten Anlauf. Chancen und Risiken einer Patchwork-Familie. Reichel Verlag, Weilersbach, 2010.

Dostojewskij, F. M.: Die Brüder Karamasoff. Bertelsmann Verlag, Gütersloh, 1957.

Dünn, J., Kendrick, C.: Siblings: Love, Envy, and Understanding, Harvard University Press, Cambridge, Mass., 1982, zitiert bei F. Klagsbrun a.a.O.

Erikson, E. H.: Kindheit und Gesellschaft, Klett Verlag, Stuttgart, 1965.

Fest, J.: Die unwissenden Magier. Über Thomas und Heinrich Mann. Fischer Taschenbuch Verlag, Frankfurt/M., 1993.

Frenzel, E.: Motive der Weltliteratur, Kröner Verlag, Stuttgart, 1988.

Freud, A.: Wege und Irrwege in der Kinderentwicklung. Huber/Klett, Stuttgart, 1971.

Freud, S.: Totem und Tabu. Ges.Werke, Bd. IX (1913), Fischer Verlag, Frankfurt/M., 1973.

Freud, S.: Trauer und Melancholie. Ges.Werke, Bd. X (1916), Fischer Verlag, Frankfurt/M., 1967.

Freud, S.: Massenpsychologie und Ich-Analyse. Ges.Werke, Bd. XIII (1921), Fischer Verlag, Frankfurt/M., 1963.

Freud, S.: Über einige neurotische Mechanismen bei Eifersucht, Paranoia und Homosexualität. Ges. Werke Bd. XIII (1922), Fischer Verlag, Frankfurt/M., 1963.
Frick, J.: Ich mag dich – du nervst mich. Huber, Bern, 2009.
Fromm, E.: Die Furcht vor der Freiheit. Ges.Werke Bd. 1 (1941), Deutsche Verlags-Anstalt, Stuttgart, 1980.
Fromm, E.: Anatomie der menschlichen Destruktivität. Ges.Werke Bd. 7 (1973), Deutsche Verlags-Anstalt, Stuttgart, 1988.
Goethe, J. W.: Iphigenie auf Tauris, Reclam Verlag, Universal-Bibliothek Nr. 83, Stuttgart, 1992.
Grimm, Brüder: Kinder- und Hausmärchen, Winkler Verlag, München, o. J.
Grimm, H.: Die Brüder Grimm. In: Grimm, Brüder, a. a. O., S.5–27.
Grimm, J.: Rede auf Wilhelm Grimm. In: Nutt, H., Nutt, W. (Hg.): a. a. O., S. 199–215.
Grossmann, K., Grossmann, K. E.: Bindungen – Das Gefüge psychischer Sicherheit. Klett-Cotta Verlag, Stuttgart, 2004.
Heenen-Wolff, S.: Die Geschwisterbeziehung – Postmoderne psychoanalytische Perspektiven zur »Horizontalisierung« in der Beziehungswelt. Psyche 61, 541-559, 2007.
Kaltenbrunner, G.-K.: Brüder und Schwestern. Geschwisterlichkeit als Ursprung und Ziel. Herder Verlag, Freiburg, 1988.
Juul, J.: Aus Stiefeltern werden Bonuseltern. Kösel, München, 2011.
Kasten, H.: Die Geschwisterbeziehung. Hogrefe Verlag, Göttingen, 1993, Bd. I und II.
Kasten, H.: Geschwister. Vorbilder, Rivalen, Vertraute. Reinhardt, München, Basel, 2003.
Kernberg, O.: Borderline-Störungen und pathologischer Narzißmus. Suhrkamp, Frankfurt/M., 1978.
Klagsbrun, F.: Der Geschwisterkomplex, Eichborn Verlag, Frankfurt/M., 1993.
Klein, M.: Neid und Dankbarkeit. In: Dies.: Das Seelenleben des Kleinkindes, Klett-Verlag, Stuttgart, 1962.
Kluger, J.: The Sibling Effect: What the Bonds Among Brothers and Sisters Reveal About us. Riverhead Books, 2011.
La Fontaine, J. de: Die Fabeln. Reclam Verlag, Universalbibliothek Nr. 1719 (5), Stuttgart, 1991.
Lamb, M. E., Sutton-Smith, B. (Hg.): Sibling Relationships: Their Nature and Significance Across the Lifespan. Lawrence Erlbaum, Hillsdale, N.J., 1982, zitiert bei F. Klagsbrun, a. a. O.
Ley, K. (Hg.): Geschwisterliches. Jenseits der Rivalität. edition discord, Tübingen 1995.
Mahler, M. S., Pine, F., Bergmann, A.: Die psychische Geburt des Menschen. Fischer Verlag, Frankfurt/M., 1978.
Maletzke, E.: Das Leben der Brontës. Fischer Verlag, Frankfurt/M., 1992.

Mann, Th.: Wälsungenblut. In: Ders.: Sämtliche Erzählungen. Fischer Verlag, Frankfurt/M., 1963.
Mann, Th.: Joseph und seine Brüder. Fischer Verlag, Frankfurt/M., 1975.
Mann, Th., Mann H.: Briefwechsel. Fischer Verlag, Frankfurt/M., 1984.
Nutt, H., Nutt, W.: Brüderlein fein. Geschichten über ein schwieriges Verhältnis zwischen Männern. Rowohlt-Verlag, Reinbek, 1991.
Patané, V: »Good morning, Paolo e Vittorio«. In: Nutt, H., Nutt, W.: a.a.O., S. 54–56.
Petri, H.: Die Geschwisterbeziehung – die längste Beziehung unseres Lebens. psychosozial 22, Nr. 76, 69–80, 1999.
Petri, H.: Verlassen und verlassen werden. Angst, Wut, Trauer und Neubeginn bei gescheiterten Beziehungen. Kreuz Verlag, Stuttgart 2006.
Petri, H.: Alberto und Diego Giacometti. Psychoanalyse einer ungewöhnlichen Bruderliebe. psychosozial 32, Nr. 116, 99–103, 2009.
Petri, H.: Das Drama der Vaterentbehrung. Reinhardt, München, Basel, 2011.
Ranke-Graves, R. v.: Griechische Mythologie, Rowohlt-Verlag, Reinbek 1965, Bd. 1 und 2.
Scholl, I.: Die Weiße Rose. Fischer-Verlag, Frankfurt/M., 1993.
Scholl, H., Scholl, S.: Briefe und Aufzeichnungen. Fischer-Verlag, Frankfurt/M., 1989.
Schütze, Y.: Der Verlauf der Geschwisterbeziehung während der ersten beiden Jahre. Prax. Kinderpsychol. Kinderpsychiat. 35, 130–137, 1986.
Seidel, L.: Gedichte. Deutsche Verlags-Anstalt, Stuttgart o. J.
Shakespeare, W.: Die Tragödie von König Richard III. In: Ders.: Shakespeares Werke in 14 Teilen, in d. Übers. von Schlegel und Tieck, Deutsches Verlagshaus Bong & Co, Berlin, Leipzig, Wien, Stuttgart o. J., vierter Teil.
Sohni, H.: Geschwisterdynamik. Psychosozial Verlag, Gießen, 2011.
Sophokles: Antigone. In: Griechische Tragiker. Aischylos, Sophokles, Euripides. Deutscher Bücherbund, Stuttgart, Hamburg, o. J.
Spitz, R. A.: Vom Säugling zum Kleinkind. Klett Verlag, Stuttgart, 1967.
Sulloway, F. J.: Der Rebell der Familie. Geschwisterrivalität, kreatives Denken und Geschichte. Sieder, Berlin, 1997.
Toman, W.: Familienkonstellationen. Ihr Einfluss auf den Menschen. Beck'sche Verlagsbuchhandlung, München, 1996.
Wellendorf, F.: Zur Psychoanalyse der Geschwisterbeziehung. Forum Psychoanal. 11, 295-310, 1995.
Winnicott, D.: Reifungsprozesse und fördernde Umwelt. Kindler Verlag, München, 1974.
Wysling, H.: Zur Einführung. In: Thomas Mann, Heinrich Mann: Briefwechsel, a.a.O., S. V-LXI.

Verzeichnis zitierter Geschwister

Antigone und Polyneikes   190
Aschenputtel   140 f.
Brüderchen und Schwesterchen   20 f., 34
Büchner, Georg und Luise   81
Die Brüder Grimm   79, 83
Die Brüder Karamasoff   88
Die Brüder Kennedy   85
Die Brüder Messmer   85
Die Brüder Schumacher   85
Die Brüder Taviani   83 f.
Die Brüder Vogel   85, 100
Die Brüder von Weizsäcker   100
Die drei Brüder   78
Die Geschwister Becher   85
Die Geschwister Scholl   85, 222, 224
Die neidischen Schwestern   162 f.
Die Schwestern Brontë   82
Die Schwestern Riesch   85
Die Schwestern Williams   85
Die vier kunstreichen Brüder   79
Einäuglein, Zweiäuglein und Dreiäuglein   139 ff.
Freud, Sigmund und seine Geschwister   34
»Gestohlene Kinder«   144 f.
Goethe, Johann Wolfgang v. und Cornelia   81
Hansel und Gretel   20, 22 f., 34
Iphigenie, Orest und Elektra   87 f., 115 f.
Jakob und Esau   157 f.
Joseph und seine Brüder   158 f.
Kain und Abel   157, 194, 199
Kleist, Heinrich v. und Ulrike   81
Mann, Heinrich und Thomas   101 ff.
Max und Moritz   62
Meyer, Conrad Ferdinand und Betsy   81
Mozart, Wolfgang Amadeus und Nannerl   81
Nietzsche, Friedrich und Elisabeth   81
Richard III.   151, 156
Rocco und seine Brüder   88
Siegmund und Sieglind   65 f.

Sachregister

Abhängigkeit 49, 174
Ablösung 45 f., 50, 61, 64, 80, 92, 130 ff.
Abwehrmechanismen 30 f., 53
Adoleszenzkrise 66
Ambivalenz 63, 81, 112, 125, 129
Anklammerung 59, 64 f., 77
Ausstoßung 23, 64 f., 77, 140, 149, 160
Autonomie 33, 37 f., 51, 196

Benachteiligung 156, 160, 164, 172, 231
Bevorzugung 156, 159 f., 231
Bilanz 81, 166 f., 170 ff., 195, 216 f.
Bindungsforschung 25 f.
-vorgang 49, 132 f., 135, 196
»Böse Brust« 21

Dankbarkeit 54 ff., 118, 177, 216
De-Identifikation 51
Demografische Alterung 108
Demokratiebewegung 109
»Die Weiße Rose« 223
Delegation 135, 160, 193
Distanz 117 f., 122 f.
Doktorspiele 43
Double-bind 23

Einsamkeit 221 f.
Elektrakomplex 150
Elternideal 136
Enkel 118
Entfremdung 19, 32, 170, 219 f.
Erbe 188 ff.
Erinnerungsarbeit 213, 215 f.

Fähigkeit zum Mitleid 43

Fähigkeit, besorgt zu sein 42
Familienforschung 166, 171
Fantasie 217
Favoritentum 149
Favoristism 231
Feindseligkeit, primäre 31
Freiheit 49
Fremde, der, das 77, 103, 171, 207 f., 220, 223 f.
Freundschaft 47, 75, 120, 125, 225
Fürsorge 108, 145

Geborgenheit, strukturelle 144 ff.
Geburtserlebnis 129 ff.
Geheimnisse 61 ff.
Generationswechsel 94
Gerechtigkeit 142 f., 144, 153 ff., 159 f., 185
Geschlechtsidentität 43
Geschwister
  Forschung 9 f., 24, 119, 121
  Halbgeschwister 179 ff.
  Inzest 8, 22, 32, 65 ff., 76
  Stiefgeschwister 179 ff.
  Tod eines Geschwister 122 f.
  Übertragung 134, 135, 160
  Vorgeburtliche Geschwister-Beziehung 14 ff.
  Vorläufer der Geschwister-liebe 14 ff.
  Zwillinge 32
Gestaltpsychologie 51
Gestalttherapie 202 ff.
Gewalt, strukturelle 144 f.
Gleichheit 134, 153, 155

Hilfe 173 ff., 177
Hoffnung 144
Hybris 165

Ich 49, 51, 54, 111, 125, 154
Identifikation 17 f., 21, 44, 47, 49, 58, 71
Identität 38, 49f., 64 f., 86, 95, 160, 169, 227
Identitätskrise 63
Individualität 33
Individuation 32, 37 f., 66, 117
Informationsgesellschaft 111
Intimität 117 f., 122 f.
Introjektion 49
Introspektion 108
Inzest s. Geschwister

Kastrationsangst 44
Kita 36 ff., 47
Koalition 140
»Kommunikation über Dritte« 213
Konfliktpädagogik 202
Konkurrenz, konstruktive 78 ff., 95
»Korrigierende emotionale Erfahrung« 202 f.
Krippe 36 ff., 46
Kritik, konstruktive 99 ff.
Kritische Funktion d. Geschwisterliebe 99 ff.

Liebesobjekt 24
Liebling 159, 185
Loyalität 87, 96, 147, 168, 173, 222, 225
Lustprinzip 163

Macht 49, 151 f.
Mobilität 33
Motive, angeborene 25
Müttersterblichkeit 20
Mutter-Kind-Beziehung 34 f., 117
Mutterrepräsentanz 25

Narzissmus 40, 131, 139, 165, 222
Narzisstische(s)
 Bedürfnisse 16
 Besetzung 18, 26

Narzisstische(s)
 Selbst 18
 Spiegelung 24,40,49,51
Natur 16 ff
Nichten 95
Neffen 95

Objekt
 äußeres 24
 -beziehung 19, 54
 -bindung 15
 -differenzierung 23
 inneres 24
 -liebe 18, 24
 -repräsentanz 25, 52, 125, 195, 227
Ödipuskomplex 150
Ohnmacht 49

Parentifizierung 149 f., 160
Partialobjekt 195 f.
Partizipation 73 ff.
Partnerersatz 148 ff., 160
Penisneid 44
Pflege d. Eltern 189 ff.
Postmoderne 109
Pränatale Psychologie 15
Probehandeln 62
Progression 63, 117
Pubertätskrise 63 ff.

Reaktionsbildung 154 f.
Realitätsprinzip 163
Regression 63, 117
Reidentifikation 71
Rivalität, destruktive 78 f.

Säuglingsforschung 4
Schule 36 ff., 47, 52
Selbst 24, 49, 87, 125, 171
 -bilder 72
 -kohärenz 171
 -repräsentanz 36
Separation 37 f., 51, 117
Sexualität 43 f.

Sozialisation
 primäre 161 f.
 sekundäre 161 ff.
Sozialpsychologie 34
Spaltung 53, 138
Spiegelfunktion 100
Spielen 217 f.
Stiefkind 140
Stiefmütter 20ff., 140
Subsysteme 94, 103
Sündenbock 139
Symbiose 131 f., 227

Testament 188 ff.
Tod d. Eltern 115 f.
Todeswünsche 23, 129
Tötungsimpulse 129
Träume 125
Trauerarbeit 122
Trauma d. Geburt eines
 Geschwisters 46, 129 ff.
Trennung 37 f., 55, 77, 129
Trieb
 -aufschub 22
 -kräfte 22
 -verarbeitung 22
 -verzicht 22
 -wünsche 74

Übergangsobjekt 196
Überidentifikation 73
Über-Kreuz-Bindung 150
Umkehrung 31
Ungeborgenheit, strukturelle 144 ff., 148
Ungerechtigkeit 110, 136 f., 142 f., 156, 164 f., 168
Ungleichheit 136 f., 138, 142, 152, 162
Urmisstrauen 34f., 229
Urszene 45
Urvertrauen 34 f., 229

Verantwortung 87, 96ff., 108, 222, 225
Verdrängung 30 f.
Verfolgung 139
Vergeltungsaggression 141, 156 f.
Verleugnung 30 f.
Versöhnung 119, 122 f., 158, 160, 189, 217, 231
Vertrauen 34 f., 61, 80 f., 144 f.

Werte 50, 114, 120, 167
Wiederannäherung 37, 117 f., 120, 206, 210
Wiedergutmachung 119, 147, 158
»Wir-Gefühl« 74

Quellennachweis

Aus dem folgenden Werk wurde mit freundlicher Genehmigung des genannten Verlags das Gedicht »Dies und Das« von Ina Seidel auf Seite 126 zitiert:

Ina Seidel, Gedichte
© 1955, Deutsche Verlags-Anstalt, München,
in der Verlagsgruppe Random House GmbH